新・MINERVA
福祉ライブラリー
43

ソーシャルワークを
「語り」から「見える化」する

7次元統合体モデルによる解析

平塚良子 編著

ミネルヴァ書房

まえがき

　本書は，ソーシャルワークの実践を丸ごと捉える認識構造を明らかにするための研究をまとめたものである。筆者のみならず，日本のソーシャルワークの研究者はアメリカ型ソーシャルワークの実践方法から学んだことが大きいと察する。その経験は実に貴重であった。しかし，半面，見失ったものがあるのではないだろうか。本書は実践方法を中心とする発想とは異なるものを探り出すことを意図している。ソーシャルワークの実践という行為は，科学的実践とはいっても，属人的技術のアート性が消えることはない。科学的実践はアートの実践にくるまれるのであるから。したがって，今日の評価系研究とは異なる別の枠組み，すなわち，実践をどう見るのか，見せるのか，そのための認識構造論をもたなければならないのではないか。このことが，ソーシャルワークの知を拓くための新たな理論構築に資するものになりうると期待するものである。

　そうしたことを考える源は，嶋田啓一郎先生（同志社大学名誉教授）の価値や思想の探究から深まる「価値の実践」「理論と実践」「力動的統合理論」の意味，岡本民夫先生（同志社大学名誉教授）の「実践の科学化」「借り物科学」「自生理論」というソーシャルワークの自立した学術性の意味に触れてきたことにある。そうした経緯から，「実践から理論を」が筆者の課題として位置づいて，すでに四半世紀の間，事例研究（実践研究）にこだわってきた。本書は，いささか長い揺籃期を経て構想してきたものである。

　とりわけ，ソーシャルワークの実践方法を中心とした世界では，実践を丸ごと捉え理論化するには限界があった。ソーシャルワーカーの場合は，行為の丸ごとをみせる芸術家やスポーツ選手，匠等とは異なる。たとえば，体操選手の演技のように身体的行為を他者に見せることはできない。もっとも体操選手の表出された身体的行為でさえも，観客である私たちは一面を見ているに過ぎないかもしれない。そう考えるとソーシャルワーカーの実践は何をかいわんや，であろう。筆者は専門学校教員時代に介護福祉学科の創設に関わったことから，身体論・臨床論・技能論に興味深いものを感じてきた。同時にソーシャルワークの実践という

i

行為を他者に見える：見せることが積年の課題となった。そうした中で筆者に閃きを与えてくれた一つの例を，ここに取り上げておこう。

　身体的行為，特に古武術家の甲野善紀の「わざ」についての語り方は興味深い。甲野は，「わざ」は一般の日常的な身体の使い方を司っている身体の感覚を組み直さないと出てこない，という。つまり，身体全体を使いこなすのである。

　　「私の場合は，そのパターン化しやすい身体の動き，使い方を一つずつ切り離したうえで，あらたにそれらを組み直していく。その結果，トータルとしてまったく異質な動きを生み出すという形をとります。こういう訓練によって初めて，『多方向異速度同時進行』といった身体の使い方が可能になるわけです。…（中略）…さまざまな方向に，同時に身体の各部分を動かしていくということです。ただし，同時に動かすといっても，ただ単に同時に動かしただけでは，術としての有効性はまったくありません。そのへんがむずかしいところで，別々に身体を使いながら，それら別々の動きを結びつけている触媒のようなもの，身体感覚の核になっていると言った方がわかりやすいと思いますが，そういうのがあって初めて異質な動きが可能になるんです。」（養老猛司・甲野善紀（2003）『古武術の発見──日本人にとって「身体とは何か」』光文社文庫，144頁）

　ソーシャルワーカーにおいても，表現の形式は異なるが自らを表現することにはかわりがない。甲野説に近似の実践のための感覚や知の組み直しが，ソーシャルワーカーの内なる世界で起きていても不思議ではない。ソーシャルワーカーは実践対象に出会うことで，その身において触発された諸感覚と学習や経験を通して獲得した多様な知の集積である「溜め込まれた思考」（pooled thinking〔実践知：アートの知〕）が呼び覚まされる。この実践知の覚醒によって，具体的な実践に至るべく知が組み直され再組織化される中で，複雑な事象が読み解かれ，ソーシャルワーカーとしてふさわしい行為とは何か，実践の全体像（かたち）が描かれるはずである。修正や転換が起きようと，そうした思考過程を経てはじめて具体的な実践が行為として表現されるとみる。このような内なる世界で出現し描かれる知の動きから，実践のかたちや実践の根拠が見えてくる。それは実践全体をかたちづくる論理や実践を貫く論理の可視化を意味する。まさに実践が見える・実践を見せるか，である。このような認識を探ることは，ソーシャルワーク実践のあいまいさやわかりにくさに帰結させがちな見解への一つの反論として応える上で，

きわめて重要なこととみる。

　本書は，2005年から取り組んできたソーシャルワーク実践事例を素材にした実践の可視化や実践の分析モデル開発など，筆者らの研究成果を下敷きにしている。本書では，そうした研究で残してきた課題に再挑戦している。特に，ソーシャルワーカーの内なる世界で一つひとつの事例において，覚醒している実践知（アートの知）の動きを多様に探ろうと試みる。すなわち，ソーシャルワーカーの内なる実践の世界（アートの世界）に分け入ってみることを意識している。このようなアート性を掘り起こすことが，ソーシャルワーク実践の論証や実践の論理の可視化につながるとみる。それはまた，ソーシャルワークの実践の丸ごとを認識する構造体を見出す扉を拓くこととなる。付言すれば，可視化を意識した事例研究の多様な設計や接近方法のアイデアを示しうる。本書は，実践事例の多様な情報の視覚化という「見える化」を起点にして，実証や論証への「可視化」を試みている。2つの英語表現はいずれも visualization である。2つの用語には微妙な違いもあるが，重なり合う部分もある。本書では，対象の見える化の過程や結果なくして可視化はありえないし，可視化の過程や結果から，さらに見える化が生じてくる連続体のようにも考えている。例示的には，にわとりと卵のような関係のようでもある。本書はこうした特徴を重視し，書名・章・節等では「見える化」と表記する。これとともに，執筆者が「可視化」を重視する場合は，担当箇所の本文初出時に「見える化」（以下，「可視化」）とし，2回目以降には「可視化」と表記することを方針としている。また，文脈によっては，「見える化」「可視化」を並記している。なお，本書で取り上げる事例番号は巻末資料3（「事例タイトルとソーシャルワーカーの実践行為の総体的特徴」）に基づいている。

　本書は，企画から出版までに相当な時間を費やしてしまった。本書の完成まで温かく見守り，そして辛抱強く待ち続けながら，時に的確な助言をくださったミネルヴァ書房の音田潔氏には多大なるお世話になった。ここに厚くお礼を申し上げたい。

2022年1月

平塚良子

ソーシャルワークを「語り」から「見える化」する
——7次元統合体モデルによる解析——

目　次

| 序　章 | 見えにくくあいまいなソーシャルワーク実践 |

1　ソーシャルワークの知識構築における問題提起と挑戦

　本書は，ソーシャルワークにおける事例研究を通してソーシャルワークの実践という行為が何であり，その全体像（かたち）を可視化するという課題意識に端を発している。研究の主要な動機は，次の3つである。

（1）ソーシャルワークの見える化と独自固有な知的空間構築への挑戦

　ソーシャルワークの実践は巷ではみえにくい，あいまい，わかりにくいなどと言われてきた。原則的には，ソーシャルワーカーはソーシャルワークの実践をしているはずである。上記のような指摘は，実践の根拠に通じる論理の不可視性を指しているのではないだろうか。言い換えれば，実践の本質をいかに語り，示しうるかが問われているのである。それには，一つの方法としてソーシャルワーカーの実践経験の可視化をし，さらに見える化することである。

　「可視化」は，情報など物事のイメージや考えを見えるように視覚化して一般的には図式化やグラフ化，統計などの方法が用いられる。ここでは，実践という行為に内在する論理の図式化により論証する意味として用いる。すなわち，アートの世界の可視化として実践を語り，それを秩序立て組織化し，独自固有な論理的説明ができる知的空間を形成しようとするものである。そうして初めて，ソーシャルワークとその実践が「見える化」として他者に伝わり了解されるであろう。

（2）知識借用型の実践方法構築に特化してきたことへの懐疑

　ソーシャルワークは，長年諸科学の理論や概念を借りて応用科学として実践方法の開発に特化してきた。本書上梓はこのことに対する筆者の懐疑心からきている。岡本民夫が，1980年代よりこれを「借り物科学」と称し，学術としての固有

性や実践の科学化，自生理論の重要性について言及しソーシャルワークの学術的探究のありように警鐘を鳴らしてきた。この「借りる」傾向は今なお根強い。諸科学の知見を吸収し活かすことを否定するものでは無論ないが，それで果たして実践学としてのソーシャルワークの独自な知識体系の構築は可能なのだろうか。

　またソーシャルワークの理論といえば，実践方法と同一視されがちな点は妥当だろうか。実践方法の開発はたしかにソーシャルワークの専門職業化に一定の貢献を果たしてきたが，ソーシャルワーク全体を包括する理論となりうるわけではない。それは全体の中の一つの体系を占めるに過ぎない。かつて嶋田（1981）が包括的なソーシャルワークの「力動的統合理論」を主張したように，ソーシャルワークを全体的に言い表す理論が不可欠である。ソーシャルワーク独自の固有な学術性を深めるための新たな理論や概念を，探究するものでなければならない。重要なことは，実践からソーシャルワーク独自の風景を描く知見を導き出し，知識構築の手法の開発やその集積こそ大事にしなければならないのではないか。

（3）ソーシャルワークにおけるアートの知の定位と知識構築への新たな挑戦

　ソーシャルワークの萌芽期には，近代科学型の科学的方法や実践的研究が要請された。それは紆余曲折をたどるが，主観と客観を対立軸とするアートかサイエンスかといった二者択一論，「サイエンスの優位：アートの低位」をめぐる相互批判論が繰り広げられ奇妙な迷路ないし袋小路に入り込むところとなった。Goldstein が，ソーシャルワークは科学的方法が約束するものに強く魅せられてきたために，実践知を土台にしてきたソーシャルワーク自体から離れて価値基盤や理論，方法に全く成功していないと指摘してすでに久しい（Goldstein 1990）。

　今日では，ソーシャルワークはエビデンス志向に基づく研究推進論やエビデンスを得たものを実践に適用する促進論が席巻する。その効用や弊害などの評価はともかく，実践知（アートの知）を基軸にするソーシャルワーク論が劣勢であることに変わりはない。しかしながら，ソーシャルワーカー自らをしてソーシャルワークを表すだけに，その知識構築——知的空間形成の地平は無限に広い。したがって，独自の豊かな知識体系の構築において，アートからサイエンスへの方向選択のみを促すような一面的な思考では学術的な可能性が大きく拓かれていくとは思えない。新たな発想が必要である。ソーシャルワークの知とは何か，その知識体系はいかなるものか，学問としての方法論も含めて真に問われている。

　ソーシャルワーカーによる社会的行為は，人間の感覚，直観，価値や知識，生活や人生，社会等々に関する認識と諸経験，諸能力を込めたアート（属人的技術：知恵ある熟練した技）をして映し出される。その行為が科学的実践と称されようとも，ソーシャルワーカーはアートの知（実践知〔practice wisdom〕）として溜め込み集積してきた思考（pooled thinking）⁽²⁾を呼び覚まし，事象を読み解く視点・対象認識として言語化・論理化をしつつ，ソーシャルワークの価値との照らし合わせから実現する価値・目的を掲げる。そうして種々の手段をとりながら，ソーシャルワークらしさを全体的なかたちにして表現する。そこには多様な探索や実践的推論，意思決定過程が繰り広げられているはずである。これらはソーシャルワーカーの内なる世界＝（外界からいえば）不可視の世界に生じていることではある。このような仮定をするとアート，そこに表現される行為が非科学的と単純に誹ることはできない。むしろ，ソーシャルワークが人間による実践を前提とする限り，実践にはアートの知の下で出現する世界が存在することを意味する。

　このアートの知が知識構築に重要な鍵を握っている点を見直し，再考すべきではないか。そして，この知を丹念に且つ多様に掘り起こし組織化してソーシャルワークの知の要にすえつつ，相互に関連し合う科学の知や規範の知との共存をはかることが重要である。ソーシャルワークにおいては，これら多形態からなる知のスペクトラムを基礎にして，個々の知を包摂する知の全体の洗練と革新が何より求められる。

2　ソーシャルワーク実践の見える化の目的と意義

　ソーシャルワークとは何か，その実践とは何か，定義や意味，存在意義，学術性，人材育成等をめぐる議論は絶えず続いてきた。これらはいつの時代にも俎上に載る普遍的な課題であろう。今日ではソーシャルワークにおいても情報社会の進展を背景に多様な研究がなされ，さながら百花繚乱の様相を呈している。それゆえソーシャルワークはいかなる知識を積み上げてきたか，体系的に検証が必要であることは言うまでもない。

　同時に，ソーシャルワークの知が「実践をともなう強み」を活かしてきた知であるかどうかを問うていくことが重要且つ不可欠である。このことは実践の論証や実証の困難さを意味する。しかし，実践がソーシャルワーカーのソーシャル

ワークらしさの世界を表現するアートに負う以上，これらの難問は常に立ちはだかる。ソーシャルワーカーによる実践の知恵と熟練したわざからなる属人的技術であるアートは不可視性を宿命的に内に抱える。これを前提にして，可視性を高めるためのアートへの着目や接近は，実践がなされる以上，必然的なことである。

　本書では，仮説のソーシャルワーク実践の認識構造モデル「7次元統合体モデル」により，ソーシャルワーカーの主体的な実践を捉えること，つまり，その内なる世界において生起する実践の構造の動態的・関係的分析と全体的把握から「見える化」しようとするものである。すなわち「7次元統合体モデル」を通して，ソーシャルワーカーの実践という行為——アートに焦点を合わせ，その可視化を目的とする。それは実践者であるソーシャルワーカーの内なる世界に分け入り「見えにくさ」「あいまいさ」をもつソーシャルワーク実践がいかなる根拠の下で，いかなるかたちに創造されていくのか，ソーシャルワーカーの身の内に凝縮された知の全貌（全体像：ソーシャルワークのかたち）を明示することである。

　平易に言えば，それはソーシャルワーカーが実践経験している世界を7次元的了解（解釈）により丸ごと見る試みである。第2は実践の認識構造モデルの妥当性を論証するものである。

　本書の主な特徴を挙げると，第1は自己の実践事例を語るソーシャルワーカーの実践の知（アートの知）に着目したソーシャルワーク実践の可視化・見える化である。事例を語るソーシャルワーカーが，実践行為として表現する実践知の世界への焦点化である。ソーシャルワーカーの内なる世界において感じ，見，考えをめぐらせる探索や推論から出現している，いわば自己内対話——を探ることで実践の根拠や全体像を解明する試みである。

　第2は，可視化の方法として仮説的概念の認識構造モデルを意味する「7次元統合体モデル」を用いる事例研究の方法である。実践事例（語り含む）の多次元分析及び実践のかたち全体の把握を意図している。第3は，ソーシャルワーク事象の多面的・多角的・複合的・構造的な了解（解釈）を試みる。それはまた，事例研究の多様性の提示や実践分析の試みでもある。それが見える化に通じる。

　繰り返しになるが，本書では認識構造モデル（図式）を活用して実践の動態的・関係的分析と記述的な了解的説明を行う。本書のユニークさはこの点にある。同時に，ソーシャルワーク実践としての包括性・統合性を備えるかたち（全体像）を示すことで，わかりにくい，あいまいと評されがちな実践を，アートの知を掘

り起こすことで丸ごと見えるかたちにすることを目指している。

　以上のような研究の目的と構想から，アートの知を基軸にする実践という行為の妥当性（正当性）や独自固有の論理をもつソーシャルワーク実践の可視化・見える化を可能にするとみている。本研究は一つの試みであるが，こうした知見の体系的な蓄積と集積が実践知（アートの知）をより豊かにし，科学知や規範知に好影響を与えソーシャルワークの学術としての知をより肥沃にしていくものと考える。それはまた，ソーシャルワーク実践のさらなる学術的深化や実践の科学化の洗練，包括的なソーシャルワークの理論化につながる位置を占め，ソーシャルワークの存在の証_{あかし}となりうる知的可能性を大きく拓くものとみている。

　なお，本書モデルの基本名称は，「7次元統合体モデル」とする。ただし，7次元モデル，7次元統合体のほか，略した7次元もありうる。また，認識構造モデル「7次元統合体モデル」の記述では，モデルという用語が続くことを避けて「7次元統合体」を用いることもある。

3　見える化のための視点と主な特徴

　本研究は，ソーシャルワーク実践の全体像の可視化を目指している。その方法として事例研究，その定性的研究を中心にする。具体的には仮説的な概念モデルを通して収集した事例の多面的・多角的な分析手法（多次元分析）から実践の全体像を把握する。下記はその主なものである。

（1）仮説概念の認識構造モデル（7次元統合体モデル）による事例分析

　ソーシャルワーカー40名の実践行為事例（語り含むインタビュー記録）73を記述データとし，ソーシャルワーカーの実践において7次元の各次元，7次元間の動態的・関係的な分析を行うとともに実践の全体像を把握する。このことにより，「ソーシャルワーカーの身を経て表現される実践という行為」が何であるかが明らかになる。それは実践者ソーシャルワーカーの内なる世界を捉え仮説生成型の実践の全体像が見えるということである。

　ソーシャルワーカーの身の内で多様な諸感情や葛藤，矛盾，困難などを経験しながらも，溜め込まれた多様な実践知をしてクリティカル思考（合理的思考や内省的思考），批判的思考，創造的思考が働き実践的推論や意思決定の過程から実践

5

の根拠（論理）やソーシャルワークらしい実践のかたちが出現していくとみる。

（2）7次元統合体モデル

「7次元統合体モデル」はソーシャルワーカーによるソーシャルワークの実践のかたちを表すモデルである。7次元は，①価値・目的，②視点・対象認識，③機能・役割，④方法，⑤空間（場と設定），⑥時間，⑦技能からなる。ソーシャルワーカーの内なる世界で熟慮を重ねながらかたちづくられる実践は，技能を駆動させソーシャルワーカーが事象を察知し，ソーシャルワークの価値と視点・対象認識を合致すべく綴り合わせ，目的を設定し，その具現化に至る全過程を支える技能による統合的な表現である。そこには，機能・役割，方法，時間と空間が関連し合う。こうした実践のかたちを，7次元統合体の図式化により描き出す。

（3）実践を見える化する研究方法と事例研究のバリエーション

専門分化した多様な実践領域におけるソーシャルワーカーの実践事例とその語りを記述データ化し，これを素材にして実践を見える化・可視化する新しい実践研究の方法を示す。加えて，新たな事例研究の複合的方法や定性的研究のバリエーションの一つの形態を示す。認識構造を備える「7次元統合体モデル」による全数対象に構造的に作成されたシートを用い定性的な分析・検討を中心とする。

（4）事例提供者であるソーシャルワーカーと実践事例に関する考え方

本書における事例提供者ソーシャルワーカー（40名）は多様な実践分野と多様な実践領域に従事している。本研究では分野や領域，職場，介入レベルの違いや特殊性があろうと，ソーシャルワーク実践のかたち（成立像）は共通するとみる。

本書では，本研究チームで最終的にソーシャルワーク実践として成立していると判断した73事例に限定して掲載している。研究倫理，倫理的配慮に関しては第2章を参照されたい。

4　本書における見える化のための具体的展開と説明

本書は，序章，4部構成の全14章と巻末資料とで構成される。第Ⅰ部は3章からなりソーシャルワーク実践の見える化・可視化研究の全体像を示す。第1章で

6

は本研究の背景にあるソーシャルワークにおける実践方法の光と影をはじめ，学術性をめぐる課題に言及している。そこから新たな知を拓くための知のスペクトラム論，アートの知を基軸にする実践の見える化・可視化，新たな認識構造の重要性を論じている。第２章では研究の全体像として具体的構想と研究デザインを示している。前者ではアートの知を基軸とする実践の見える化・可視化のための認識構造モデル「７次元統合体」の説明である。実践においてアートの知をして組み直される動態的な７次元統合体モデルの論証や実証を志向している。後者においてはモデル適用のための事例研究の設計を詳述している。第２章を通して第３章および第Ⅱ部から第Ⅳ部第13章まではモデル適用の多面的・多角的な試みが続くことになる。これらは事例研究の新たな発想や手法を示すものである。

　第３章はソーシャルワーカーの実践全体を概観する。同章では，下記の事柄に分けて説明している。

　　①　事例提供協力者の基礎的データ（ソーシャルワーカーの属性や提供された実践事例に関する基本的分析を中心にしている。第１・２節が該当する）。

　　②　全数73事例の多面的・多角的な分析により実践という行為の全体像把握と特徴の抽出。第３節がこれに該当する。第１項では１対をなす価値次元と視点・対象認識次元との関係の特徴，第２項では時間と空間の次元に焦点化した実践の特徴，第３項は技能次元に特化した特徴，第４項は実践行為にみられる価値の転換（置き換えと創造に関する実践思考の特徴）に言及している。

　なお，第３章では７次元統合体モデルによる実践成立とした事例を扱うことから，すべて単純集計として処理している。記述的分析では限定した数の事例の要約を主に活用している。

　第Ⅱ・Ⅲ部では具体的な実践事例と語りを１対として取り上げ，７次元統合体モデルを用いた分析から，ソーシャルワークのかたち（全体像）の見える化・可視化を試みている。第Ⅱ部第４〜７章はソーシャルワーカー１人の実践に焦点を合わせ１例分析を試みている。第Ⅲ部第８〜12章までは異なるソーシャルワーカーの事例を，２〜４複数組取り上げ共通性を抽出する試みをしている。また第Ⅱ・Ⅲ部は実践を７次元統合体モデルによる動態的・関係的な分析からソーシャルワークらしさ，その全体像を捉えるようにしている。

　第Ⅳ部では可視化による論証の試みから見えてきたものと題して，研究結果か

らソーシャルワーク実践の可視化研究の今後の課題と展望を示すことを意図している。第13章では実践の認識構造と実践の根拠について言及している。第1節では実践的推論の過程を描き出す試みにより実践のアート性の論証から実践の可視化の1つの方法例を示している。第2節では戦略的実践行為と判断したソーシャルワーカーの問題構造への視点と認識過程に言及し，戦略的実践行為を紐解く試みをしている。最後の第14章では本研究の認識構造モデル「7次元統合体」の到達点と課題に言及し，ソーシャルワーク実践の可視化研究の方法論やソーシャルワークの実践研究の新たな地平に言及している。

注

(1) 岡本（1989）は実践の科学化論の初出である。その後の岡本は多数の論文で実践の科学化を取り上げている。

(2) pooled thinking は，雑誌 *Family* 創刊号を飾った Richmond（1920）の小論にみられる。明確な定義はないが文脈から実践知の意味合いにとれる。pooled thinking をアピールし，人間に奉仕する新しい方法「ソーシャルケースワーク」に期待を込め読者を鼓舞している。本書では「溜め込まれた思考」（溜め込まれた知恵：実践知）の意味として用いる。

参考文献

岡本民夫（1989）「社会福祉実践における科学の仕方——科学的実践と実践の科学化」大阪市社会福祉研修所編『聴思録』37-48頁（1988年12月2日講演）。

嶋田啓一郎（1981）「力動的統合理論とソーシャルワーク——未来を約束する専門職活動」『社会福祉研究』2-10頁。

Goldstein, H.（1990）"The Knowledge Base of Social Work Practice: Theory, Wisdom, Analogue, or Art?" *Families in Society; The Journal of Contemporary Human Services*, 71(1)32, pp. 32-43.

Richmond, M. E.（1920）"What are you thinking?" *The Family* 1, pp. 1-3.

（平塚良子）

第 I 部　ソーシャルワークの見える化の全体像

<table>
<tr><td>第1章</td><td>ソーシャルワークの知の発達と課題</td></tr>
</table>

1 ソーシャルワークの実践方法優位の光と影

(1) ソーシャルワークにおける実践方法の位相

　現代の専門職業化してきたソーシャルワークの主要な価値の源泉を Kohs（1970 = 1989：155 - 170）は，①ヒューマニズム，②プラグマティズム（実用主義），③実証主義にみている。その背景には，19世紀末から20世紀初頭のアメリカにおける社会改革，社会の再建や進歩を目指す社会科学運動，大学改革や高等教育の進展等の影響がある（平塚 1997：91 - 93）。ソーシャルワークは，これらの動向に触発されて出現した公私の慈善領域における近代化の所産である。

　近代化においては，科学的慈善の方法＝実践方法の確立が重要視されてきた。歴史的にソーシャルワークは，①対象：個人か社会か，②機能：治療・回復か社会変革か，③手法：運動か機能か，④学術：アートか科学か，等々の議論の中で振幅しながら実践方法を中心に発達してきた。日本は，このようなアメリカ・ソーシャルワークに影響を受けて今に至っている。

　実践方法は実践理論，実践モデルやアプローチ，インターベンションなどの用い方もあるが，本書では「方法」ないしは実践方法とする。方法を包含するソーシャルワークを定義づける試みは，1920年代頃より始まり今日まで国際的定義も含めて幾度となく改訂がなされている。一つの重要なものに，1958年の全米ソーシャルワーカー協会によるソーシャルワーク実践の「作業定義」がある。

　それは実践の全体的な構成要素を示すものであった。明確なソーシャルワークの定義がなく，また構成要素に関する課題を含みながらも，実践の全体像を捉えようとする試みは意義あるものであった。その一構成要素である方法（method）は「手続きについての整然とした体系的な様式」（an orderly systematic mode of procedure）とされた。その種類には，ソーシャル・ケースワーク，ソーシャル・

グループワーク，コミュニティ・オーガニゼーションが並んでいる。方法には，その一部として道具を意味する技法，熟練としてのスキル（技能）が関連づけられている。伝統的3方法と称されるこれらの方法は実践対象の規模別に編成され個別に専門分化して発達し，技術として位置づいている（Germain 1983：26-51）。3方法の内，ケースワークは周知のように実践方法の中核をなし，今日，その名称使用は後退しているものの，多数のモデルやアプローチが林立する状況にある。

　あらためて，ソーシャルワークの技術とされる「方法」とは何か，明確にしておく必要がある。方法は実践を構成する一つの要素である。それは手続き的・体系的な様式を備える客観化された知識であり，ソーシャルワークの価値・目的の達成に活用される非属人的技術（客体化された知識的技術）を意味する。しかし，ソーシャルワークの実践はソーシャルワーカーの主体的な行為に負う。方法自体は，ソーシャルワーカーによる熟練したわざ（「技能」）という属人的技術（アート／技芸的知：アートの知）を介して，初めて実践で表現されるものである。この技能が発揮されてこそ，方法のみならず，ソーシャルワークの実践全体がかたちづくられる。ソーシャルワークの技術は主観的な技術の属人的技術（アートとされる技能）と非属人的技術（知識化された方法や技能）とを内包する。なおいえば，技能は二面性を備える点で複雑さがある。

（2）ソーシャルワークの実践方法優位の光と影

　ソーシャルワークの学術的母体は，社会科学と行動科学の混合とか，社会科学と行動科学，実践モデルの発達から知識を借り（Germain 1983：17），その学術的特性は「応用科学」とされて実践方法が発達するところとなった。通常，応用科学ならば，基礎科学ともいうべき理論体系を備えることになるが，ソーシャルワークの場合，基礎科学が必ずしも明らかでないまま諸科学を基礎理論として実践に利用する形式，すなわち，諸科学利用型の知識構築を主としてきた。今日では基礎科学とそのもとでの技術という旧来の考えに囚われる必要がないのかもしれない（平塚 2016：40）。

　とはいえ，それはやはり学術性をめぐる重要な論点ではある。いずれにしても，ソーシャルワークは諸科学利用型により専門的な介入理論志向の方法を主役たらしめた。このような指向性の背景をMackiver（1931）がかつて端的に示している。それは，アート（技術）としてのソーシャルワークの社会学（科学：社会科学

の）利用という応用の勧めを説くものであった（Mackiver 1931＝1988：9）。それは基礎的な学問分野で生まれ検証された知識の借用（Borrowed Knowledge）に依存する傾向をもたらした。ソーシャルワーカーは知識の創造よりも現時点の知識の応用に関心を向けてきた（Compton & Galaway 1989：95）。結果的には，その様式が技術としての実践方法の開発を後押しすることになったのであろう。

　元々，ソーシャルワークは萌芽期には科学的慈善を掲げて近代科学の方法を志向していたが，専門職業化の進展にともない実用的な実践のために諸科学利用による実践方法の発達が優先された。実践方法は自然科学や社会科学，行動科学などの知見を借りて，その時々のニーズに適合する基礎理論を摂取・選択して構成されている。たとえば，社会学，社会心理学，人類学，心理学，医学，生物学，生態学，行政学，統計学等々の理論体系を借りながら，実践に適用するための方法を組み立てる。ソーシャルワークは，科学の方法というよりは特異な仕方で実践の方法を発展させた。専門職業化の進展とあいまって多くの方法，技法やツールが形成され合成物化した実践方法の体系は肥大した。

　応用科学様式の下でソーシャルワークは3方法の専門分化とともに個別の理論的発達に囚われてきた。それはソーシャルワークとは何か，その基盤は何かをわかりにくくし，体系的な知識構築を追究する学問としての方法論を弱めるところとなった。早くから一般理論の欠如が指摘されてもきた（Gordon 1962：12）。3分化した実践方法の発達という呪縛は，学術的な凝集性やアイデンティティを弱め，一般理論形成への転換は容易ではなかった。こうした状況は，教育と実践，研究がバラバラに推移してきたためともみられている（McMahon 1990：26）。そうした状況打開に向けての動きも出てきた。たとえば，Bartlett（1970＝1978）は実践概念としての統合思考の欠如を指摘し，方法優位からの明らかな転換を示した。

　1970年代以降，ソーシャルワークの概念をはじめ，方法の統合化論，統合的アプローチや包括的な実践志向等々が議論されてきた。しかしながら，方法の多くはソーシャルワークの実践知（経験知）や諸科学の理論と概念を寄せ集め順序よく整理され具体的に活用できる程度に構成された方式であり，評価や検証過程を必ずしも経ていないという弱点を抱えてきた。ソーシャルワーカーの養成教育に用いる教科書的な知識構成体を示してきたというのが実態であった。諸科学の知識借用は避けられないとする Meyer（1970：26-27）の「借り手論」（borrower）

も当時の状況からやむを得なかったのであろう。

　この影響下で築かれてきた実践方法にも，専門職業化の変化にともない統合的方法や一般的な方法探求への変化がみられる。今日では実践対象の規模別とそれに合致する方法を包含し，多様な知識を援用・借用した包括的な教科書的実践書がみられる。すでに第5版（2011年）の Turner, F. J. 編の『ソーシャルワーク・トリートメント――相互連結理論アプローチ』では，社会学，心理学，哲学や思想，生物学，医学，人類学，数学，ソーシャルワーク系を含む34の異なる基礎理論を基にした35の実践理論が紹介されている。このような諸科学利用型は，21世紀の今も続いている。それは一時的には有用であろうが，作られた実践理論は諸科学それぞれの理論や概念という景色を映し出すような借景理論のようである。それがソーシャルワーク固有の理論に成りうるかどうかは課題や限界もある。そうである限り，ソーシャルワーク独自の学術性の伝達・継承，より自立的な発達は難しい。研究や教育，実践，専門職性の基盤の脆弱さは免れようがないのではないか。

2　ソーシャルワークの科学論的動向と課題

（1）知識構築の特徴――「科学の方法を借りる」と「諸科学を借りる方法」

　前節でも述べたように，特殊な様式で実践方法の発達を中心とした特異な諸科学利用型のようなスタイルになる背景は，1874年創設の全米慈善会議（1884年に独立し全米慈善矯正会議と改称）に遡る。同会議で Paine（1881）や Evans（1889）らは，科学的慈善の追求のためにソーシャルワークの学術的な探究方法として科学の方法，実践研究，実践の体系的アプローチ化，学術論文の報告などの重要性や，科学の精神，民主主義の精神を主張した。いずれも近代科学型の学術的な探究方法が示された。当時は，Kirk & Reid（2002：27）らのいう「科学の方法を借りる」を目指したのである。しかし，そうした流れは関係者には浸透せず，科学化を急き立てたとの印象を抱かせてもきた（Germain 1970：26）。

　また，ソーシャルワークの科学志向は，実証主義，科学的活動としての社会科学の見解を暗黙裡に受け入れてもきた（England 1986：77-78）。Goldstein（1990：33）は，実証主義哲学に根差す科学の視点の導入，その厳密さを強調することでソーシャルワークのミッションと方法の分離が起き，事物の理解の方法で

ある直観や共通感覚は信用失墜し，主観的な構成−道徳性，精神性，文化的・個人的な信念体系が顧みられない状況が生じた。さらに，ヒューマニズムを掲げた専門職の義務が見過ごされる傾向も指摘された。それは，ソーシャルワークが目指す価値の領域や人間による実践というアート領域への深刻な影響があったことを物語る。一方，科学に対する過剰な期待がかけられたにもかかわらず，それが1世紀もの間ソーシャルワークの関係者に共有されずにいたとのKirk et al.（2002：27）の興味深い分析もある。

　大学教育化，専門職業化の進展にともない，理論武装が喫緊の課題として要請されていたソーシャルワークは，学術における複雑な状況，関係者の意識ないし認識の差違が結果として諸科学利用型に偏向していったのであろう。実践方法の確立志向が強いにしても，Germain（1983：17）は，実践モデルを基礎とした理論仮説の証明や援助過程の性質解明，モデルの効果研究の役割などの議論に欠け，データに関する組織化された体系を構成していなかったとみている。Witkin（1996：69‐70）もソーシャルワークがリサーチの伝統をうまく築くことができずにきたと同様な指摘をしている。いずれにせよ，ソーシャルワークは独自の知識構築のための研究の伝統，知識の蓄積に難題を抱えてきたのである。ソーシャルワークは近代科学の思考体系の発達に苦闘しつつ（Payne 1997：3），その正当性のための努力として科学的であることに基礎を置き，その実践を描くために長い探求の旅を続けてきたことには違いない。

　前述したが，ソーシャルワークは科学的な正当性をもつとされる他分野科学を導入し，それが真に正当かどうか＝科学的に根拠があるかどうかというよりは，いわば，権威を借りて専門職集団の要求を満たすべく「（諸）科学を借りる」手法に偏っていったことになる（Compton & Galaway 1989：95）。こうしてソーシャルワークは，他分野の多様な知見や法則を「借りる」「応用する」ことで科学的実践方法が確立されるという知識探求の特異な思考と様式を形成してきた。借りた知識を独特の利用のために組み立てる手法を，Meyer（1970：26）はソーシャルワークの「固有の研究方法論」と称した。

　こうした思考様式で築き上げられてきた実践方法を，Compton et al.（1989：95）はソーシャルワークに限定される独創的な知識として一定の貢献はしてきたと評する。一方で，近代科学を基礎にする学術世界では技術や実践を特徴とする分野には，理論構築に貢献しているとはみなされず正当に評価されていないとの

見方もある（Mohan 1988：69）。ソーシャルワークの場合，当初は諸科学の知見を借りながらであったにしても，実践経験の蓄積から実践の知恵を言語化し，固有の論理化から創出する知識は実践知領域における多様な知識として拓かれ，「借りる」から脱却しうる可能性がある。しかし，今日，そのスタイルから脱却できたかどうかは今なお不透明ではある。

（2）ソーシャルワークにおけるアートと科学の関係をめぐる論点

　ソーシャルワークとは，かつて「アートであり，科学である」と象徴的な表現がなされてきた（Eaton 1958：3 - 18）。この表現はソーシャルワークの学術性の特徴を物語る。Butrym（1976＝1986：107 - 108）は，それをソーシャルワークにおけるアートと科学の二元論として支配された歴史と称している。そこには実践が不可避のソーシャルワークの学術の発展に近代科学志向とその優位の問題（学術世界における技術の劣位：実践やアートの知を軽視）が影を落としてきた背景がある（平塚 2016：41 - 46）。ソーシャルワークにおいては知識構築をめぐるアート志向と科学志向それぞれの擁護論，対立論，対極論（反アート，反科学）などが展開されてきた。Kirk et al.（2002：12）のいう「認識論の闘争」が長きにわたりみられる。それはアートと科学（近代科学）という2つの志向が分立する状況が強く存在してきたことを物語る。

　しかし，科学志向一辺倒というよりは，ソーシャルワークのアート性を認識し2つの志向をうまく活かそうとする立場もある。たとえば，すでに過去においてソーシャルワークが独自のスキル論をもっていると認識していた Richmond は，アートを活かして『社会診断』（1917年）を著し臨床科学モデルを切り拓いている。Marsh（1983）によれば，Abbot, E.（1931）は講演で，調査研究に傾倒するヘッドレス・マシン（headless machine）を戒め，ソーシャルワーカーの助けになる実践研究を勧めたという（Marh 1983：582 - 583・595）。アートと科学の統合論や共存論により両者を活かす主張もなされてきた。

　そうした中で，科学という側面に立脚することを標榜するソーシャルワークは，実証主義志向に基づく実践方法の確立を目指した。しかし，実際には知識探究は諸科学利用型の実践方法の開発に陥った。それはまたアートの知を反映させる面も備えているが，そうした知識はしばしば厳しい批判にさらされた。かつて Eaton（1958：3 - 18）は，科学的アプローチを主張してアート思考と科学思考は

共存しないと断じている。2つの思考の共存に対する疑義や偏見は，アートと科学的実践との関係の解明や実践の検証作業とのつながりを分断しかねない。ソーシャルワーク実践の場合，アートによる行為がなければ科学的実践は決して生じることはない。2つの思考はソーシャルワークの知識構築のために共存すべきものである。

　アート低位の中，ソーシャルワークは伝統的3方法を発達させてきた。ソーシャルワークの理論欠如の指摘以来，ソーシャルワークの概念枠組みとともに実践とは何か，原点に立ち返る動きとして実践方法論の基盤確立志向が強まる。知識には形式と構造が不可欠と認識していたBartlettは，概念の純化，仮説の公式化によって一般化に通じるとし，ソーシャルワークの統合思考の集大成がいかにできるかを探っていた。それはまた，ソーシャルワーク思考の蓄積と研究の提案でもあり（Bartlett 1970=1978：222・242-243），アートと科学の統合された知識の形成をみていたことを意味する。

　他方，すでにソーシャルワークの科学化推進の強力な取り組みが生じていた。1960年代には社会的政治的な風潮とあいまって生じてきたプログラム評価や効果に関心が向けられる中で，心理学における実践と方法論の発達から技術の提供を受けて「実証的（経験主義的）実践運動」（Empirical Practice Movement：EPM）が起こってきた（Reid 1994：165-184；Witkin 1996：69）。たとえば，Thomas, E. J. の『ソーシャルワーカーのための行動科学』（1967年）は，実証的実践（EP）志向の行動科学的アプローチの成果として著された例である。

　EPMは継続的な論争を引き起こしてきたが，科学的であることを基盤とする専門職の育成目標に向けられ，ソーシャルワークにとっての重要課題である科学化は長期にわたる困難な課題となった。EPMの成果は必ずしもはっきりとはしなかったが，リサーチ思考の学宛人により始まり続いてきた（Reid 1994：166・180-181）。構成主義の立場からは，EPMは四半世紀以上続いてきたが実証的な知識基盤の形成には必ずしもつながらず，実践モデルのような，あるメタ理論やイデオロギーへの関心も払っていないとの批判もある（Witkin 1996：71）。

　EPMの潮流の中，Zimmerman（1989：59）は，近代科学の世界における実証主義の問題として因果関係論，還元主義や決定論に言及しながら，ソーシャルワークの科学志向が陥ってきた歴史を振り返っている。その歴史は，人間行動の因果関係の証明や精神分析による決定論的な実践方法を正当化するために無意味

な試みをしてきたと手厳しい。

　1980年代以降に、こうした実証主義の反省・批判や限界論が出現し、エビデンス論の再燃、さらには脱実証主義の立場がソーシャルワークにも登場する。こうした動向に関して Kirk et al.（2002：14）は、ソーシャルワークの研究者により社会科学やソーシャルワーク批判が出現し、彼らが教えられてきた認識論の枠組み（論理実証主義）を問いはじめてきたという。Klein & Bloom（1994：799）は、1970~1990年代のソーシャルワークを振り返り、持続している難題は実証的（経験主義的）知識（empirical knowledge）と実践経験（practice experience）の関係にあるとみている。言い換えれば、科学とアートの関係を指すが、その場合、一方が正しくて、他方が間違っているという対極論に陥ってきたと評する。前出の Kirk et al.（2002：14）は、構成主義者の枠組みを用いるソーシャルワーク実践の文献の多くがむしろ実証的なアプローチを無視していると批判するとともに、ポストモダンの潮流から生じている実証主義批判への疑義も示している。その見解は次のような2つに集約できる（Kirk & Reid 2002：12-14）。

①　論理実証主義の枠組みの問題と批判

　伝統的な研究方法論は、絶えず変化する社会現象について説明しにくく、かつ、研究に適合していない物理学の方法論を借りている。これを借用しながら量的アプローチ、実験デザイン、客観的測定、統計的分析に過度に価値をおいたものである。

②　ポストモダン思考による構成主義と発見的解決法（heuristic approach）

　現実についての知識が言語と人間の言説を通してつくられる。この立場は、現実についての究極的な真実を決定する方法はなく、客観的、あるいは本質的な真実はない。それゆえ科学的知識基盤を進歩的に作り上げる目標は拒否される。なお、構成主義者の研究と主流の枠組み内で行われる質的研究の他の種類との間ではどんな違いが現れるのかという理解は残っている。

　ソーシャルワークには、人間と社会との複雑な関係、人間の生活や人生における価値や意味の世界が対象だけに多様で複雑な文脈が交錯する。これらを対象にする実践研究において、上記のいずれかの研究スタイルのみで事象を捉えきれるものではない。結果にたどり着くそれぞれの方法論には限界領域がありうる。何をどこまで明示できるか、緻密な検証結果による知の発見においてはスペクトラム的発想をする必要があるのではないか。

②の立場のいう，知識に対する相対主義，科学的事実の発見は社会的に構成される，科学的信念は時代の産物などといった見方は科学知に潜在する危うさや問題である。だからといって，この立場も科学における実在の役割を全否定しているのではない（平川 2002：38-39）。Kirk et al. は脱実証主義と構成主義とを対比して実証主義の働きの体系は不完全な面があるが，外側の観察者に知ることができる客観的な事実の存在を断定する。彼らは，実証主義やポストモダン思考による社会構成主義の限界を超えて多様な文脈に関心を広げる脱実証主義の立場をとる。[3]

アートと科学の関係，科学をめぐる論争が続く中，1990年代には証拠に基づく医療の考え方が急速に影響力をもってきた。ソーシャルワークにおいても証拠に基づく実践論（Evidence-based Practice：EBP）が強く打ち出されている（Witkin & Harrison 2001：293-296）。日本でも，学会レベルでの議論が起き研究方法や内容に変化が生じている。これには懐疑的な見方がある一方で，ソーシャルワークは証拠に基づく実践志向へと転じはじめている表れとも捉えられる。

（3）もう一つの新たな思考軸の探求――アートの復位

エビデンス論登場とほぼ同時期，Klein & Bloom（1994：802-803）はアートの復位，アートと科学の統合論とその枠組みを示した。すなわち，ソーシャルワークの有効な知識の発達には，客観的，あるいは実証的な実践モデルと主観的，あるいは，直観的―現象的な実践モデル，これら両方の強さを結合して制限を最小化するために統合する媒体として実践知の再概念化を提案する。

彼らは実践知をクライエントの状況の現象的経験と科学的情報を利用する間の交互作用から出現する「個人的な価値-駆動システム」と定義する。Klein et al. は科学領域と実践領域とを設定し，実践知が実践と科学という2つの領域を架橋するとみる。その代表的な働きを，①価値主導の実践経験を伝達可能な用語に言い換え，②科学的発見の実践原則への言い換えと架橋である。この構想はアートと科学との「架橋論」，すなわち，2つを架橋する統合志向の概念モデルとしてソーシャルワークの特徴や強みを活かそうとする。よりエビデンスに基づく実践を要請する声が合従連衡する今日，Graybeal は，アートの意義を再認識し科学との「共存論」を，次のように主張している。

　「アートに相当する実践の技芸的な次元は問いの範囲を豊かにし拡大する

機会であり，それによって科学の貢献の可能性を高め拡大する。実践の科学的次元を認めることは，それを実践者の固有でユニークな仕方に押しつけるのではない。むしろ実践者の即座の実践構造とツールの正当性を示し高める機会である。それゆえ両者は共存しなければならない。」（Graybeal 2007：521）

　それはアートと科学は相互に貢献し合う存在との主張であり，ソーシャルワークの知識構築における相互補完論ないし相互補強論を示している。今日のソーシャルワークの研究は，科学知の追究と実践とを結びつける研究志向が高まり，多様な研究内容が姿を見せつつある。同時にポストモダン流の質的な研究も隆盛している。架橋論（統合論）や共存論，エビデンス論も重要には違いない。

　そうだとすれば，知識構築におけるソーシャルワークの本当の課題は何であろうか。England（1986：76）は，科学を主張することではなくて，ソーシャルワークの知識に関する実際の本質を理解することであり，体系的な実践の含意を考察することだと主張した。この主張は実践を担うソーシャルワークの知識構築における原点や学術的な方法論のありようを改めて問いかけている。知識源の探究には科学だけ，アートだけといった偏向論はまさに拙劣であり，新たな認識に立つことが何より求められよう。

（4）ソーシャルワークの学術性──知の多形態構想

　どの学術分野においても，知識の構築は恒常的で不可避の課題である。しかし，ソーシャルワークは知識とはどのような知識を指しているのかを明確にせずに，その構築のあり方を探求する全体的で学術的な方法論を欠いたまま，「科学の方法を借りる」よりはむしろ「科学を借りる方法」（＝諸科学利用型）に比重が置かれてきた。慣習性の強い知識と技術の階層性からアートや実証主義の問題をめぐる表層的な論争も続いてきた。ソーシャルワークはソーシャルワーカーのアートに負うだけに，ソーシャルワークの強みを活かす観点から知識構築の方法論を洗練させる必要がある。

　England（1986：83）は，ソーシャルワークはアートに着目したもののアートの主張では引用が多く，そのアイデアはソーシャルワークの概念の発達や理論化には至っていないと批判した。30年以上前の指摘ながら，的を射た指摘であろう。

　本項では，実践の知（アートの知）を基点にしたソーシャルワーク独自の概念

化や理論化の前提として，これまでの展開を基礎に知識源を多元的形態と想定する。知識のピラミッド状の階層性をやめ，人間の実践という行為なしには存在しえないソーシャルワークゆえに，本書では知識形態のカテゴリーは並存し，相互に綴り合う対応関係（補完・補強関係）とみる。ソーシャルワークの知識は実践対象の多様性や範囲の広さ，系統性を考慮すると多元的な形態を擁するのである。

　ここでは，試論として 3 つの形態を知の 3 領域としておこう（図 1-1 参照）。すなわち，①実践の知（アートの知）：実践体験（経験）から蓄積された知恵を掘り起こして秩序づけ組織化して導き出される知識，②科学の知：客観性と合理性のある証拠が導き出される知識，③規範の知：実践のあるべき姿，その価値判断基準の探究から導き出される価値領域の知識，である。

　①の「実践の知」は，ソーシャルワークの知の源の位置にある。それは，実践の掘り起こしから論理的整合性や実践への適用可能なレベルにまで組織化された知の領域を意味する。この領域には実践に関わる多様な次元や事柄が存在するが，実践の軌跡を丁寧に探り出し論証することで知の水準を高めうる。この知には広狭あるが，②や③の知を新たに拓く基点をなす。しかし，どのように言語化し組織化していくかは，かなりの労力を要する領域かもしれない。なお，単に②や③の知を適用するだけの領域ではない。

　②の「科学の知」は，検証された知識として実証的証拠を導き出す知の領域である。導かれた証拠はそれが適用される範囲内で再現可能となるレベルのものである。厳密科学のような事実存在の解明により一般的普遍的理論の構築というよりも，むしろ限定された範囲内で適用できる理論＝特殊理論（中範囲理論）の構築を意味する。ただし，それを洗練させることで何をどこまで包括する理論となりうるか，その可能性は広がる。この視野はもつべきである。

　③の「規範の知」は，基本的にはソーシャルワークの価値基盤や価値的態度，実践のあるべき論を中心に希求する規範的な知識である。この知識は①と深い関わりをもつ。とりわけ，実践における価値判断，実践という行為の決定根拠（実践の根拠）に関わる知の領域である。実践という行為の価値と意味を深め，行為の制御の役割も果たし，①をより豊かにする影響力をもつ知の領域である。なお，③は②や①への展開を可能にし，規範科学としての知識構築にも通じる。この知の構築も実践を基にして汲み上げて検討することで，論理化を図るものでなければソーシャルワークの規範知とはいえない。

図1-1　ソーシャルワークの知のスペクトラム

出所：平塚（2016：44）を筆者修正。

　以上の知の3形態は実践の知を基軸にそれぞれが相互に連関し貢献しあいながら独自に形成され発展していく。それは独立・並存しながらも接合的・統合的な動きが当然ありうる。このような広がりと動態的・関係的側面をもつ知識構成体を「ソーシャルワークの知のスペクトラム」とする。実践学としてのソーシャルワークの知は，図1-1のように実践の知を基軸にする知識構成体を成す。

3　ソーシャルワーク実践の認識構造モデル——アートの知の組み直し

（1）実践の認識構造の重要性

　ソーシャルワークの知を豊かにするには，ソーシャルワーカーが実践において自らが備える規範知や科学知，その他の多様な知を関係づけ実践知として集中的に収束させ対象となる世界を全体的に何と認識しているのか，その構造を摑むことが不可欠である。Sheafor et al.（2000：68-81）は，専門職のソーシャルワーカーに向けられる原則の第1を「ソーシャルワーカーはソーシャルワークを実践すべきである」としている。自明のようなフレーズからは，改めてソーシャルワークがソーシャルワーカーによる実践によって成り立つこと，ソーシャルワーカーならばソーシャルワークを実践していると仮定できることである。

　なされた実践が原則通りの全体像：実像（ソーシャルワークの成立像）を示しているとすれば，何らかの「ソーシャルワークらしさのかたち」が出現していよう。そこには，ソーシャルワーカーによってソーシャルワークらしい実践と認識できる構造と働きが織りなされる世界，すなわち「ソーシャルワークらしさの（原）世界」が存在しているはずである（平塚 2011：62-63）。その世界は，内なる実践として，ソーシャルワーカーの感覚や直観，経験，思考から対象の認識（事象認

識）と価値の選択的判断に基づく実際的行為の全体像が活写（描写）されている世界と推察する。これを明らかにするということは，ソーシャルワーカーの内なる世界に分け入ってみることであろう。それは，ソーシャルワーカーが実践の全体像を描き出すアートのなかみ＝内なる世界で起きている実践の姿をみることである。そのイメージ化された姿を「実践の認識構造」とする。

　このような認識構造の全体像を解き明かすことがアートか，科学かという二元論的な閉塞的思考に縛られてきたソーシャルワークの知の世界の革新に通じるのではないか。アートの理論化，実践を科学化するにしてもアートの世界を紐解くことが前提となる。それは，ソーシャルワーカーが共感し，思考し，実行に至る内なる世界を見えるようにすることである。

　ソーシャルワークの実践は実践知や科学知，規範知など知識を活かして成り立つ。しかし，外在化された諸知識の活用だけでソーシャルワークの実践は成り立つものではないし，明らかになるものではない。実践はソーシャルワーカーによる事象に対する諸感覚や直観，諸知識，諸経験，諸能力が，相互に統合的に働き当該事象に関する多様な推論を通して，ある対象認識の世界がその身の内で判断，選択されて出現する。そこには合理的思考や内省的思考，批判的思考，創造的思考など多様な思考が出現し，事象への吟味・分析・検討など種々の判断がソーシャルワーカーの内なる世界で織りなされる。これらの過程では起きている事象に対する事実認識や共感的認識を接合させてソーシャルワークの価値との照らし合わせがなされ，何のために何をなすべきか目的が意味づけられ，ふさわしい行為が描き出される。

　つまり，ソーシャルワーカーの「内なる目(4)」と形容できるようなソーシャルワークらしさの視点・視線・視界になりうる知的な営みが，出現して実践という行為が表現される。こうした実践は，ソーシャルワーカーのアートをして多様な思考過程が出現して初めて認識の世界がかたちづくられ，これを通して具体的に行為へと転換する（行為化）ことを意味する。それは事物の実在の証明をもって認識とする厳密科学の世界とは異なる。特徴として，事物の認識においては異なる認識の仕方をするということである。

　実践においては，対象をみる時も，何をすべきかを考える時も，価値や多様な観点と同時一体的に相互連動的に関わらせて判断し実践の軌跡を描いている点が，ソーシャルワーカーの基本的な姿である。

実践の認識構造を探索するということは，不可視とされるソーシャルワーカーの内なる世界における知的な営みとしてかたちづくられる実践を可視化することである。実践では内的な認識的世界の構造化，組織化を通してソーシャルワークらしいかたちが形成される。実践からオリジナリティある知識を構築するとすれば，ソーシャルワーカーの実践における内的経験を活かして実践の構造を紐解くような認識論——実践の認識構造——を創りあげる必要がある。

（2）実践の認識構造に関する先行研究——2つのモデルが意味するもの

　ソーシャルワーク実践の全体像を描く試みをした先行例に，ソーシャルワークとは何か，概念枠組みの議論の高まりを見せた当時に示された Carroll（1977）の「ソーシャルワーク実践の3次元モデル」と，Carroll を基にした Popple et al.（1993）の「ソーシャルワーク実践の4次元モデル」の2つがある。

　Carroll（1977：430-431）は，ソーシャルワークの実践全体を単一次元では表す場合，それぞれを強調するだけに終わり実践が何であるかを示しきれない限界があるとした。3次元モデルは，これを超えてソーシャルワークの実践の構造を認識しようとする。同モデルは，①「社会問題」（social problems），②「関心の社会的単位」（social units of concern），③「社会的技術」（social technologies）という3つの次元から成るとした。各次元は下位項目で構成されている。

　Caroll は多次元モデルの場合は実践の記述に関しては困難さを伴うが，その必要性を展開する。同モデルでは，有用かつ実践の記述に耐えうる最小限の独立変数の設定によって，専門職の実践の記述とともに実践の輪郭を描こうとする。Carroll は，ソーシャルワークは他の専門職以上に人々とその社会関係についての多くの多様な知識を必要とし，結果として大きな範囲の知識源を必要とする点で，3次元モデルは専門職の実践にとっては学際的な知識基盤の必要条件を補強してくれるとみる。

　Popple et al.（1993：79-80）は，Carroll の3次元にもう一つの次元を加え4次元モデルを構成して実践を認識しようとした。彼らはソーシャルワークの多面体を描くことが有用と考えた。多様な実践の次元がソーシャルワークの専門の特殊化に向けて多くの機会を提供するとみる。Popple et al. のモデルは，①「社会問題」（Social Problems），②「関心の単位」（Unit of Concern），③「方法」（Methods），④「実践の分野」（Field of Practice）の4次元から成るとし，Carroll の社会的技

図1-2　ソーシャルワーク実践の4次元モデル（1993）

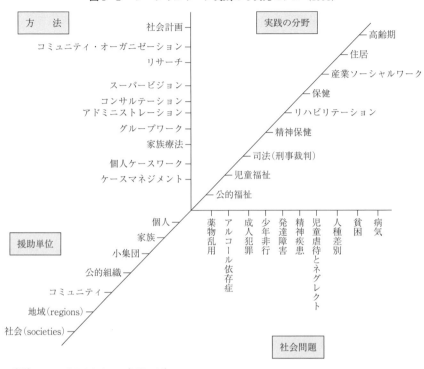

出所：Popple & Leighninger（1993：81）.

術を方法に置き換え，さらに実践の分野を加えている（図1-2参照）。

　Popple et al.（1993：81）は，スペシャリスト・アプローチやジェネラリスト・アプローチそれぞれの優位さや利点を視野に入れながら，ソーシャルワーカーは全体的な方法でクライエントの背後にある社会問題までも含む問題や状況，何に焦点化しているかなどを捉えることができ，多様な方法か，あるいはクライエントを他の資源に照会できるとしている。方法はソーシャルワーク実践という，より大きな現象の一部分をなすとして重要視する。

（3）ソーシャルワーク実践の新たな認識構造モデル
──実践の根拠の妥当性をさぐるために

　2つのモデルは，実践の方法を中軸にすえてどのような次元が関連し合ってい

るのか，限定的とはいえソーシャルワークの実践が何であるか，実践の全体像を
つかもうとする試みであった。ソーシャルワークが社会問題を背景に実践対象と
する範囲の広さ，これらに対応する広範で多様な分野，そこに用いられる多くの
方法ないし技術がありソーシャルワーク専門職の活動がイメージしやすいものと
なっている。2つのモデルは各次元の言語体系の抽出により，ソーシャルワーク
事象の客観化に向かう可能性はもっているかもしれない。

　しかしながら，彼らのモデルを適用して現実に内在するクライエントの経験や
実践者であるソーシャルワーカーの経験，そこから生まれる実践の全体像を説明
することは困難である。なおいえば，実践における複雑な文脈や意味の世界まで
明らかにはできない。実践の判断根拠に通じる価値や意味は言及されない構造と
なっている。何より，実践を発動する理由や根拠，連動する選択される価値や目
的は可視化されないままとなる。

　価値が内包される実践の道筋などを捉えられないし，実践のアート性は顧慮さ
れない。そこに潜在するソーシャルワーカーの内なる世界，その具体的行為に至
る実践知が活かされるアートの世界は問われず不可視のままとなる。詰まる所，
2つのモデルは実践の根拠の不可視という弱点を抱える。実践知という強みを活
かさないでは，ソーシャルワークの知識構築の芽が摘み取られざるを得ない。

　それには，発想の転換が要る。アートが出現する内なる世界にこそ，実践の本
質的なかたちが原基体として存在しうると仮定することである。その全貌を映し
出すには，実践の可視化を可能にする新たな仮説的な概念モデル（認識構造モデ
ル）を導き出すことである。ソーシャルワーク実践の実像，そこに潜む論理を映
し出すことはソーシャルワーカーに溜め込まれたアートの知（実践の知）の働き
を知ることになる。とりわけ，錯綜する価値や意味——複雑な文脈の世界のみな
らず，意思決定がなされ実践の根拠やソーシャルワークらしさのかたちに創造さ
れていく思考の世界を探り出すことになる。こうしたアートの知を活かし，ソー
シャルワークらしさを実現すべく組み直してこそ，実践の可視化となりうる。可
視化は，実践の知を軸とした科学の知や規範の知を擁するソーシャルワークの知
的空間の広がりの可能性を拓いていくのではないだろうか。

注
⑴　「方法」の訳語については，全米ソーシャルワーカー協会の作業定義が転載されて

いる小松源助の訳語に依拠している（Bartlett 1970＝1978：253）。

(2)　技術について，村上は，技術と知識の分離，知識と技術の階層化，実践の軽視など
　　が古代ギリシャ時代にみられ，これらが西欧の伝統になっているという（村上
　　1986：72-82・165）。この見解は実践や技術が不可欠なソーシャルワークの学術性探
　　求における困難さを表す背景的な一例である。宗像は，ソーシャルワークの技術に内
　　包する意味を捉える上で助けになる。宗像は技術を2段階に分けている。第1段階は
　　近代技術以前の技術で技芸（主客合一）としての技術（属人的＝作品的：芸術など。
　　アートは技術の名称の一つ），第2段階は近代技術の主客分離をした広義の技術であ
　　る。方法などは①狭義の技術の非属人的技術（客観的技術）とし，アートの部分は②
　　属人的技術（技能）とする（宗像 1989：140）。この説は技能の2面性論や方法の位
　　置に意味ある見解をもたらしている（平塚 2004： 9 - 16）。

(3)　野家によれば，脱実証主義は実証的知識の前提「経験的事実による正当化」をめぐ
　　る亀裂から1986年代後半に出現。論理実証主義を超えようとする立場が科学哲学の分
　　野から生じてきた。同立場は科学史的事例の分析から理論は観察事実による「反証」
　　ではなく，別の新理論によって打倒されると主張。「実証性」の要求はパラダイム転
　　換のメカニズムや科学者共同体の構造など社会的次元を含む広い文脈で再検討されて
　　きた（野家 2001： 3 - 18）。今日では脱実証主義の方法論的脆弱性も指摘されている。

(4)　心理学では内なる目はメタ認知として研究が進んでいるが，本書ではメタ認知論に
　　言及していくものではない（『現代のエスプリ』至文堂，2008年）。

参考文献
佐藤豊道（2007）「アメリカにおけるソーシャルワークの理論と実践——エビデンス
　　ベースドの着想と日本への取り込み」『社会福祉研究』100，52-100頁。

野家啓一（2001）「『実証主義』の興亡——科学哲学の視点から」『理論と方法
　　（Sociological Theory and Methods）』16(1)， 3 -18頁。

平川秀幸（2002）「実験室の人類学」金森修・中島秀人編著『科学論の現在』勁草書房
　　38-39頁。

平塚良子（1997）「アメリカ・ソーシャルワーク教育思想の考察——萌芽期を中心とし
　　て」『聖隷クリストファー看護大学紀要』 5 ，91-97頁。

平塚良子（2004）「ソーシャルワークにおけるスキルの意味」「スキルの種類——スキル
　　の構成原理」岡本民夫・平塚良子編著『ソーシャルワークの技能——その概念と実
　　践』ミネルヴァ書房，11-15・93-100頁。

平塚良子（2010）「メアリー・リッチモンドによる臨床科学モデルの現代的意義」『大分
　　大学大学院福祉社会科学研究科紀要』13，47-48頁。

平塚良子（2011）「ソーシャルワーカーの実践観——ソーシャルワークらしさの原世界」
　　『ソーシャルワーク研究』36(4)，62-63頁。

平塚良子（2016）「ソーシャルワークの科学という課題」岡本民夫監修，平塚良子・小山隆・加藤博史編『ソーシャルワークの理論と実践――その循環的発展を目指して』中央法規出版，41-46頁。

村上陽一郎（1986）『技術とは何か――科学と人間の視点から』日本放送出版協会。

宗像正幸（1989）『技術の理論――現代工業経営問題への技術論的接近』同文舘。

Bartlett, H. M.（1970）*The Common Base of Social Work Practice*, National Association of Social workers.（＝1978，小松源助訳『社会福祉実践の共通基盤』ミネルヴァ書房。）

Butrym, Z.（1976）*The Nature of Social Work*, Macmillan Press.（＝1986，川田誉音訳『ソーシャルワークとは何か――その本質と機能』川島書店，107-108頁。）

Carroll, N.（1977）"Theree-dimensional model of social work practice" *Social Work* 22 (5), pp. 428-432.

Compton, B. R. & B. Galaway（1989）*Social Work Process, 4th ed.*, Wadsworth Publishing Company, p. 95.

Eaton, J.（1958）"Science, "Art, "and Uncertainty in Social Work" *Social Work* 3 (3), pp. 3-18.

England, H.（1986）*Social Work as Art: Making Sense for Good Practice*, Allen and Unwin.

Evans, G.(1889) Scientific Charity, in Proceedings of the National Conference of Charities and Correction, p. 25.

Germain, C. B.（1970）"Casework and Science: A Historical Encounter" in Roberts, R. W. & R. H. Nee（eds.）*Theories of Social Casework*, The University of Chicago Press, p. 7.

Germain, C. B.（1983）"Technological Advances" in Rosenblatt, A.& Walffogel, D.（eds.）*Handbook of Clinical Social Work*, Jossey-Bass Publishers, p. 17, pp. 26-57.

Goldstein, H.（1990）"The Knowledge Base of Social Work Practice: Theory, Wisdom, Analogue, or Art?" *Families in Society: The Jouranal of Contemporary Human Services* 80 (1), pp. 32-43.

Gordon, W. E.（1962）"A Critique of Working Definition" *Social Work* 7 (4), pp. 3-13.

Graybeal, C. T.（2007）"Evidence for the Art of Social Work" *Families in Society: The Journal of Contemporary Social Services* 88 (4), pp. 513-523.

Johnson, L. C.（1983）*Social Work Practice:A Generalist Approach*, Allyn and Bacon.

Johnson, L. C. & S. J. Yanca（2001）*Social Work Practice: A Generalist Approach, 7th ed.*, Allyn & Bacon.（＝2004，山辺朗子・岩間伸之訳『ジェネラリスト・ソーシャルワーク』ミネルヴァ書房。）

Kirk, S. A. & W. J. Reid（2002）*Science and Social Work: A Critical Appraisal*, Columbia University Press.

Klein, W. C. & M. Bloom（1994）"Practice Wisdom" *Social Work* 40(6), pp. 799-807.

Kohs, S. C.（1970）*The Roots of Social Work, National Board of Young Men's Christian Associations*, Association Press.（=1989, 小島蓉子・岡田藤太郎訳『ソーシャルワークの根源——実践と価値のルーツを求めて』誠信書房。）

Mackiver, R. M.（1931）*The Contribution of Sociology to Social Work*, Columbia University Press.（=1988, 小田謙三訳『ソーシャル・ワークと社会学——社会学のソーシャルワーク貢献』誠信書房。）

Marsh, J. C.（1983）"Research and innovation in social work practice: Avoiding the headless machine" *The Social Service Review* 57(4), pp. 582-583, 595.

McMahon, M. O.（1990）*The General Method of Social Work Practice: A Problem Solving Approach*, Prentice Hall.

Meyer, C. H.（1970）*Social Work Practice: a response to the urban crisis*, The Free Press.

Mohan, B.（1988）*The Logic of Social Welfare:Conjectures and Formulations*, Harvester Wheatsheaf.

Paine, R. T.（1881）Cooperation in Charities, in Proceedings of the National Conference of Charities and Correction, p. 119.

Payne, M.（1997）*Modern Social Work Theory, 2nd ed.*, Lyceum Books.

Popple, P. R. & L. Leighninger（1993）*Social Work, Social Welfare and American Society, 2nd ed.*, Allyn and Bacon.

Reid, W.（1994）"The Empirical Practice Movement" *Social Service Review, June,* 68(2), pp. 165-184.

Sheafor, B. W., Horejsi, C. R. & G. A. Horejsi（2000）*Techniques and Guidelines for Social Work Practice, 5th ed.*, Allyn and Bacon.

Turner, F. J.（ed.）（2011）*Social Work Treatment:Interlocking Theoretical Approaches, 5th ed.*, Oxford University Press.

Witkin, S. L.（1996）" If empirical practice is the answer, then what is the question?" *Social Work Research* 20(2), pp. 69-71.

Witkin, S. L. & D. W. Harrison（2001）"Whose Evidence and for What Purpose?" *Social Work* 46(4), pp. 293-296.

Zimmerman, J. H.（1989）"Determinism, Science, and Social Work" *Social Service Review* 63(1), p. 59.

（平塚良子）

第2章 認識構造モデル「7次元統合体」による実践の見える化の方法

　本章では，アートの知を組み直す仮説概念である認識構造モデル，その適用と論証のための研究全体のデザインについて説明する。

1　認識構造モデル「7次元統合体」の説明

（1）ソーシャルワークの実践という統合的行為の見える化

　ソーシャルワークの実践は，価値体系，知識体系，技能体系の3つからなると示されてきた。Barker（2003：409）の『ソーシャルワーク辞典』でも「ソーシャルワークの価値と一致する方法で，社会的サービスを提供するための社会的権限を実行するのに知識と技能を活用すること」とある。実践はこれらの体系を活用するソーシャルワーカーの統合的行為であり，それはアートの知としての統合表現を意味する。

　その内なる世界では，実践対象に関する多様な認識・論理が織りなされて価値の実践が整えられ，ソーシャルワークらしさが築かれるべくアートの知の組み直しを経る。そのかたちの見える化と可視化において，本研究では仮説の認識構造モデルを用いる。ソーシャルワーカーの実践事例群（語りを含む1対）を対象にモデルの適用から論証可能とみている。

（2）仮説の認識構造モデル──7次元統合体モデル

　ソーシャルワーク実践の認識構造モデルは，ソーシャルワーカーが諸感覚，溜め込まれた知（実践知）を覚醒させ，ソーシャルワーク事象の推論から具体的な行為を表す一連の過程において，ソーシャルワークらしさを映し出す体系的な型である。それは，ソーシャルワーカーによるソーシャルワーク実践のかたち（ソーシャルワークの成立像）を意味する。本研究では，7次元に構成された認識構造モデルを「7次元統合体モデル」としている。

図 2 - 1　ソーシャルワークの「7 次元統合体」モデル

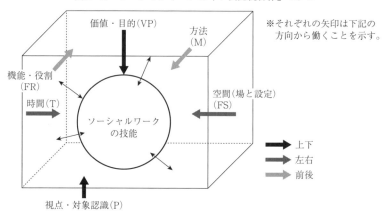

注：本モデルのオリジナルの名称は，「ソーシャルワークの枠組みとスキルの関係」である。
出所：平塚（2004b：97）を筆者修正。

　「7 次元統合体モデル」は，従来の実践方法にいわば詰め込んできた重要な要素を取り出し，価値や技能の研究を活かして次元に構成し直している。次元は，一般に空間や図形の広がり具合という程度の意味であるが，次元を用いるのは開放系の立体的世界で物事を多面的・多角的に認識する上で最適な用語と判断したからである。実践を構造的に全体的に認識するとは，全体を広く捉え見渡し且つ微視的なものまでを含む多様な空間を擁する俯瞰図（鳥瞰図から野山を移動する動物や蝶，地を這う虫の虫瞰図にまで至る）のような認識に近いかもしれない。事象を見ている位置を自在に変えることができる。

　本モデルは，ソーシャルワーカーのアートによる実践という行為を上記のような知的空間に見立て高次元的に考えることで，実践の世界を広く深く構造的に把握できると判断している。7 次元は，①価値・目的，②視点・対象認識，③機能・役割，④方法，⑤空間（場と設定），⑥時間，⑦ソーシャルワークの技能からなる。図 2 - 1 は，次元間の動態的な関係を表すものである。

（3）7 次元統合体モデルの各次元
1）価値・目的次元（Value　and　Purpose：VP）[1]

　価値は，人間社会の意識による構成概念である。嶋田（1980：9）は実践という行為，行為主体の内面にまで踏み込む見解をとっている。価値は「行為者にと

って可能な種々の遣り方，手段，目的のなかから，選択するにあたって影響を与える『望ましきもの』に関して個人あるいは集団の抱く明示的若しくは暗黙の概念」とし，「行為主体者の内面から支配する行動触発の基準」と述べている。嶋田の価値概念を踏襲しつつ，価値は「実現が志向されるある理想的な状態・条件を指す。それは人間主体の諸行為を発動する源としての位置にあり，あるべき行為を導く判断基準としての働きをするもの」（平塚 2004a：72）とする。

　ソーシャルワークにおいて，意味する価値はソーシャルワークの大方針のような位置にある。一般的にはソーシャルワークの定義や倫理綱領などに示され，ソーシャルワークが大事にすべきこと，実現を目指すこと，変革のために立ち向かわなければならないことが込められている。それだけに，価値が意味する内容が問われるのは必然的なことである。

　本書では，価値は①「理念的価値」（福祉価値），②「実践の価値」（専門職の価値），に大別している。「理念的価値」（福祉価値）は，人々の福祉の実現に向けて掲げる究極的な価値，原理的な価値を指す。その手段的な価値である「実践の価値」（専門職の価値）は，ソーシャルワーク専門職として理念的価値を具現する原則的な価値を意味する。①や②は専門的な行為において志向される価値を意味し，いわば正の価値として人々の社会生活に寄与する作用をする。

　しかし，価値が人間社会の集合的な意識によるものだけに，負の作用となる価値も存在し，また，価値の誤用も生じうる。ソーシャルワーカーは実践対象の認識を通して反福祉的な意味をもつ負の価値の存在に気づき，時に苦悩や葛藤を経験しながらも，「挑戦的な価値」を掲げて人々に不利をもたらす負の価値への抵抗や対抗，挑戦，回避などの手段をとる場合が少なくない。ソーシャルワーカー自身もクライエントも，個人としての価値をもつ。この価値と公の任務を遂行するソーシャルワークの価値との関係は複雑になる。これに全体社会，機関や組織の価値が関わるので，価値の問題は一層複雑さを増す（平塚 2004a：80）。

2）視点・対象認識次元（Perspective：P）

　ソーシャルワークの認識の対象は，3通り考えられよう。第1は実践の対象が何であるかという事実の探索，第2は，実践を妨げる条件や障壁の探索，第3は，第1や第2を関連づけた価値判断である。3つの認識は相互に影響しながら連結する。実践を行為とするには，何を価値づけ選択し決定するかが認識における最重要課題となる。本書でいう視点・対象認識とは，ソーシャルワーカーが実践の

対象と出会うことで，その内なる世界において多様な知を含む実践知を覚醒させ，実践対象に向ける見方や考え方を意味する。

　実践対象を確定し具体的に行為を決定していく時の，あるいは実践全体における事物の見方や考え方を意味するとともに，そこでは何をなすべきかという選択的な価値判断がなされる。つまり，ソーシャルワークの実践における視点・対象認識は実践の全体像を描き出し，何を目指すかを定め，そのための具体的な行為としての表現に結びつくのである。

　このような認識の過程では，アートの知を呼び覚まして合理的，内省的，批判的，創造的など，多様な思考が働き事物の見方，考え方が定まることになる。それは，どのような位置から事物を見るか，視点（視座，視線，視界などがあるが一括して表記する）が定まることでもある。それには遠近図法や透視図のように，先を見通し展望や予想，予測，さらに実践に積極的意味合いを込めるという戦略も含まれよう。視点・対象認識は，ソーシャルワーカーの知覚から始まり実践知を活かして複雑な事象を読み解き，ふさわしい知の組み直しをはかり推論や仮説を生成させ実現すべき価値の実践の形成に関わる。

3）機能・役割次元（Function and Role：FR）

　機能・役割は，ソーシャルワークの実践において選択された価値・目的の実現のために，（厳密にいえば，視点・対象認識と相互に関係づけられた上での機能・役割であるが）固有で意図的な具体的行為として果たす働き，作用をいう。上記は単数形で代表させているが，通常は複数の集合体で構成される。機能の例として，ソーシャルワークのグローバル定義（2014年）では，国際社会における政治，経済，社会，文化等の複雑な情勢に照らして，①社会変革，②社会開発，③社会的結束，④人々のエンパワメントと解放を促進という4つが示されている。

　これらの機能は，実践レベルや実践対象の広狭によっても多様に考えられるが，ソーシャルワークの主要な上位機能例である。本書では定義にあるような機能を意識しながらも，多くの文献で示されてきた下位レベルの機能や役割を活用する。たとえば，Sheafor et al.（2008：53-65）は，10役割とその10目的から構成される38の機能を示している。本研究の事例分析でも，これらを多用しているが限定するものではない。機能・役割には統一されたものがあるわけではないからである。

4）方法次元（Method：M）

　方法は，前述したように手続き的・体系的な様式を備える客観化された知識であり，ソーシャルワークの価値・目的の達成に活用される非属人的技術を意味する。本モデルでは方法は実践を構成する次元の一つとし，機能・役割との関係は強いが，基本的には価値・目的や視点・対象認識等の次元との関係の中で選択される位置にある。また，他の次元とも関わり合う。方法はソーシャルワークの発達経緯から知識量が多く，多様な用語がみられる。方法次元の種類としては，ソーシャル・ケースワーク，ソーシャルグループワーク，コミュニティ・オーガニゼーション／コミュニティワーク，ソーシャル・アドミニストレーション，ソーシャル・アクション，ソーシャルワーク・リサーチなどがある。

5）空間次元・時間次元

　本書では，第5の次元は空間（場と設定）と第6の次元は時間としている。時間と空間は，紀元前から現代に至るまで多くの分野で探究されている。いずれも人間の知覚や主観による構成物であるが，2つとも定義的には物事が継起する基本的な枠組みを据える概念とされる。しかし，その内容は異なる。⁽³⁾

　科学史研究者の村上（1981：8）は，時間は必ず一方向に流れ，空間は方向性と広がりがあるとして両者の区別をする。両者は存在するとかしないとか，空間が先に存在するとか，そもそも時間は存在しないといった議論もある。そうしたことは物理学や自然科学分野に委ねるとして，ソーシャルワークのような分野では2つの概念はどのような意味合いをもってくるのか，その意義は何かを探ることになる。

　ソーシャルワークは，人間の人生や生活過程，生活の場に関与してきただけに時間と空間は重要な意味をもつ。Richmond以来，人間と環境との関係は重要な視座となるが，中でもGermainは，環境の性質に影響する時間と空間を明確に位置づける。時間と空間が環境に織り込まれたものとして捉えることで，環境をより深く認識するものとなっている。以下に時間と空間（場と設定）として個々に説明する。

①　空間次元（Space〔場と設定〕：Field-Setting）

　空間はアリストテレスの自然学で示された「場所」（トポス）をはじめ，容器としての空間（入れ物）など所説ある。Germain（1978＝1992：43）は，「空間は物理的で心理的な構成物であり，その大きさと質は，環境の知覚に影響を与え，また

環境との相互作用に影響を与える」とする。環境には物理的環境（自然界と人工世界）と社会的環境があるが，前者には物理的空間・時間の構造，後者には社会的空間・社会的時間の構造が織りなされている（Germain 1979：13‐16）。

　したがって，環境の中での人間の空間的行動や空間的反応を引き起こす空間，空間の配置や（Germain 1978＝1992：43‐44；平塚 1983：11），空間の発するメッセージが重要となる。ソーシャルワーク実践では，対象の規模（人々や集団，組織，地域社会など）が異なり，実践もミクロレベルからマクロレベルにわたる。取り巻く環境も様々である。

　こうした中で，いかなる機能的な空間が形成されているか，その構造の認識や空間づくりが課題となる。そのことが人間にとって，より豊かな生活環境の創造につながる。そうした追求は人間だけではなく，あらゆる生き物にも通じるが，ソーシャルワークの実践では認識の対象となる人間が生きる・住まう・経験する空間の意味をはじめ，多様な空間の性質や機能，実行の対象となる機能的な空間の形成を含めて，空間を「場と設定」として用いる。設定は場づくりや場における仕掛けの意味合いももつ。実践では空間の認識を基礎に空間の活用，変革，創造を起こすことになる。

　②　時間次元（Time：T）

　物理的で直進的な時間である時計の時間——1時間・1日・1年など——は，私たちの生活にはごく身近なものである。それは過去，現在，未来という不可逆的で方向が定まった形式的な時間でもある。時間も人間の主観による構成物であるが，ソーシャルワークではクライエントの時間，ソーシャルワーカーをはじめ，社会の多様な時間が複雑に重層的に絡んでくる。Germain（1976=1992）のいうように時間の本質に注目することが重要である。

　ソーシャルワークは多様なシステムに関わるが，それぞれに時間の構造と周期がある。また，個人・家族・組織・言語・文化・社会には独特の時間のありようがあり，人々の価値とライフスタイルに影響を与える（Germain 1976＝1992：24）。実践では，特に時間を組織し，使いこなし，時間に反応する方法としての人間の時間的行動理解や環境の時間的構造理解が実践にさらなる展望を開くとみる（Germain 1976＝1992：24）。

　実践において重視すべき時間概念として，「時計の時間」「生物学的時間」「心理学的時間」「文化的時間」「社会的時間」「ソーシャルワークサービスと時間」

「交互作用現象としての時間」，人間の潜在的可能性から一つの方向に進む物理的時間とは別のもう一つの時間として，「不確かな未来への時間」にも着目する（Germain 1976＝1992：25 - 39）。

　ソーシャルワークの実践において，ソーシャルワーカーは時間をどのように感じたり認識したりしているのか，それが近未来を創出する戦略的な実践にいかなる影響を与えるのかを明らかにすることが求められる。同時に，時間の観点から実践対象となる人々，その関係者，生活に関わる法制度や機関，組織のありようも当然含む。実践では物理的時間のみに還元しえない時間の多様性や多元性，重層性について認識する必要がある。

　人間は空間と関わり合いながら時間を生きている存在であり，ソーシャルワークは複雑多岐にわたるシステム化された時間の中で実践する。実践は始まりから終わりまでの過程があり，「時間」（「空間」も同様である）が複雑に介在している点を再認識し，時間を活かす必要がある。なお，ソーシャルワーカーの実践を過去・現在・未来という時間の流れでいえば，現在の生活課題の解決には近未来を見据えて何らかの価値を選択し目的を掲げて実践を展開する。未来が現在に意味を与える「時間のかたち」をもっている点が特徴的である（細川 1985：182）。

　それは新たな時間の創造でもあろう。実践は近未来を展望するところにこそ，実践の根拠や戦略が開けてくるのであり，「時間を使いこなす」極地はここにあろう。ソーシャルワーカーは時間を多様に生きる人々に関わるのであるから，どのような意識の下で時間を生き，どのような社会的時間の下で生きているのか，探究することが必要である。時間は人間理解のみならず，人間社会のありようにも深い洞察をもたらせてくれる概念である。

6）技能次元（Skill：S）

　技能は，ソーシャルワーカーが6つの次元を表現する能力と技（わざ）――溜め込まれてきた実践の知恵の下で物事を適切に認識し現実化する熟練した属人的技術――をいう。ソーシャルワークの実践では，ソーシャルワーカーという媒介者をもって成り立つが，ソーシャルワーカーに内在する感覚・直観，知識，能力を総動員して事象の認識をはじめ，実践の全体像を描き出し具体的な一連の行為を適切に実施することになる。

　ソーシャルワーカーの技能は実践の全過程に出現し，実践を起こしたり駆動させたりなど制御する。ソーシャルワークがアートたるゆえんは，ここにある。し

たがって，自らの感性の世界，思考の世界，価値の世界を活かして実践という行為（技）が生まれることを意識する必要がある。ソーシャルワーカーの溜め込まれた知が技として表現される。この表現という「わざ」＝事物の表出行為である技能が重要なのである。[4]

　技能は，前述したように，実践の熟練した統合的一体的な表現であるが二面性をもつ。ソーシャルワークの技能の内容としてすでに客体的に知識化・技術化されているテクニカル・スキルと，それを習得したソーシャルワーカー自身の身から熟練したわざとして示すアーティスティック・スキルである。

　ソーシャルワーク実践の技能次元においては，アーティスティック・スキルをしてテクニカル・スキルを表すのである。技能は，そのような特性をもちながら他の6次元すべてを動かしめる。実践の全過程を支え駆動させる作用がある。重要な点は，価値の実現のためにソーシャルワーカーが技能を駆使することであって，技能が主役となるわけではない。あくまで価値の実現に寄与する次元である。

2　7次元統合体モデルによる見える化の研究設計と展開

　本節は，概念モデル「7次元統合体モデルの論証」のために，本研究をどのように進めてきたかを研究全体のデザインとして展開する。[5]

（1）研究の視点と方法

　本書では，ソーシャルワーカー（以下，SWr）がソーシャルワークの実践をしているとすれば，内なる世界において，いかなる論理により，いかなるかたちが形成されて外界に表現されているのか，その全体像を事例研究から明らかにすることを試みる。実践の見える化・可視化の基礎研究としては事例研究が適していると判断した。本研究では，仮説のモデルを適用する定性的な研究を中心にし，収集事例の多面的・多角的な分析手法（7次元的分析）を用いる。以下は，その方法についての考え方である。

　①　ソーシャルワーク実践成立の可否

　7次元統合体モデルによるソーシャルワークの成立像を，帰納的な方法を通して明示する。収集事例1例ごとに，ソーシャルワークの実践として成立しているかどうかを判断する。本書では，成立と判断した73事例を用いている。

②　事例の語りに着目——半構造化面接による質的な研究法の導入

SWr が自らの実践事例を語る中から，ソーシャルワークなるものが立ち現れ生成されていることを立体化し，実践の意味を探る。

③　7次元統合体モデルによる動態的・関係的分析の手法

①・②を通じて，仮説概念である「7次元統合体モデル」の各次元，次元間，7次元全体における動態的・関係的分析の手法を明らかにできる。すなわち，7次元的に実践を捉えうるかどうか＝7次元統合体モデルの有用性や有意義性を示そうとするものである。③は，モデル図式による実践事例の意識化でもある。

④　事例全般から生成される論理の特徴抽出

③から1事例ごとの語りを7次元的に分析し論理化を基礎に，本書では単数事例や複数事例の語りと展開を経て全数から生成される論理や，その意味するところを引き出す，ないしは導き出す試みをする。

（2）実践事例の収集（インタビュー含む）

1）調査対象のソーシャルワーカー

調査対象となる SWr は，実務経験5年以上，且つソーシャルワークのアイデンティティをもっていることを条件とした。調査地域は，北海道，関東，関西，中国，九州である。SWr の多くは研究メンバーを通じて紹介されている。一部は SWr の紹介による。下記は調査と関連の研究に関する全般的な事項である。

①　SWr としての実践経験（通算）5年以上。

②　職位は問わず，最前線の SWr から管理職（代表含む）までを対象とする。

③　SWr の選出基準は，研究グループメンバーが研究や実践を通じて本研究の趣旨に協力可能な推薦された人材且つ SWr のアイデンティティをもっている人とした。SWr の属性を把握するために，調査基礎票（巻末資料1参照）や研究代表者が所属する大学での研究手続きのために履歴書の提出を事前に依頼している。事例提供とインタビューに関する SWr 宛の依頼文書，必要に応じて所属機関宛に依頼文書を提出している。事例のまとめ方や概要説明に関しては事前に様式例を送付している。インタビューの録音や公表等についても了解を得る形式をとっている。

④　実践分野や実践領域，所属先の多様性を意図している。実践介入レベルは特定のレベルに必ずしも固執していない。

⑤　実践事例について，本研究では分野や領域，職場，介入レベル等の違い
や特殊性があろうと，ソーシャルワーク実践のかたち（成立像）は共通す
るとみる。本書で扱う実践事例はSWr自身が日常的に経験している事例
の提供を依頼している。特別に支援困難や特異な事例の提供を依頼したわ
けではない。本書として扱う研究対象は，本研究チームでソーシャルワー
ク実践と最終的に判断した73事例に限定している。事例の代表性において
は，前述を考慮し研究の目的に合致するものを基本にしている。その他事
例については下記に補足する。

　　①　個別的実践事例または非個別的実践事例——ミクロレベル，メゾレ
　　　ベル，マクロレベル，その複合のいずれも可としている。

　　②　終結事例，進行中の事例はいずれも可（実践の時期は特に限定せず）

　　　注：本研究では，SWrの実践という行為に着目するので提供された事例の実
　　　　践時期の古い，新しいを条件にしない。研究の目的に適うかどうかを重視し
　　　　ている。

⑥　インタビュー調査は，あらかじめ依頼していた事例の概要説明，質問項
目を介しながら自由なやりとりをする半構造化面接で行っている。所要時
間は2時間程度——1事例・約1時間（50～60分程度）である。この内，
15分から20分程度を事例の概要説明にあてている。インタビュー内容は録
音しテープ起こしによるものを「記述データ」としている。インタビュー
には原則として研究代表者と研究分担者2名程度が参加している。

　　　注：40名の内，5名のSWrが1例提供と勘違いをしていた。その場合，1例目
　　　　終了後に引き続き新たな事例提供の了承を受けインタビューを続けた。5事例
　　　　の内，3事例が実践の成立と判断した。

⑦　質問項目は，次のように7次元モデルや実践の可視化を反映させている。

　　ア．ソーシャルワークとして何を大事にしようとしたか。

　　イ．何を目指そうとしたか。

　　ウ．ケースをどのようにみたか。（考えや気持ち）

　　エ．ケース選定の理由

　　オ．その他

　　　注：事例様式作成が未作成の場合は，インタビューの中で事例の概要を確認
　　　　して進めた。

⑧　研究倫理や倫理的配慮は，次の通りである。

　　ⅰ　研究倫理の遵守は日本社会福祉学会の示す倫理規程に基づいている。

　　ⅱ　協力者のSWrには研究依頼時に事例内容が公表されることを前提に協力を引き受けていただいている。倫理的配慮として，事例の記述，取り扱いに関しては一部加工を含めて個人が特定され不利益とならないようにしている。第Ⅱ・Ⅲ部では実践事例20とその語り全体を対象にするため，SWrの承諾書を得ている。録音されたインタビューは，ソーシャルワークの実践や研究に関心のある大分大学教育福祉科学部社会福祉講座3年生，福祉社会科学研究科の大学院生にテープ起こし作業を依頼し記述データ化した。学生への記述データの扱いについては，倫理綱領に準じ守秘義務や作業終了後のデータ削除を説明し理解を得ている。

　　ⅲ　守秘義務については下記の点を特に配慮している。

　　　・「事例」の取り扱い：クライエントへの配慮と不利益を防止する。

　　　・事例提供者SWrへの配慮と不利益を防止する。

　　　・データ（事例と語りの記録）の保管：研究代表者の研究室。研究代表者の退職後は研究としては継続しているので研究チームに保管を依頼している。

　　　・データ利用に関する注意，配慮について研究チーム教員と確認している。

2）調査期間

①　第1期の事例提供とインタビューの実施：2005年9月～2006年3月50名（研究助成において計画したインタビュー終了）。この内，2名は本研究の目的と適合せず，結果的には対象外と判断し48名とした。

②　第2期（追加調査の実施）2007年11月2名，2009年3月1名，2010年1月1名，2013年1月1名の計5名。

③　第1期と2期のSWr数は最終的には52名である。[6]

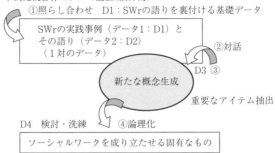

図2-2　研究の方法論（視点と枠組み）

出所：日本社会福祉学会第54回大会報告資料（2006.10.7）。

（3）実践事例対象群記述データの扱いと具体的な分析作業

　52名のSWr事例総数は104であった。1事例ずつ分析検討の結果，40名73事例（70.2％）が実践の成立事例と判断した。本書では，これを対象として確定している。成立の判断については3段階に分けている。

1）事例研究の具体化過程概念図

　本研究は仮説の7次元統合体モデルの論証を事例とその語り1対からなる事例対象群から導き出す帰納的方法とを組み合わせる方式をとっている。2つの方式①，②の組み合わせによる方法と進め方について述べておこう。図2-2を参照されたい。

　①　照らし合わせ

　　SWrの語りを裏付ける基礎データ【記述データ】としてのワーカーの

　　実践事例（データ1：D1）。

　②　対話

　　SWrの実践事例（データ1：D1）とその語り（データ2：D2），つまり一

　　対のデータを対象に7次元統合体モデルを用いて分析する。同時に，語り

　　の中からデータ3：D3として重要な部分を抽出し，さらにそれが何を意

　　味しているのか，検討・洗練して論理化（データ4：D4）を図る。後者の

　　部分では，実践の中からワーカーが生成する概念的実践の論理的意味を把

　　握しようとする。

本研究は繰り返しになるが，仮説的構成概念7次元統合体を分析に用いる事例

40

研究である。同様に，実践行為に関するSWr自らの語りから生成される論理的意味づけの抽出と分析である。後者は，7次元統合体の枠組みと関連づけながらも，自身の実践を語る行為過程から立ち現れるSWrの実践の価値志向・価値的態度，関与する実践対象への視点や対象認識（生じている事象はじめ，人間観：人生や生活の主体である人間像，援助観，社会観，国家や諸機関・諸組織・集団等々への見方や考え方など）を相互に関係づけた実践観ないしは実践の発想と論理的意味の生成過程の分析である。

　それは，またSWrの内なる世界に溜め込まれてきた実践知の証<ruby>証<rt>あかし</rt></ruby>であるとともに，ソーシャルワークの内発的な独自固有な論理を導き出すことでもある。なお，実践に伴うSWrの諸感情等も考慮に入れている。本研究における分析では，CL の「事例性」に照射するのではなく，後景に留めるものである。本研究の特徴は，事例を契機として始まったソーシャルワークの実践をSWrが何をいかに語っているかに照射する。そこにSWrに内在する実践知とわざの表現を見ることができ，論理化された実践の根拠を認識できると仮定している。SWrの実践がソーシャルワークの固有な論理性を内在した実践であるか否かに重きを置いている。

2）記述データの分析・検討・統合

　本書は，3段階の分析・検討・統合を経た結果をデータとしている。

①　分析対象

　分析単位の基本は，記述データ化した実践事例とその語り1対である。分析では1事例（語りを含む1対）ずつ実施し合計104事例（追加調査含む）を対象とした。全事例は下記の2段階を経ている。2段階の結果をもとに3段階で実践のかたちとして認識できる73事例を確定している。

②　研究分担者・分析協力者による「インタビュー記録」の熟読・分析

　インタビュー記録は，①説明された事例と語り，②質問と応答による自己の実践の語りからなる。これは，①分析者自身の分析作業，②その結果をもとに複数研究者と協力者による協議（合議）で検討，確認する作業である。

　分析第1段階──記述データから分析シートの作成（第1段階分析シート）　　分析担当者（研究チームメンバーや研究協力者）は，単独で担当事例の記述データ（提供された事例の概要やインタビュー記録）からSWrが見たり感じたり，何が大事なことであり，何を目指そうとしたか，そのためにどのようなことに取り組もうと考えていたか等々を確かめるなど，データとの対話となる。記述データは，①説明

表2-1　事例分析シート様式例

コード番号＿＿＿＿　事例タイトル＿＿＿＿　事例提供者＿＿＿＿　所属＿＿＿＿　提供年月日＿＿＿＿　分析者名＿＿＿＿

分析枠組	事例内容と語り	重要アイテム	意味づけ（社会的政治的経済的文化的文脈）
価値・目的			
視点・対象認識			
機能・役割			
方　　法			
場と設定			
時　　間			
技　　能			

事例選定の理由＿＿＿＿＿＿＿＿＿＿＿＿＿＿＿＿　CLの属性＿＿＿＿＿＿＿＿＿＿＿＿＿＿＿＿＿＿

注：空間次元は「場と設定」として表記している。
出所：筆者作成。

された事例と語り，②質問‐応答によるSWr自身の実践の語りが含まれる。

　作業過程は2つある。第1作業は分析担当者によるデータの熟読と分析である。具体的には，同データ上に7次元の各次元に該当する重要な語り部分に共通記号[7]を付す。第2作業は，第1作業の抽出記述を7次元用に構成された分析シート（表2-1）に転記することである。転記部分は事例の実践根拠を判断する資料となるが，象徴する重要な言葉を抽出するキーワード化作業【重要アイテムの抽出】をする。キーワードはSWrの語り言葉あるいは他の記述表記も可とした。これを基に各次元のシートを完成させる。

　第3作業は第2作業過程を基に7つの各次元の特徴，7次元間の動きや関係を論理性，整合性の観点から見るようにし，実践の全体像，意味や文脈を捉え，第1段階分析シートを完成させる。

　第2段階──実践成立の判断と合議分析シート確定版作成　プロジェクターに映し出した第1段階分析シートを研究チーム等で合議し，分析シートとして確定する。なお，シート上には重要と判断したことを加える。

　第2段階の作業課題は，①合議方式により分析シート記載内容がSWrの実践における語りを量的にも，意味や文脈を捉え質的にも適切に反映しているかを判断する（分析シートの妥当性），②実践全体の整合性と論理性の明確化により「実践の妥当性」を判断する。合議制は2つの妥当性を高めるものである。合議は，

図2-3　ソーシャルワーク実践の論理的基本構造

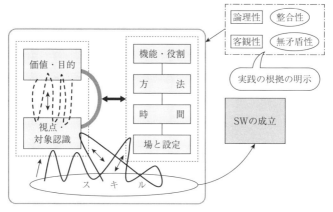

注：空間次元は「場と設定」として表記している。
出所：筆者作成。

通例，1時間半～2時間を要した。

　合議ではバイアスを防ぐために過剰な解釈に陥らないようにした。第1段階分析シートに記述の過不足や問題があれば追記や削除を行い，各次元間の記載内容を検討して最終的な次元ごとの内容を確定する。関連がみられる他の次元間の動態性の全体的な把握から実践成立の可否を判断している。成立事例は仮説モデルにより論理的に判断可能な実践であったことを意味する。それは図2-3のような次元間の関係図式が成り立つ実践の論理的基本構造が出現していることを意味する。

　その場合，ソーシャルワークのかたちが成立している「ソーシャルワークの成立像」（図2-1はその立体図）とする。成立像とは，「技能次元が実践の始まりから終わりまで発動し他の6つの次元を駆動させることを基本条件に，価値・目的と視点・対象認識の2つの次元が論理的に相互にかみ合い両次元の連動・連結により1対として他の4つの次元に働き，他の4つの次元が相互に関係し合うことで実践としての具体的な行為化が起き，いずれの次元にも論理的整合性や一貫性が保持され矛盾なく，次元間の動態的な関係を通して形づくられた全体像ないし世界像が出現していること」を意味する。その判断については表2-2を参照されたい。本書は成立可とした73実践事例群が対象である。合議過程で必要な場合には記述データに戻り確認する場合がある。但し，そうしたケースは少数であっ

表 2-2　ソーシャルワークの成立像（イメージ）

次元＼実践例	価値・目的	視点・対象認識	機能・役割	方法	場と設定（空間）	時間	技能	評価（判断）
A	○	○	○	○	○	○	○	成立
B	○	○	△	○	△	△	△	不成立
C	○	△	△	△	△	△	△	不成立
D	△	×	—	—	—	—	—	不成立

注：(1)実践例 A のみ，ソーシャルワークの実践として成立と判断できる。
　　　B~D はイメージとして不成立だと判断するあくまで例示である。なお，技能次元が他の次元の影響を受けて変化することは十分にありうる。
　　(2)単一次元毎の印は，論理的整合性や一貫性，論理的無矛盾性，誤謬性についての例示的判断である。
　　　○：論理的整合性や一貫性が保持され論理的矛盾なし・誤謬性なし…実践の妥当性有
　　　△：部分的に論理的整合性や一貫性に欠け，論理的矛盾や誤謬性有り…実践の妥当性は疑問
　　　×：全体的に論理的整合性や一貫性に欠け，論理的矛盾や誤謬性有り…実践の妥当性無し
　　　－：不明
出所：筆者作成。

た。

　　第 3 段階──分析シート最終点検による「分析済みシート」の確定　　2013年 5 月より2014年 9 月研究代表者と研究チームメンバー 2 名と合議により第 2 段階で73に確定した分析シート全数の最終点検を実施している。点検されたシートを「分析済みシート」としている。第 3 段階は第 2 段階と基本的には同様な方法をとり，実践全体にみられる意味や文脈と実践の論理の整合性を確認する。これを「 7 次元的記述データ」としている。本分析においては，不確かな面について確認するために元のインタビュー記録に戻ることもあった。本研究初期の2005年度に分析した数例に記載量と質に希薄さがみられたことや，後に行った分析の仕方と若干の差違がみられたため，改めて精査した。ただ，本点検作業でも成立事例の結論に変化はない。

　　実践事例全体像一覧の作成　　前段階において確定した「分析済みシート」及び「インタビュー記録」を用いて，実践事例の特徴，その要約を各実践事例毎にまとめている。SWr の基礎的情報を盛り込み「実践事例の全体像一覧」を 8 名で分担して作成し 2 名で最終点検を行っている。同一覧は分析上の重要な資料として本書で活用している。本段階での作業も各実践事例が何であったか， 7 次元の概要と実践の総体的特徴を把握する重要な作業であった。その一部分を例示として巻末資料 2 に収め，資料 3 で全数の実践行為の要約した特徴を示している。

　本書の第3章は確定したSWr40名・73事例全数の概観を展開し，第4章から第12章は概念モデル7次元統合体の論証を多様に試みる。第13章では実践的推論や戦略的実践に関して論及する。以上の章は「インタビュー記録」や「分析済みシート」，「実践事例の全体像一覧」を基にして展開するものである。

注

(1)　価値・目的の次元は本来的には価値の次元という言い方でよい。本書では価値に従属する目的をあえて意識する場合には「価値・目的」と表記することがある。目的は価値から設定されるが，しばしば逆に誤用されることがある点には留意すべきである。

(2)　ソーシャルワークとは何かについては，国際レベルや各国の団体等で策定されている。その内容は時代や社会の変化を映し出しだすが，価値の原理的なものは表現の違いはあっても大きくは変わらない。ソーシャルワークのグローバル定義（2014年）もそうした例の一つであろう。

(3)　空間や時間の概念の捉え方は時代や地域，宗教，文化などにより違いや変化がある（廣松ほか編　1998：376-377・611-614）。

(4)　平塚（2007：676-681）で，筆者はソーシャルワークの技能に関する学説（諸説）として，能力説，行動説，表現説の3分類を示している。ソーシャルワークのアート性を踏まえて筆者は表現説をとっている。本書もこれを踏まえている。

(5)　本書は，平塚良子（研究代表者）による平成17-19年度文部科学省科研費助成「ソーシャルワーク実践事例の多角的分析による固有性の可視化と存在価値の実証研究」（課題番号17530420）を土台にしている。本書はその発展型としていくつかの分析過程や新たな視点など，多様な創意と工夫を加えている。

(6)　この内，最後のSWr1名は第1期の協力者で行政からの出向中の事例提供であった。その後，行政機関での管理職の立場からの政策立案と実践というマクロレベル事例の提供を受けて第1期2事例と差し替えている。

(7)　記号とは，各次元の英文字表記のことである（価値・目的次元〔VP〕，視点・対象認識次元〔P〕，機能・役割次元〔FR〕，方法次元〔M〕，空間次元〔場と設定FS〕，時間次元〔T〕，技能次元〔S〕）。

参考文献

岡本民夫・平塚良子編著（2007）『新しいソーシャルワークの展開』ミネルヴァ書房。

佐藤郁也（2008）『質的データ分析法──原理・方法・実践』新曜社。

嶋田啓一郎（1980）『社会福祉の思想と理論──その国際性と日本的展開』ミネルヴァ書房。

平塚良子（1983）「社会福祉実践における Ecological Perspectives について」『キリスト

教保育専門学院年報』3，6 -16頁。

平塚良子（2004a）「人間福祉の価値」秋山智久・平塚良子・横山穣『人間福祉の哲学』ミネルヴァ書房，72-80頁。

平塚良子（2004b）「スキルの構成原理」岡本民夫・平塚良子編『ソーシャルワークの技能——概念と実践』ミネルヴァ書房，93-100頁。

平塚良子（2007）「ソーシャルワークの技能」岡本民夫ほか編『エンサイクロペディア社会福祉学』中央法規出版，676-681頁。

平塚良子（2011）「ソーシャルワークらしさの原世界」『ソーシャルワーク研究』36(4)，60-67頁。

平塚良子（2015）「ソーシャルワーク実践の認識構造『7次元統合体モデル』の意義と意味」『西九州大学健康福祉学部紀要』45，17-26頁。

廣松渉ほか編（1998）『岩波哲学・思想事典』岩波書店。

細川亮一（1985）「生きられる時間」『トポス・空間・時間』（新・岩波哲学講座⑦）岩波書店，182頁。

三毛美代子（2016）「社会福祉実践を支える事例研究法——これまでの研究成果から考えること」『社会福祉研究』104，76-87頁。

村上陽一郎（1981）『時間と人間』東京大学出版会。

Alexander, L. G. & A. Benett（2005）Case Studies and Theory Development in the Social Sciences, MIT Press.（＝2013，泉川泰博訳『社会科学のケーススタディー——理論形成のための定性的手法』勁草書房。）

Barker, R. L.（2003）Social Work Dictionary, National Association of Social Workers.

Flick, U.（1995）Qualitative Forschung, Rowohlt Taschenbuch Verlag GmbH.（＝2002，小田博志他訳『質的研究入門——人間科学のための方法論』春秋社。）

Germain, C. B.（1976）"Time :an ecological variable in social work practice" Social Casework 57(7), pp. 419-426.（＝1992，小島蓉子編訳・著『エコロジカル・ソーシャルワーク——カレル・ジャーメイン名論文集』学苑社，23-42頁。）

Germain, C. B.（1978）"Space: an ecological variable in social work practice" Social Casework 59(9), pp. 515-522.（＝1992，小島蓉子編訳・著，学苑社，前掲書，43-65頁。）

Germain, C. B.（1979）"Ecology and Social Work" in Germain, C. B. (ed.) Social Work Practice:People and Environments, Columbia University Press, pp. 13-16.

Gibelman, M（1995）What Social Workers Do, National Association of Social Workers, Inc.（＝1999，仲村優一監訳・日本ソーシャルワーカー協会訳『ソーシャルワーカーの役割と機能——アメリカのソーシャルワーカーの現状』日本ソーシャルワーカー協会。）

Gilgun, J. F.（1994）"A Case for Case Studies in Social Work Research" Social Work

39(4), pp. 371-380.

Sheafor, B. W. & C. R. Horejsi（2008）*Techniques and guidelines for Social Work Practice, 8th ed.,* Pearson Education.

Yin, R. K.（1994）*Case Study Research:Design and Methods,* Sage Publications.（＝ 2014, 近藤公彦訳『ケース・スタディの方法 第2版』千倉書房。）

（平塚良子）

第3章 ソーシャルワーク実践の7次元的特徴

1 実践対象の特徴——実践全体概観①

（1）事例タイトルから見える特徴

　本項では，提供された事例のタイトル（巻末資料3参照）から見えてくる実践の特徴を取り上げる。事例タイトルは基本的には事例提供者によるものであるが，分析を通して研究者側で変更したものもある。ここでは，73の実践事例を個別事例（個別的実践）48と非個別事例（非個別的実践。1例は混合型）25に分けて進める。

　タイトルの付け方として，個別事例の場合は，クライエント（以下，CL）の属性をあげる傾向にある。非個別事例の場合は目指した実践課題を表す傾向にある。本項では，これらのタイトル（一部実践行為の特徴を含む）から，どのような特徴が見えるかを取り上げる。

1）個別事例の場合

　ソーシャルワーカー（以下，SWr）が関与した48事例は，CL に生じている個別の事柄に違いないが，それは同時に社会との関係が映し出されるものである。事例タイトル（一部実践行為の特徴含む）から見えてくる問題の主要な特徴を7分類している（表3-1）。この時の SWr の援助志向については，表3-2を参照されたい。なお事例からは単一の CL の問題というよりも，複合的な問題を抱えていることがうかがえる（表3-3参照）。

① 7分類による CL の問題

　a. 社会生活の維持・遂行上の判断力に課題がある事例　人は日常生活の諸課題を解決したり物事を決定したりして生きている。その場合，本人の「判断力」のありようは重要である。しかし，SWr が出会う個別的な事例では，往々にして，CL の疾病（後遺症含む）や認知症，知的障害や発達障害，精神障害（疑い含む。未特定もある）などによる「判断力」のありようから生活困難が浮上・深刻化する

ことが少なくない。

　このような課題がある事例は，48事例中16事例（33.3%）にみられる。中でも象徴的なパターンは，「他者との関係悪化」が起き，そこから本人に不利益が生じることである。それは，他面において，家族や近隣，行政，社会福祉や医療等の関係機関や施設・関係者による本人に対する認識や理解，本人を受け止めることの難しさ（「不寛容な社会」の問題）から出現している。

　なお，本事例だけでなく，以下のb・cの事例も不寛容な社会との関係が深く，他者による「排除」事例でもある。

　　b. 意思疎通困難なCLに対する不適切なパワー行使事例　　意思疎通困難な事例としては7事例（14.6%）が該当する。障害や認知症により意思疎通困難を伴うCLに対しては他者の意思が優先されることが少なくない。高次脳機能障害の疑いがある高齢者事例の場合，SWrは障害が起因して意思表示の困難さから結果として暴力を振るったのではないかと捉えるが，施設側，職員集団の論理から施設退所を余儀なくされている。

　　c. 居場所喪失危機にあったCLの事例　　生活の場である居場所喪失や喪失危機にあった事例が混在するが，7事例（14.6%）ある。ある事例では，法制度の不備により100歳に近い高齢者が心身の状態変化によって住まう場と暮らしを追われかねないリスクがあった。あるCLの場合は，刑務所出所時点で帰るべき家が処分されていたことが判明している。本事例は，社会復帰の支援制度がない当時の事例である。前述b.の施設退所勧告事例も特養入所につながったとはいえ，居場所を追われた事例である。医療福祉分野においても，退院をもって社会に放り出される危惧のあった元日雇い労働者をSWrが配慮している事例のほか，長期間職場で放置されていた職員が別件からCLになった事例もある。これらの事例は制度の不備や限界のみならず，人々の無関心さも含めてCLの生活の場が失われる，あるいはそのリスクがある事例でもある。a.で挙げた事例もこの例に一部該当する。

　　d. 暴力被害の事例（他者による不当なパワー行使）　　個別事例の中で暴力の被害が11事例（22.9%）にみられる。それは人権侵害という不当なパワー行使である。夫から妻への暴力（ドメスティックバイオレンス：DV）が6例（3例は児童含む），妻から夫への暴力が1例ある。このほか，子ども時代に凄惨な暴力（性暴力含む）の被害者が成人に達しても社会生活を営む上で困難を抱える事例，将来同

様な問題を抱える恐れのある児童の事例，その他実子による高齢者虐待事例など
がある。CL は主体としての否定や支配の形態としての暴力が振るわれることで，
その精神，人生に大きなダメージを受け容易に癒えないまま深刻な結果をもたら
すことが少なくない。

　　e. CL の児童期の問題と f. 特有の家族文化　　児童期の問題事例は10事例にみら
れる。障害児の養育をめぐる２例，DV 事例３例，未成年の出産１例など６例が
児童の事例に該当する。DV 事例の場合も周知のように児童に与える影響が甚大
である。他の４事例は児童期に体験した暴力や複雑な生育歴が想定される成人の
事例である。なお，児童期の上記のような体験から成人期の社会生活において深
刻な心身の問題を抱えて生きる例がみられる。これらの中には，当該家族に特有
な家族史・生活史や複雑な家族関係などの背景がみられる。これには DV 事例を
含めると７例ある。

　　g. その他の問題　　その他の問題では，a.～ d. 以外の多様で複雑な問題が含
まれる。48事例全体では42事例（87.5％）が該当する。疾病や障害に起因する問
題やその親族の将来不安や介護負担，限られた人生の時間の生き方（終末期他），
搾取，就労や自立の課題，メンタルヘルス等々広範囲にわたる。この内，その他
の問題だけを抱える事例（単一問題としておく。）は17事例（35.4％）である。しか
し，a.～ d. に分類された問題とその他の問題を合せて抱える事例は31事例
（64.6％）にみられ，それは複合的な問題を抱えていることを表している（表3-3
参照）。

　②　個別事例にみられる援助志向

　上記の CL の問題の解決や対処においては，重複するが権利擁護の必要性（ラ
イフプロテクション）27事例・56.3％や主体性の尊重・回復支援31事例・64.5％，
生命や人生の時間を意識する支援26事例・54.2％などが，主要な援助志向として
みられる（表3-2参照）。

　③　複合的問題がみられる事例

　複合的な問題においても，表3-3のように，２～３の問題を重複して抱える
事例は48事例中28事例（58.3％）である。4～5の問題を抱える事例は3事例
（6.3％）に至っている。４つの問題を複合的に抱える２事例ある内，一つは，生
活保護世帯の認知症高齢者夫婦の例で，住まいの不衛生や近隣住民との関係の悪
化，症状の重度化等々の中で，SWr が多様な生活支援を続け人間の尊厳を強く

表3-1　個別実践事例タイトル等にみられる CL の主要な課題の特徴（複数選択）

事例総数（N=48）	社会生活の維持・遂行の判断力に課題のある CL	意思疎通困難な CL	居場所喪失危機の CL	暴力被害 CL	児童期の問題	特有の家族文化	その他の問題あり
事例数	16	7	7	11	10	7	42
％	33.3	14.6	14.6	22.9	20.8	14.6	87.5

注：小数点第2位以上四捨五入。
出所：筆者作成。

表3-2　個別実践事例タイトル等にみられる援助志向（複数選択）

事例総数（N=48）	権利擁護の必要性（ライフプロテクション）	主体性の尊重・回復支援	生命や人生の時間を意識する支援
事例数	27	31	26
％	56.3	64.5	54.2

注：小数点第2位以上四捨五入。
出所：筆者作成。

表3-3　個別実践事例にみられる問題の複合的特徴

	単一問題	複合的問題(31)				合計
		2分類	3分類	4～5分類		
事例数 N=25	17	15	13	3		48
％	35.4	31.3	27.1	6.3		100.1

注：小数点第2位四捨五入により，100.1となる。
出所：筆者作成。

意識して支えた事例である。他の一つは，複雑な生活歴のある女性が出産後に子の養育希望に転じた事例である。複合的で深刻な問題がある本事例では，SWr は変化した本人の意思を尊重しながらリスクも想定し，これに備えながら多様に支援をしていくことになる。5つの問題が複合する事例は，特有の家族文化が背景にあり，社会での生活に適応できず若年ホームレスとなったCLの支援事例である。ここに挙げた3事例のCLには問題ないし重い課題が複合している。

2）非個別事例タイトルから見えること

　非個別的実践の25事例にみられる実践課題の特徴は，おおむね5つに分けられる（表3-4参照）。個別事例と同様に，単一課題だけに取り組む（1例のみ）というよりは複合的な課題への取り組みが圧倒的に多い。管理職，これに準ずる立場から多様な実践と発信がみられる。非個別事例では時代の動きや影響，問題を捉えながら課題を設定し，福祉の本質を探究しながらの実践が多い。

　①　5つの実践課題

　　a. 管理運営，政策立案やプログラム開発型の実践　非個別の実践事例では，この実践が最も多く25事例中20事例（80.0％）にみられる。行政機関で働くSWrの

表 3-4　非個別実践事例のタイトルにみられる特徴（複数選択）

事例総数 N=25	管理運営，政策立案やプログラム開発型の実践	専門職コミュニティ形成としての人材開発実践	CL 集団・当事者集団支援の実践	住民支援・地域づくり（地域組織化）推進実践	その他
事例数	20	11	10	13	11
%	80.0	44.0	40.0	52.0	44.0

注：小数点第2位以上四捨五入。
出所：筆者作成。

場合，政策立案やプログラムの開発ではソーシャルワークの視点を反映させるには難しさがあるが戦略や工夫による実践例がみられる。社協においては，政策的・制度的な環境の変化に影響を受けて，事業型社協化により地域組織化という本来的な目的が稀薄化されていく中で，福祉の本質を追求していく困難さを抱えている。

　SWr がこれらと対峙しつつ，地域に見える社協づくりの実践や福祉の価値の稀薄化からの転換を図ろうとする実践的な研究を試みる例がみられる。高齢者施設では，福祉ビジネスの参入に伴い施設運営や人材の変化の中で福祉経営とはどうあるべきか，専門的視点を備える福祉経営論や専門的視点をもつ施設論を探究する特養施設長の実践，これに近似の価値をもち四季の感覚を取り戻そうとする特養施設長の取り組みなどもある。これらの事例はいずれも多様な組織や団体の責任者による企画と運営も明確な意識やビジョン，戦略性をもちながら実践を展開している。

　b. 専門職コミュニティ形成としての人材開発型の実践　25事例中の11事例(44.0%)にソーシャルワーク専門職，福祉施設職員（介護職員）等の人材開発の実践がみられる。施設ソーシャルワークのための職員集団の研修，グループスーパービジョンのほか実践研究を企画した事例などがみられる。

　c. クライエント集団・当事者集団支援の実践　25事例中10事例（40.0%）にみられる。セルフヘルプ・グループの支援，これに準ずるものを含む事例が3例みられる。後には援助者のスーパービジョンの仕組みにも至った例のほか母親集団（子どもの死亡，障害のある子がきっかけとなっている）支援事例が2例ある。

　その2例には，集団の成長を通してソーシャルアクションがみられる。CL 集団の就労準備例は，集団を支えながら地域との交流や地域づくりの実践を通して実現しようとする。このほか，DV 支援者対象のグループワーク講座では，当事

者の受講を想定して配慮したオープン講座の企画と運営の実践，企業の社員の突然死を機に同僚社員のケアと社員集団のメンタルヘルス実践，当事者組織のコンサルテーションなどの実践がみられる。

d. 住民支援・地域づくり（地域組織化）推進実践　　本実践は，25事例中13事例（52.0％）にみられる。高齢者系施設のSWrが進めた最後まで住める町づくりの実践，行政SWrによる県民のための総合相談システムの構築，人口の少ない地域での地産地消の循環型システムづくりを意図した実践，社会問題としての認識を深めるDV問題とその被害者のボランティア支援者講座の企画と運営の実践，地域に見える社協づくりや社協組織の構造改革の実践などがある。

e. その他　　その他は11事例（44.0％）である。専門領域以外の職員集団対象のグループワーク講座の実践がみられる。他の事例はすでにa.～d.で主要な課題として取り上げた実践である。

②　複合的な実践課題との関連

これらの複合的な実践課題を対象とした事例は24事例（96.0％）で，単一課題事例は1例（4.0％）のみである。複合的な課題数の内訳は，2課題が11事例（44.0％），3課題が10事例（40.0％），4課題が3事例（12.0％）である（表3-5）。

4課題を含む事例では，たとえば，市の管理職SWrは認知症高齢者の増加を予想して，地域包括支援センターに物忘れ相談モデルのプログラムを開発している。単一課題例として，a.で述べた特養施設長は，大学との共同，学生参加による高齢者が四季を感じる造園造りを通して，高齢者が日々の生活感覚を取り戻すことを意識した実践を展開している。ある社協の管理職は，地域に見える社協の改革に取り組んでいる。また，同じくa.で述べたが，3課題に取り組んだ特養の施設長は福祉の本質を問いながら，志を同じくする他施設と協同して専門的視点を備える福祉経営論を深めるための研究会の開催と具体的な実践を展開している。

いずれの事例も，既存の体制や方策に対する疑問や問題意識を明確にし，福祉が取り組むべき本質的な課題を探る実践がみられる。

（2）クライエント・システムの属性分析

本項では，提供された事例の特徴及びクライエント・システムの属性の特徴を述べる。

表3-5　非個別事例にみられる実践課題の複合的特徴

| | 単一課題 | 複合的課題(24) | | | 合　　計 |
		2課題	3課題	4課題	
事例数 N=25	1	11	10	3	25
%	4.0	44.0	40.0	12.0	100.0

注：小数点第2位四捨五入により，100.1となる。
出所：筆者作成。

表3-6　CLの性別と年齢区分の関連（N=48）

| | | 男　　性 | | 女　　性 | | 合　　計 | |
		事例数	%	事例数	%	事例数	%
C L 年 齢 区 分	20歳未満	0	0.0	4	8.3	4	8.3
	20歳以上40歳未満	6	12.5	5	10.4	11	22.9
	40歳以上60歳未満	8	16.7	6	12.5	14	29.2
	60歳以上80歳未満	3	6.3	5	10.4	8	16.7
	80歳以上	3	6.3	7	14.6	10	20.8
	不明	0	0.0	1	2.1	1	2.1
合　　計		20	41.7	28	58.3	48	100.0

出所：筆者作成。

1）73事例の特徴

　73事例は，「個別事例」48事例（65.8％），「非個別事例」25事例（34.2％）から個別事例の多さを特徴とする。個別事例は特定の個人，家族を実践対象とし，非個別事例は集団や組織，地域住民など不特定の人々，人材育成を含む運営・管理，社会資源の開発等を特徴とする。なお，個別事例・非個別事例のどちらを提供するかは，事例提供者であるSWrに一任した。ただし，個別事例または非個別事例の最終判断は，事例分析を行った研究者の合議で決定している。

2）クライエントの属性分析

　表3-6は，「個別事例」（48事例）のCLの性別と年齢の概況である。CLの性別は，男性20事例（41.7％），女性28事例（58.3％）で女性が多い。CLの年齢は0歳から95歳まで幅広い年齢層である。5つの年齢区分の上位は，「40歳以上60歳未満」14事例（29.2％），「20歳以上40歳未満」11事例（22.9％），「80歳以上」10事例（20.8％）で全体の7割を占める。

2　ソーシャルワーカーの属性と実践基礎データにみられる特徴
——実践全体概観②

　本節では，事例提供者であるSWrの属性及び実践の基礎データの概況を紹介する。

（1）事例提供者——ソーシャルワーカーの属性分析

　SWrには調査依頼時に自記式の「調査基礎票」を配布し，調査時に回収している。SWrの属性分析は，こうした資料に基づいている。表3-7は属性分析の結果を「実践者の基本属性一覧」としてまとめたものである。

　表3-7から，SWrの属性の概要は，①性別では男性と女性が同数，②年齢では40代が最も多く，③最終学歴では大学卒業または大学院修了の学位を有しており，④SWrの実務経験の年数は平均17年である。以下，詳しく分析結果を述べる。

1）基本属性

　SWr（40名）の年齢は，平均44.1歳（最年少27歳，最高齢61歳）で「40歳以上50歳未満」が47.5％と約半数を占める。最終学歴では「大学卒業」または「大学院修了」がそれぞれ4割を占める。なお，保有資格（複数回答）は，「社会福祉士」が最多の30名で，「介護支援専門員」20名，「精神保健福祉士」14名と続く。その他は「社会福祉主事」や米国大学院修了者（MSW）のほか「不明」（2名）となっている。

2）実務経験の属性

　SWrの通算の実務経験年数は平均17.9年（最小5年，最大34年）で，「10年以上20年未満」37.5％，「20年以上30年未満」32.5％，「30年以上」12.5％で10年以上が全体の8割を占める。

　提供事例実践時の所属機関は，多い順に「国・都道府県・市町村公務員系」25.0％，「社会福祉系（高齢者）」20.0％，「医療系」17.5％，「独立型社会福祉士事務所」15.0％，「社会福祉系（社会福祉協議会）」及び「NPO法人系」が各7.5％，「社会福祉系（障害児・者）」5.0％，「その他」2.5％である。なお，「国・都道府県・市町村公務員系」は都道府県や市町村の福祉政策・事業に関わる部署や相談

表 3-7　実践者の基本属性一覧

(N=40)

		SWr の属性					
		男　性		女　性		合　計	
		事例数	%	事例数	%	事例数	%
性　　別		20	50.0	20	50.0	40	100.0
年　　齢	30歳未満	0	0.0	1	2.5	1	2.5
	30歳以上40歳未満	8	20.0	2	5.0	10	25.0
	40歳以上50歳未満	7	17.5	12	30.0	19	47.5
	50歳以上	5	12.5	5	12.5	10	25.0
最終学歴	高校卒業	2	5.0	1	2.5	3	7.5
	短期大学卒業	1	2.5	2	5.0	3	7.5
	大学卒業	8	20.0	8	20.0	16	40.0
	大学院修了	8	20.0	8	20.0	16	40.0
	不明	1	2.5	1	2.5	2	5.0
通算実務年数	10年未満	3	7.5	4	10.0	7	17.5
	10年以上20年未満	8	20.0	7	17.5	15	37.5
	20年以上30年未満	7	17.5	6	15.0	13	32.5
	30年以上	2	5.0	3	7.5	5	12.5
所属先	国・都道府県・市町村公務員系	5	12.5	5	12.5	10	25.0
	医療系（病院・診療所，精神科，老人保健施設含む）	2	5.0	5	12.5	7	17.5
	社会福祉系（高齢者）	6	15.0	2	5.0	8	20.0
	社会福祉系（障害児・者）	1	2.5	1	2.5	2	5.0
	社会福祉系（社会福祉協議会）	2	5.0	1	2.5	3	7.5
	NPO法人（特定非営利活動法人）系	0	0.0	3	7.5	3	7.5
	独立型社会福祉士事務所	4	10.0	2	5.0	6	15.0
	その他	0	0.0	1	2.5	1	2.5
職　　位	管理職（係長以上・代表含む）	16	40.0	9	22.5	25	62.5
	非管理職	2	5.0	1	2.5	3	7.5
	その他	0	0.0	1	2.5	1	2.5
	不明	2	5.0	9	22.5	11	27.5

出所：筆者作成。

表3-8　実践対象規模別の内訳

(N=73，重複あり)

		事例数	%
対象規模	個　　人	53	72.6
	家　　族	22	30.1
	集　　団	19	26.0
	地域社会	12	16.4
	その他	3	4.1

出所：筆者作成。

機関，公立病院を含む。「医療系」は精神科を含む民間の病院や診療所，介護老人保健施設を含んでいる。「社会福祉系」では高齢者福祉施設・機関，障害児・者福祉施設・機関，県または市町村社会福祉協議会が全体の3割を超える。

　職位は，施設長をはじめとする係長職以上の役職者，代表や主任の肩書を「管理職」にまとめている。「管理職」の割合は6割を超え，臨床実践とともに運営管理業務に関わる責任や権限を有すると推定できる。

　以上，SWrの属性の特徴は，一定の社会生活の経験および実務経験を有し，学士以上の学位および福祉関連の国家資格，多様なソーシャルワーク実践領域の所属機関の責任を担う位置にあるといえる。このことは，制度の制約上，難しい判断を迫られる場面や他機関との交渉・調整場面で，一定の権限や責任をもって対応する立場にあることを示している。また，ネットワークの構築や人材育成などメゾレベルの実践，各種事業計画や自治体の福祉施策の企画立案・実施などマクロレベルの実践に関与可能な立場と推定できる。

（2）ソーシャルワーカーの実践概況

　ソーシャルワーカーの実践概況は，①実践対象規模，②問題発生領域，③実践分野，④実践機能，⑤実践時期・実践期間，⑥実践レベル，⑦実践の場の7項目を設定した。概況把握の手順は，事例分析シートを基に，項目別にデータを読み取り数値化し，分析結果を集約している。

1）実践対象規模

　実践対象規模は，「個人」「家族」「集団」「地域社会」の4分類を設定した。個人を実践対象とする事例数が7割以上を占め，家族，集団，地域社会と対象規模

の拡大に合わせて少なくなる傾向にある（表3-8，但し重複あり）。

2）問題発生領域の概要

　問題発生領域は，15項目を設定した。結果，73事例のうち「家族問題」「集団・組織問題」「知的精神的問題」が，それぞれ30事例を超える（但し重複あり）。以下は，各項目の概要である。

　① 身体的問題

　視覚や聴覚など先天的な障害だけでなく，加齢に伴う要介護状態など後天的な障害を含む（23事例）。

　② 知的精神的問題

　知的障害と精神障害，そのほか高次脳機能障害や発達障害を含む（31事例）。

　③ 家族問題

　ひとり親家庭や単身者，養子など世帯規模や関係，被害や加害の双方を含む虐待，育児や介護など世話，生活保護費受給や金銭の搾取など家計，家族内特有の価値観などの文化を含む（36事例）。

　④ 暴力問題（被害と加害の双方を含む）

　介護や育児など世話に伴うCLへの虐待被害，CLによる家族または職員への虐待加害を含む（14事例）。

　⑤ 経済的問題

　家族内（血縁関係のない同居人を含む）のCLの金銭搾取（疑いを含む），CLの障害等に伴う経済的負担の過多，家族内で連鎖する生活保護受給などを含む（20事例）。

　⑥ 居住問題

　性的虐待が疑われる居室の使用状況，育児や介護に不適切な衛生状態，CLの自宅へのこだわり，高齢期のCLの転居の繰り返しなどを含む（24事例）。

　⑦ 司法問題

　弁護士や成年後見人など権利擁護制度関連，虐待やDV（ドメスティックバイオレンス）など人権関連，刑務所出所や窃盗に伴う勾留を含む（18事例）。

　⑧ コミュニケーション能力の問題

　障害や加齢に伴う言語的コミュニケーションの支障，CLの言動の社会関係への影響などを含む（10事例）。

　⑨ 判断能力問題

障害や加齢，難病に伴うセルフアドボケイトへの影響，識字能力を含む（10事例）。

⑩　金銭管理問題

困り感に無自覚なCL，CLの実子による経済的搾取への対応などを含む（8事例）。

⑪　その他個別問題

その他の個別問題（6事例）。

⑫　集団・組織問題

個別事例（9事例）よりも非個別事例（24事例）に多くみられる。たとえば，福祉事業推進に向けた行政への交渉，利害関係のある集団に責任の自覚を教育がある。また，住民組織のNPO法人化や当事者の組織化，産官民協働による事業創出，特定の専門機関職員の研修などを含む。

⑬　地域社会問題

個別事例（4事例）よりも非個別事例（8事例）に多くみられる。たとえば，インフォーマルな社会資源への働きかけ，国の施策推進に向けた自治体による地域住民向け啓発事業，特定地区の脆弱な住民層向けの動機づけを高める推進事業，DV問題を地域で担う基盤づくり事業，地域特性の理解促進に向けた職員の教育や成長の促進などを含む。

⑭　制度・政策問題

個別事例（2事例）よりも非個別事例（23事例）に多くみられる。たとえば，個別事例では，CLのために様々な地域資源を動員し援助体制を構築する事例がある。非個別事例では，他専門職へのコンサルテーション，住民に利便性の高い相談システムの構築，子の喪失体験をもつ母親中心の自助グループの組織化から専門職集団の啓発への展開事例などがある。

⑮　その他非個別問題

その他の非個別問題（3事例）。

3）実践対象規模と問題発生領域の関連

表3-9は，73事例の問題発生領域の割合を実践対象規模別に示している。なお表中の網掛けは各実践対象規模で上位3位までの割合を示し，斜線は該当がないことを示している（但し重複あり）。

表3-9　実践対象規模と問題発生領域別の関連

(N=73，重複あり)

	個　人		家　　族		集　　団		地域社会		その他	
	事例数	%	事例数	%	事例数	%	事例数	%	事例数	%
1 身体的問題	23	31.5	10	13.7			1	1.4	1	1.4
2 知的精神的問題	31	42.5	8	11.0	2	2.7	1	1.4	2	2.7
3 家族問題	34	46.6	21	28.8	1	1.4	2	2.7		
4 暴力被害加害問題	13	17.8	6	8.2	1	1.4	1	1.4		
5 経済的問題	19	26.0	8	11.0						
6 居住問題	23	31.5	10	13.7			1	1.4	1	1.4
7 司法問題	17	23.3	9	12.3			2	2.7		
8 コミュニケーション問題	10	13.7	2	2.7			1	1.4		
9 判断能力問題	9	12.3	2	2.7						
10 金銭管理問題	8	11.0	2	2.7					1	1.4
11 その他の個別問題	6	8.2	3	4.1						
12 集団・組織問題	14	19.2	4	5.5	19	26.0	10	13.7	1	1.4
13 地域社会問題	5	6.8	2	2.7	6	8.2	5	6.8		
14 制度・政策問題	6	8.2	3	4.1	17	23.3	10	13.7		
15 その他非個別問題	2	2.7	1	1.4	2	2.7	2	2.7		

出所：筆者作成。

①　個　　人

　問題発生領域は，15項目すべてに関連する。上位は「家族問題」（34事例），「知的精神的問題）」（31事例），「身体的問題」（23事例）及び「居住問題」（23事例）である。特徴はこれら主問題が複合化しており，しかも集団・組織問題や地域社会問題との関連もうかがえるなど問題の多層化を示す。

②　家　　族

　問題発生領域は，15項目のすべてに関連する。上位は「家族問題」（21事例），「身体的問題」（10事例）及び「居住問題」（10事例）である。特徴は，個人と同様，問題が複合化し，個人と家族の問題が相互に関係する複雑化を示す。

③　集　　団

　問題発生領域は7項目と限定的である。特徴は，「集団・組織問題」（19事例）と「制度・政策問題」（17事例）を主問題にしている。

表3-10　実践対象規模と実践分野の関連

（N=73，重複あり）

実践分野	個人		家族		集団		地域社会		その他	
	事例数	%	事例数	%	事例数	%	事例数	%	事例数	%
1 低所得者福祉	7	9.6	3	4.1						
2 児童福祉	6	8.2	7	9.6			1	1.4		
3 障害者福祉	16	21.9	5	6.8	3	4.1	2	2.7	2	2.7
4 高齢者福祉	17	23.3	7	9.6	8	11.0	4	5.5	1	1.4
5 介護福祉	16	21.9	7	9.6	5	6.8	3	4.1	1	1.4
6 女性福祉	6	8.2	4	5.5	2	2.7	1	1.4		
7 地域福祉	6	8.2	2	2.7	9	12.3	10	13.7	1	1.4
8 医療福祉	10	13.7	5	6.8						
9 司法福祉	9	12.3	5	6.8	1	1.4	1	1.4		
10 職業福祉	7	9.6			2	2.7	1	1.4		
11 その他福祉	5	6.8	3	4.1	3	4.1	2	2.7		

出所：筆者作成。

④　地域社会

　問題発生領域は11項目にわたり，集団と同様「集団・組織問題」（10事例）と「制度・政策問題」（10事例）を主問題にしている。

　以上，「個人」及び「家族」を実践対象規模とする場合，問題発生領域は複合化や複雑化し，かつ多層化している。一方，「集団」及び「地域社会」を実践対象規模とする場合，問題発生領域は「集団・組織問題」と「制度・政策問題」を主問題に相互に関係している。

4）実践対象規模と実践分野の関連

　表3-10は，73事例の実践分野の割合を実践対象規模別に示している。実践分野は，①低所得者福祉，②児童福祉，③障害者福祉，④高齢者福祉，⑤介護福祉，⑥女性福祉，⑦地域福祉，⑧医療福祉，⑨司法福祉，⑩職業福祉，⑪その他福祉の11分野を設定した。なお，表中の網掛けは各実践対象規模で上位3位の割合を占める実践分野を示し，斜線は該当する実践分野がないことを示している（但し重複あり）。

①　個　　　人

実践分野は11分野すべてに関連する。上位は「高齢者福祉」（17事例），「障害者福祉」（16事例），「介護福祉」（16事例）である。

②　家　　　族

実践分野は10分野に関連する。上位は「高齢者福祉」（7事例），「介護福祉」（7事例），「児童福祉」（7事例）である。

③　集　　　団

実践分野は8分野に関連する。上位は「地域福祉」（9事例），「高齢者福祉」（8事例），「介護福祉」（5事例）である。

④　地域社会

実践分野は9分野に関連する。特徴は「地域福祉」（10事例）分野の割合が顕著に高いことである。

以上，「個人」及び「家族」を実践対象規模とする場合，「高齢者福祉」及び「介護福祉」の実践分野との関連がうかがえる。一方，「集団」及び「地域社会」を実践対象規模とする場合，「高齢者福祉」「介護福祉」「地域福祉」との関連がうかがえる。

5）実践対象規模と実践機能の関連

表3-11は，73事例の実践機能の割合を実践対象規模別に示している。実践機能は，①直接援助，②権利擁護，③ケースマネジメント，④集団援助，⑤コミュニティ・オーガニゼーション，⑥管理・運営，⑦教育・訓練，⑧社会資源開発，⑨スーパービジョン及びコンサルテーション，⑩政策・事業，⑪調査研究，⑫その他の12の実践機能を設定した。

なお，表中の網掛けは各実践対象規模で上位3位の割合を占める実践機能を示し，斜線は該当する実践機能がないことを示している（但し重複あり）。

①　個　　　人

実践機能は12機能すべてに関連する。上位は「直接援助」（50事例），「ケースマネジメント」（44事例），「権利擁護」（20事例）である。

②　家　　　族

実践機能は9機能に関連する。上位は「直接援助」（22事例），「ケースマネジメント」（20事例），「権利擁護」（10事例）である。

表3-11　実践機能と実践対象規模の関連

(N=73，重複あり)

実践機能	個人		家族		集団		地域社会		その他	
	事例数	%	事例数	%	事例数	%	事例数	%	事例数	%
1 直接援助	50	68.5	22	30.1	2	2.7	3	4.1	3	4.1
2 権利擁護	20	27.4	10	13.7	2	2.7	2	2.7	1	1.4
3 ケースマネジメント	44	60.3	20	27.4	2	2.7	3	4.1	3	4.1
4 集団援助	5	6.8	1	1.4	9	12.3	1	1.4		
5 コミュニティ・オーガニゼーション	6	8.2	3	4.1	4	5.5	8	11.0	1	1.4
6 管理・運営	6	8.2	4	5.5	11	15.1	9	12.3		
7 教育・訓練	5	6.8	2	2.7	14	19.2	7	9.6		
8 社会資源開発	4	5.5	2	2.7	3	4.1	5	6.8	1	1.4
9 スーパービジョン及びコンサルテーション	3	4.1			5	6.8				
10 政策・事業	1	1.4			8	11.0	7	9.6		
11 調査研究	3	4.1	2	2.7	4	5.5	4	5.5		
12 その他	1	1.4			2	2.7				

出所：筆者作成。

③　集　　団

　実践機能は12機能すべてに関連する。上位は「教育・訓練」（14事例），「管理・運営」（11事例），「集団援助」（9事例）である。

④　地域社会

　実践機能は10機能に関連する。上位は「管理・運営」（9事例），「コミュニティ・オーガニゼーション」（8事例），「教育・訓練」（7事例）及び「政策・事業」（7事例）である。

　以上，「個人」及び「家族」の場合，実践機能は「直接援助」「権利擁護」「ケースマネジメント」の3機能が相互に関連している。「集団」及び「地域社会」の場合，実践機能は「教育・訓練」「管理・運営」の2機能が相互に関連している。

6）実践時期と実践期間

　表3-12は，73事例のソーシャルワーク実践に関して，①実践が行われた時期（西暦），②実践終結までに要した期間（実践期間）を示している。但し，継続中の

表 3 - 12　実践時期と実践期間の関連

(N=73)

| | | 実践時期 | | | | | | | | 合　計 | |
| | | 1995年以前 | | 1996〜2000年 | | 2001〜2005年 | | 2006年以降 | | | |
		事例数	%	事例数	%	事例数	%	事例数	%	事例数	%
実践期間	1か月未満	0	0.0	0	0.0	2	2.7	0	0.0	2	2.7
	1か月以上 3か月未満	0	0.0	0	0.0	0	0.0	2	2.7	2	2.7
	3か月以上 6か月未満	0	0.0	0	0.0	7	9.6	3	4.1	10	13.7
	6か月以上 1年未満	1	1.4	0	0.0	6	8.2	2	2.7	9	12.3
	1年以上 3年未満	0	0.0	1	1.4	22	30.1	2	2.7	25	34.2
	3年以上 5年未満	0	0.0	1	1.4	9	12.3	0	0.0	10	13.7
	5年以上	2	2.7	5	6.8	8	11.0	0	0.0	15	20.5
合　計		3	4.1	7	9.6	54	74.0	9	12.3	73	100.0

注：小数第 2 位四捨五入により，99.8となる。
出所：筆者作成。

場合は，調査時点までに要した期間を示す。

①　実践時期

73事例の実践時期は，「2001〜2005年」が54事例で 7 割を占めており，「2006年以降」が 9 事例と続いている。これは調査実施時期に関係している。

ここで「2001〜2005年」の実践時期と制度・政策の関連を簡単に振り返る。同時期は，日本で初めて「配偶者からの暴力の防止及び被害者の保護等に関する法律（DV防止法）」（2001年施行）や「高齢者虐待の防止，高齢者の養護者に対する支援等に関する法律（高齢者虐待防止法）」（2006年施行）などアドボケイト実践に関係する重要な制度・政策が進展している。また，報告書「2015年の高齢者介護──高齢者の尊厳を支えるケアの確立に向けて（高齢者介護研究会〜厚生労働省老健局長私的研究会）」（2003年）など，その後の制度・政策の方向性が登場した時期でもある。

②　実践期間

73事例の実践の終結または継続中の期間は，「 1 年以上 3 年未満」25事例が最多

表3-13　実践終結及び継続と実践期間の関連

(N=73)

| | | 実践終結及び継続の別 | | | | 合　　計 | |
| | | 終　　結 | | 継続中 | | | |
		事例数	%	事例数	%	事例数	%
実践期間	1年未満	13	17.8	10	13.7	23	31.5
	1年以上3年未満	7	9.6	18	24.7	25	34.2
	3年以上	7	9.6	18	24.7	25	34.2
合　　計		27	37.0	46	63.0	73	100.0

注：小数点第2位四捨五入により，99.9となる。
出所：筆者作成。

表3-14　実践対象規模と実践の場の関連

(N=73　重複あり)

| 実践の場 | 個　　人 | | 家　　族 | | 集　　団 | | 地域社会 | | その他 | |
	事例数	%	事例数	%	事例数	%	事例数	%	事例数	%
国・都道府県・市町村公務員系	10	18.9%	8	36.4%	5	26.3%	4	33.3%		
医療系（病院・診療所ほか精神科・介護老人保健施設含む）	13	24.5%	4	18.2%	1	5.3%				
社会福祉系（高齢者）	11	20.8%	3	13.6%	6	31.6%	2	16.7%	1	33.3%
社会福祉系（障害児・者）	4	7.5%	1	4.5%					2	66.7%
社会福祉系（社会福祉協議会）	1	1.9%			3	15.8%	4	33.3%		
NPO系（特定非営利活動法人）	2	3.8%			3	15.8%				
独立型社会福祉士事務所	10	18.9%	6	27.3%	1	5.3%	2	16.7%		
その他	2	3.8%								
合　　計	53	100.0%	22	100.0%	19	100.0%	12	100.0%	3	100.0%

出所：筆者作成。

の3割である。また，「3年以上5年未満」10事例および「5年以上」15事例を合わせて3年以上が3割を占める。さらに，「3か月以上6か月未満」10事例，「6か月以上1年未満」9事例，「1か月未満」（2事例）及び「1か月以上3か月未

表3-15　実践レベルと個別事例・非個別事例の関連

(N=73)

| | | 個別・非個別の別 | | | | 合　計 | |
| | | 個別事例 | | 非個別事例 | | | |
		事例数	％	事例数	％		
実践レベル	ミクロ	9	18.8	0	0.0	9	12.3
	メ　ゾ	0	0.0	5	20.0	5	6.8
	マクロ	0	0.0	3	12.0	3	4.1
	ミクロ・メゾ	36	75.0	3	12.0	39	53.4
	メゾ・マクロ	0	0.0	9	36.0	9	12.3
	ミクロ・メゾ・マクロ	3	6.3	5	20.0	8	11.0
合　計		48	100.0	25	100.0	73	99.9

注：小数点第2位四捨五入により，99.9となる。
出所：筆者作成。

満」（2事例）を合わせた1年未満が全体の23事例で3割を占める。以上，実践期間は「1年未満」（23事例），「1年以上3年未満」（25事例），「3年以上」（25事例）に大別できる。

③　実践終結または実践継続の別

表3-13は，73事例の実践の終結または継続中を示している。終結は27事例（37.0％）で，内訳は「1年未満」13事例，「1年以上3年未満」7事例，「3年以上」7事例である。継続中は46事例（63.0％）で，内訳は「1年未満」10事例，「1年以上3年未満」18事例，「3年以上」18事例である。

7）実践対象規模と実践の場の関連

表3-14は，73事例のソーシャルワーク実践の場の割合を実践対象規模別に示している。実践の場は，SWrの所属先（表3-7「実践者の基本属性一覧」より）から8つを設定した。なお，表中の斜線は該当する実践の場がないことを示している（但し重複あり）。

①　個　人

実践の場として8つ全てが関連する。個人（53事例）を対象とする実践の場は，主に「医療系」（13事例），「社会福祉系（高齢者）」（11事例），「国・都道府県・市町村公務員系」（10事例），そして「独立型社会福祉士事務所」（10事例）である。

② 家　　族

実践の場として5つが関連する。家族（22事例）を対象とする実践の場は，主に「国・都道府県・市町村公務員系」（8事例），「独立型社会福祉士事務所」（6事例），「医療系」（4事例）である。

③ 集　　団

実践の場として6つが関連する。集団（19事例）を対象とする実践の場は，主に「社会福祉系（高齢者）」（6事例），「国・都道府県・市町村公務員系」（5事例）である。

④ 地域社会

実践の場として4つが関連する。地域社会（12事例）を対象とする実践の場は，主に「国・都道府県・市町村公務員系」（4事例），「社会福祉系（社会福祉協議会）」（4事例）である。

以上，実践の場は機関の機能や法人格の違いなど社会福祉のサービス供給体の多元化を反映して，実践対象規模別に多岐に及んでいる。

8）実践レベル

73事例の実践レベルは，①ミクロレベル，②メゾレベル，③マクロレベル，④ミクロ・メゾレベル，⑤メゾ・マクロレベル，⑥ミクロ・メゾ・マクロレベルの6分類を設定した。

6分類の設定では，Hepworth et al.（1997）の3分類，ミクロレベル（個人，家族），メゾレベル（セルフヘルプ・グループ，学校や職場の仲間，隣人関係），マクロレベル（社会計画やコミュニティ・オーガニゼーションの過程）を参考にしている。本書では，3分類に加えて，「ミクロ・メゾレベル」「メゾ・マクロレベル」「ミクロ・メゾ・マクロレベル」の混合した実践レベルを追加する。追加設定の理由は事例分析の過程に依拠する。たとえば，個人や家族のミクロレベルの問題解決のために，当事者集団の組織化を図るなどメゾレベルの働きかけを強め，さらに当事者集団による事業運営や要望を行政に働きかけるなどマクロレベルまで展開している事例がある。この事例は「ミクロ・メゾ・マクロレベル」に相当するとした。

表3-15は，73事例の実践レベルを個別事例（48事例）または非個別事例（25事例）別に示している。特定の実践レベルのみの事例は，「ミクロレベル」は9事

例で「個別事例」のみと関連する。「メゾレベル」は 5 事例で「非個別事例」の
みと関連し、「マクロレベル」は 3 事例で同じく「非個別事例」のみと関連する。
次に、複数の実践レベルの混合事例は、「ミクロ・メゾレベル」が39事例と 5 割
を超え、「個別事例」の36事例（75.0％）を占める。「メゾ・マクロレベル」は 9
事例で「非個別事例」のみと関連する。そして「ミクロ・メゾ・マクロレベル」
は 8 事例を占めており、「個別事例」（ 3 事例）と「非個別事例」（ 5 事例）に分か
れている。

　ここで個別及び非個別の事例について、複数の実践レベルの混合事例をいくつ
か例示する。「個別事例」（事例53）では、特定の利用者の社会的孤立の回避を目
指し、クライエントの重要な他者を含む地域の社会資源の組織化を展開するミク
ロ・メゾ・マクロレベルの実践がある。「非個別事例」（事例51）では、地域内で
事業運営する施設の組織化、県内の事業者団体全体への拡大を視野に人材養成を
展開するミクロ・メゾ・マクロレベルの実践がある。

3　ソーシャルワーカーの実践記述データにみられる 7 次元的特徴
──実践全体概観③

（1）価値・目的次元と視点・対象認識次元間の関係
1 ）価値・目的次元と視点・対象認識次元間の作用
　ソーシャルワークは、価値の実践（価値負荷の活動〔value-laden　activity〕）と称
されてきた。それは価値の実践に始まり価値の実践で終わることを意味する。し
かし、この時、価値の実践を発動する何らかの根拠となる視点や対象への認識が
背景になければならない。ソーシャルワーカー（以下、SWr）による視点・対象
認識次元の内容は、事象に対する直観や推論過程を経て到達したSWrの見方や
考え方（実践の根拠〔背景や理由含む実践の論理〕）や実践の諸課題を示す。同時に、
それは実践で目指す価値次元における選択的な判断根拠を成り立たせる。

　すなわち、視点・対象認識次元における根拠と価値次元の目指すべき根拠とは
論理的に整合性を保たなければならないし、両者は相互に一体的で互いに連動し
合う関係になければならない。もっとも、実践の全過程はSWrの技能によるも
のであり、その他の次元も関係してくる。ここでは実践の根幹をかたちづくる 2
つの次元間に着目する。

　価値次元の原理的な価値や原則的な価値志向は，視点・対象認識次元と連動して明確化されることになる。価値次元においては同次元との間で絶えず照らし合わせがなされ，多様な論理的整合化が図られる。この時，価値の次元では理念的価値を掲げ，その実現を可能ならしめる実践の価値を確定し，これにふさわしい具体的な行為が構想され決定されるところとなる。

　つまり，2つの次元が関係し合い実践として根拠ある論理が形成されていくのである。2つの次元はそれぞれ別の次元であるが，1対ないし1組として実践の論理的整合性・妥当性を生み出す。SWrの身の内に溜め込まれてきた実践知が反映した認識を根拠に実践で大切にすべきこと，目指すべきことなどが絞られることになる。

　すなわち，価値と価値から設定される目的（具体的な目標レベル含む）が明らかにされる。このように価値と視点・対象認識という二次元間には合理的な「対応関係」と「相互一体的な関係」が形成される。それは実践の道筋の基本をなし他次元に影響を与える結節点となり，実践において価値レベルと認識レベルとが織りなす「統合的な関係」（相補・補完・補綴を含む）として動態的に映し出されることになる。2つの次元間における循環的なフィードバック・ループはおのずとその影響が他の次元や他次元間にも生じるばかりでなく，他次元からの情報を把握しつつ検討される構造となっている。

　視点・対象認識次元には，主として2つの意味がある。SWrのソーシャルワーク事象として知覚された対象に対する見方や考え方（認識の仕方）を意味するとともに，この認識から推論を立てて事実を見定め何をなすべきかを導き出すことを意味する。その推論過程を通して価値次元との連結に至ることになる。

　SWrの内省的認識に関して補足しておこう。この認識は，実践のありようを決定的なものにする重要な認識であるとともに，SWrとして成長していく上で不可欠な実践観や実践的思考，実践知の形成，さらには実践の構想力・実践力の形成において核となる働きをするものである。SWrが個別の実践事象に関与する時，内的世界において自らの認識のありようや自身の行動を振り返り問い続ける態度や姿勢として立ち現れる。

　しかしながら，それはSWrの単なる振り返りレベルに終わるものではない。ここでいう内省的認識は，むしろSWrが実践を認識し実践の構想において起きる実践的推論や仮説を立て，何をすべきかを引き出すレベルの認識を意味する。

SWr は自身の内なる世界で関与する事象の多様な情報を見，考えをめぐらす。そうした中から実践的推論を立てていく。どのような推論であろうとも，対象世界の認識から論理的に筋道を立てて問いや仮説を立てながら，実践のありようをめぐらす実践的思考の世界を経て，初めて実行を可能にする。認識次元と価値次元の世界でのやり取りがなければ，具体的な実践は生じえない。なお視点・対象認識次元は，SWr がソーシャルワーク事象のものの見方や考え方を明確にし，可視化をしようとする次元なのである。なお，資料3-1では SWr に視点を向けてもらいたいところを例示している。

2）負の価値の認識と挑戦（価値の置き換え）——滋養的環境の創出

　ここでは，ソーシャルワーカーの価値の負の認識と挑戦（価値の置き換え），滋養的環境（多様・多元的なシステム構築）の創出の2つに限定して補足する。

　ソーシャルワークが価値の実践である以上，SWr は出合う何らかの価値に対する抵抗，対抗，挑戦をしていることが少なくない。SWr が負の価値の認識を通して抵抗や対抗，挑戦的な価値を掲げる事例は，73事例中67事例（91.7％）にみられる。非該当は6事例である。67事例では，視点・対象認識次元においてCL の属性をはじめ，CL の状況，いかなる問題や課題を抱えているのか，CL にとっての肯定的・否定的な諸環境，CL に不利に働く障壁（バリア）等々の存在とこれに対する見解，CL に負の作用をする諸価値を認識している。

　実践において SWr は，このような当該価値への抵抗，対抗，挑戦を示し，いわば，価値の置き換えを図っている。残る6事例は負の影響を及ぼす特定のバリア対象が必ずしも存在していないものである。ただ，価値の置き換えはソーシャルワークの実践では，特異なことではなく，むしろ日常的な課題というべきであろう。したがって，実践として着手すべきことは，人間と環境との複雑な相互作用から形成されている複雑で多次元的な社会関係に介入することである。そうして新たな意義ある社会関係の構築に向けて CL にとっての滋養的な環境の創造が重要な実践課題となる。

　環境の一部を成す SWr が自身を活用して，人々（個人や家族，住民等）の生活や人生に貢献する条件や仕組みの創出を目指していく。そこには，集団，組織や関係機関・関係者など多元的なシステムとの調整や連携，交渉等々を通じて変化をもたらし支援網の形成，支援体制の構築なども含まれる。本研究の資料からは，CL の生活や人生に貢献する滋養的環境の創出は，73事例中の70事例（95.9％）に

みられる。3事例はSWrの直接的な関わりを主にする実践であり，必ずしも新たな滋養的環境の創出ではないものとして除いている。

　本書の実践事例は，ソーシャルワーク実践の成立として判断をしたものであり，特に価値志向と認識との間に実践の根拠としての論理が見出されている。それはSWrの実践対象の認識，とりわけ内省的認識から目指すべき価値を論理的に定めていくことで，2つの次元間に合理性が成り立つということである。付言すれば，実践は二次元間の合理的な一致だけではなく，さらなる具体的な行為を経て完結される。したがって，この二次元間の根拠を基に他次元の動きが適切で論理的に合致することで初めて実践根拠の成立，実践のかたちが最終的に見出される点に留意しなければならない。第Ⅱ部，第Ⅲ部，第Ⅳ部（一部）では，そうしたことを含む実践のかたちを捉える試みを展開している。

（2）実践事例の時空間（時間的・空間的）把握と分析
1）実践事例総数73の時空間的概観

　本項では，7次元のうち，2つの次元である「時間」と「空間（場と設定）」に着目し，ソーシャルワーク実践における特徴についてみていくこととする。平塚は時間について「時間の流れ方や種類においても多様な時間の存在に気づく」（平塚 2014：24），空間について「実践に関わってくる場は広範で多様な世界が存在する」（平塚 2014：24）と述べている。本書のSWrの実践にも種々の影響力を及ぼす時空間的特徴が背景としてある（資料3-2参照）。

　本書で扱う全73事例においては，ソーシャルワーカー（以下，SWr）がクライエント（以下，CL）の属性から，問題を捉え，CLとともに創意工夫をしながら価値の実現に向け実践を展開する様子を見ることができる。それらのSWrの実践を時空間の次元からみると，次の3つの特徴が導き出された。

　まず第1は，制度が整っていない，あるいは制度的に限界がある中で，SWrが工夫して援助を展開している実践であり，且つSWrがソーシャルワークの価値を強く意識し，発想豊かに価値を実現する援助を展開している専門性の高い実践である。それを，ここでは「制度先駆的実践事例」（以下，①）とする。

　第2は，制度的な対応が全くないわけではないが，CLの属性から制度の狭間に陥りやすい事例や援助網から狭間に陥った問題に対処している事例をいい，SWrの実践領域に広がりがあり，他者（機関・施設・団体，地域住民，家族等）の

協力を得て展開する実践が顕著なものである。それを，ここでは「超領域的実践事例」（以下，②）とする。これら①・②には制度設計や策定根拠となる背景や策定の経緯，制度施行の影響などの時間的な次元や，具体的な制度適用の範囲や適用の場などは時空間の次元が関わることを表す。なお①・②には，CL にも SWr にも不適切な影響を及ぼす制度的環境もある。最後は，CL の属性，CL の多様な時間を配慮し，SWr として時間と空間（場と設定）を，交渉や協力を得ながら多様に，巧みに活用している事例（以下，③）である。

　表3-16は，本書で扱う全73事例を①，②，③の観点からみて事例の分類を試みた表である。①は73事例中36事例であり，全体の約半数近くを占める（49.3％）。②は73事例中39事例であり，半数以上を占める（53.4％）。③については全73事例（100％）を認める（％は小数点）。ただ，③のみに該当する事例が73事例中26事例（35.6％）ある。

　上記の①と②のような結果も，現場の SWr にはよくある日常の実践として受け止められているかもしれない。しかし，それは前述したように SWr が不適切な環境の中での実践を余儀なくされていることであり，SWr は，いわばストレスフルな環境下での職業であることを表しているのではないだろうか。あえていえば，CL になること（CL であること）は，社会的不利の状況からさらなる不利を抱えさせられるリスクが高いことを示すものではないだろうか（本節(4)参照）。

　なお，③の結果は予見されたことではあるが，SWr が時間を意識し，多様な場に関与し，あるいは，SWr が多様な場を創り出して，そこに関わることが日常の実践の姿であることを改めて映し出すものである。③のみに該当する事例数（35.6％）は，SWr が制度に準拠し，これを適切に活用して援助をしている事例を意味する。これも日常の実践の姿であろう。

　特筆すべきは，①〜③の特徴をもつ事例が73事例中21事例（28.7％）あることである。このことから，前述したような事柄が重複することを意味し，SWr がより厳しい環境下で実践していることが透けて見える。

　本項において73事例すべてに詳細に触れることはできないが，「時間」と「空間（場と設定）」という観点から，SWr が創意工夫し実践を展開していることがわかる。以下において，具体的な事例から時空間の次元について言及したい。

表3-16　実践事例にみられる時空間的次元の特徴

事例番号	①制度先駆的実践事例	②超領域的実践事例	③時空間の巧みな活用	事例番号	①制度先駆的実践事例	②超領域的実践事例	③時空間の巧みな活用
1		○	○	38	○		○
2		○	○	39	○		○
3			○	40		○	○
4			○	41			○
5			○	42		○	○
6		○	○	43		○	○
7			○	44			○
8			○	45	○		○
9	○		○	46	○		○
10	○	○	○	47	○	○	○
11	○	○	○	48			○
12	○		○	49		○	○
13			○	50		○	○
14			○	51			○
15		○	○	52	○		○
16		○	○	53	○	○	○
17	○	○	○	54	○	○	○
18	○	○	○	55	○		○
19		○	○	56	○		○
20		○	○	57			○
21			○	58			○
22		○	○	59	○		○
23		○	○	60			○
24		○	○	61	○		○
25	○	○	○	62			○
26		○	○	63			○
27			○	64			○
28	○	○	○	65		○	○
29			○	66	○	○	○
30	○		○	67	○		○
31	○		○	68	○		○
32	○		○	69	○	○	○
33			○	70			○
34	○	○	○	71			○
35	○		○	72			○
36	○	○	○	73	○	○	○
37	○	○	○	合　計	36/49.3%	39/53.4%	73/100%

注：アミをかけた No. 28 は非公開事例。
出所：佐藤辰夫・日和慶二作成。

2）社会的動向からみる先駆的実践

① 事例1「金銭管理や健康管理に課題のある高齢男性CL」（事例11）

本事例は，民間の在宅介護支援センターに勤める管理者であるSWrの2003年当時から約3年間の実践である。

「2000年介護保険制度の開始に伴い介護の社会化が強調され介護保険サービスが積極的に利用されるようになった。本事例では栄養管理の課題があり周囲との関係が希薄なCLにSWrは介護保険サービスの単なる調整ではなく，CLのライフスタイルを尊重し管理的にならないように働きかける。たとえば，ヘルパーの導入，高齢者の食事会など既存の地域の福祉活動ネットワークにつなぐことでCLのニーズの充足を図っている。加えて，住宅保障に向けて管理機関への行政職員との同行訪問や継続的な健康管理を行う保健師に同行するなど，CLとその関係者の積極的な参加を促し滋養的な環境づくりをする。本人の生活に変化が見られたことからSWrは他の埋もれているケースを予見し，その早期発見から地域住民や関係機関を含めた地域全体で支える仕組みづくりをも目指す。」

SWrはCLの生活課題をサービスの調整だけではなく，支援グループの形成により問題解決を図っている。ケースアドボカシーから潜在するCLと同階層の集団を支えるクラスアドボカシーに向けた地域づくりにも至っている。本実践は，支援の多次元的なシステムの構築がみられ先駆的である。それは時間と空間（場と設定）の巧みな活用であり，ミクロ，メゾ，マクロレベルの実践を綴り合せる超領域型の実践でもある。同様な事例は事例53にもみられる。

② 事例2「DV被害についてのグループワーク講座事例」（事例34）

本事例は，DV被害者支援の制度が未確立な中で支援者に向けた意図的で先駆的な社会的企業の実践である。

「DV被害者への支援対策は，2001年の「配偶者からの暴力の防止及び被害者の保護等に関する法律」（通称：DV防止法）を契機に始まる。本実践は同法改正2004年にあたる。SWrはDV法施行当時から被害者支援に関わるが，法が施行されたが有効なシステムが形成されていないとみている。諸外国の事情に精通するSWrは，日本の実態をみてDV問題やその支援に関する情報の極端な少なさを実感。そこで，公的支援の狭間にあるDV被害者の支援者を対象とするグループワークのオープン講座を企画する。支援者だけでなく参加者を幅広く受け入れる。それは当事者（被害者）参加の可能性を意味し，リスクや配慮も視野においた講座にする。たとえば，同日に午前と夜間の開催により参加CLの生活時間や気分の揺れ等に配慮する。それはCL個々が自身の問題と向き合うための適応時間の多様性を配慮する1例でもある。他方，

主催側のとるべき備えもする。」

　講座は当事者性を重視したDV問題の理解者や支援者開拓を基本的に目指す社会変革志向である。同時に，参加CLの支援の想定は，CL自身のセルフアドボケイトを促すエンパワメント，また潜在的CLも含めたクラスアドボケイトをも意識する。オープン講座開設の背景にはSWr自身が多様な参加者層のDV被害者と向き合い多様な時間を過ごしてきた経験がある。主催者のSWrは傷つき体験を抱えるCLの状況に対する深い理解を踏まえ，当事者の辛い体験を聴くというソーシャルワーク専門職としてのエネルギーとコンピテンスを自覚している。本実践は先駆的で開拓的であり，社会変革志向の戦略的な実践である。

　以上の2つの実践からはSWrは先駆的，開拓的に加えて時空間を巧みに活かして意図的な戦略を立てて展開していることがうかがえる。

3）ソーシャワーカーが時間と場を巧みに活用している実践

①　事例1「疾病による判断力低下が見られ，自覚無きまま限りある命を生きるCL」（事例6）

　本事例は，他機関（社協）よりCLに後見人が必要との依頼がありSWrが関与した身上監護の実践である。

　　「実践期間は2004年から約2年である。近年まで大手企業で仕事をしてきたCLは病欠による休職中。救急で入院中のCLは，難病により生命予後が限られており判断能力も低下していた。そのため，CLの援助の引き受け手がなく生活の場を喪失しかけていた。自宅には社協が支援する要介護で高齢の母親がいる。SWrはCLの「人生の時間的制約」を意識しCLを中心に関係者と協働して課題の解決を重視する。SWrは本人のニーズの把握と関係構築のために，CLのこれまでの経験や生活の楽しみ等を聴く時間と場を設定。定期的な面会により疾患とADLの推移から死に向かうまでの時間を意識し，ボランティアの協力を得て本人が楽しみや生きている意味を感じられるような外出の時間をつくるなど配慮する。特に重要な他者（母親）と過ごす時間が大切と考え機会を設けている。」

　SWrはCLの生活を守り安心できる居場所の確保とともに，本人の残りの人生を意味あるものにしようというSWrの共感的態度，アドボケイトや日々過ごす工夫がみられる実践である。

② 事例2「長期間職場で放置されたCLの事例」(事例46)

本事例は，企業の健康管理部門に属するSWrが職場で約10年間という長期間放置されたCLに職場適応を促す関わりを行ったものである。

> 「精神疾患のあるCLは自身のデスクで業務ができず，別室で定時まで勤務する。本人が何をしているか周囲はわかっていない。SWrはCLの「継続して会社に勤めたい」という思いや生活歴の認識とともに職場の排除的構造を認識。SWrはCLに社会的適応や行動変容を促す一方で，新しい上司に積極的に介入し本人への理解と適切な関わりがもてるよう調整。本人とも定期的な面接を実施し，面接がCLを支持する場と意図的に繰り返し伝えている。加えて，SWrはCLが自身のもつ負の感情の影響を振り返りながら，SWrとともに考えることを重視できる「共同作業の時間と場」となるよう設定。CLが数年ぶりの家族との再会で心境や行動に変化が見られたことから，SWrはタイミングをみて効果的な介入をする。特に，CLが過去と向き合い発想の幅を広げ今後のことを考えられるよう働きかけている。並行して上司にも関わる。職場の精神疾患に関する不適切で無理解な状況を問題として捉え情報提供を通し普及啓発活動や上司や職場の適切な対応と指示を促し，CLが職場の中で居場所が得られるように働きかけ，CLのための就労環境という場を整えている。」

SWrの実践からは，効果的なタイミングを図りCLに介入し，近未来を見据えCLやCLになる恐れのある人々のための就労環境を整えようと職場の上司に働きかける場の設定がみられる。SWrはケースアドボケイトをしながら，CLのセルフアドボケイトも想定して時間と場の設定を巧みに活用し，CLの対処能力の強化を図っている。本実践は今後も必要性が高い職業福祉分野の貴重な例でもある。

③ 事例3「研究事例に参画した市町村社協職員のコミュニティ・ソーシャルワーク実践研究の実践」(事例29)

本事例は，ソーシャルワーク実践における時間と場の巧みな活用事例である。

> 「県社協に所属するSWrは，社協活動が福祉的な価値を取り上げないこと自体が価値の実践に反しているのではないかという問題意識をもち，県社協職員だけでなく市社協職員とともに，価値の実践の検証に導く事例の選定・集積をする。この検討を行う場を設定することにより，価値の実践による人材養成を企図した事例である。実践が制度・政策的に役割が規定されがちな状況下において，SWrの役割の原点確認，専門性の検証を通して専門性の深化，連続性，継承性の担保を重視する。SWrの所属する場は県社協であるが，所轄市町村の社協職員とともに実践事例の集積と検討を行う場として，SWrの所属する機関の会議室を設定。そこが直接的な実践の場とな

っている。さらに，この研究成果を当該都道府県下の市町村社協職員の研修ツールとして活用していることから，間接的には各市町村社協職員が担当するフィールド全域がSWrの実践の場へと広がっている。SWrが企画運営する研究会は1年間のスパンで1～2カ月に1回のペースで行われ，事業の企画から準備，運営初期の各段階に沿った時間認識に基づきSWr自身の果たすべき役割を整理する。」

　現代社会の激しい変化の波にさらされ社会福祉の世界は大きな影響を受け続けている。SWrは，社協自体を取り巻く制度的変化と社協事業の専門分化，事業化を生み出した時代背景の認識から，今後の社協職員が果たすべきコミュニティ・ソーシャルワークの近未来像を描いている。

4 ）全体的考察

　以上から，時間と空間というソーシャルワークの実践に関する若干の考察を試みる。事例6・11・46の個別実践では「時間」と「空間（場と設定）」を中心に見てきた。対象とするCLはそれぞれ異なるが，SWrはCLがそれまでどう生きてきたかというCLが経験してきた時間を基に，今現在のCLの状況を把握し，未来の生活を見据えた実践をしている点は共通していた。つまり，SWrは時間に関して，過去・現在・未来という時間の連続性（あるいは非連続性）を捉えて援助を展開している。

　一方，「場と設定」に関しては，CLのライフプロテクションや居場所の確保というような価値の実現を目指し，CLにとってより良い生活のための滋養的環境を創出するための場と設定をしている。事例11・46ではSWrが個別の実践としてCLを援助しながらも，今後CLになるかもしれない階層を視野においた活動をしている。それは「予防的実践」でもある。

　ただ事例11・46だけではなく，非個別実践の事例29・34にもそれがみられる。予防的な実践は近未来という時間意識をもつがゆえに，現在なすべき実践に取り組むことができるのである。事例6もSWrが判断力の低下が起きているCLの死を意識して，「現在」のCLの生活がより豊かになるよう試みていることは未来を見ていることであり，他の4事例と同じである。

　「時間」と「場と設定」は異なる次元であるが，各々のケースを見てみると，SWrは時間を意識して場と設定をしている。また，その逆の実践も見ることができる。たとえば，CLを理解するために過去（生活歴）を知るために場を用いて面接の設定をしたり，CLの現在のニーズを充足するために関係機関を巻き込む

ことや，同行訪問を行うような時間や場を活かして取り組むべきことを設定している。

　また未来については，予防的介入やリスクを軽減するというような将来を見越した場を設け意図を明確にして取り組んでいる。つまり，「時間と空間は表裏一体的で相互に影響し合い，繋がりをもつ」（平塚 2014：24）といえるだろう。さらに，事例29では動きの中で多様な時間が躍動している。DV被害者支援事例のように，実践が「社会的」に認められ次のアクションを起こしていく起爆剤となりうる場合や，具体的実践の中でCLの生活空間を評価しつつ，CLの生活に基盤をおいた「文化的」時間まで配慮してそれを効果的に活用している。これは，その「社会的」時間認識によって課題設定し，その実践においては多数の個々人の生活時間や「文化的」時間をも配慮するなど，多様な時間が重なり合った実践が展開されている。

　事例29では，実践現場の過去からの時間の流れと，これからの時間の流れ方向を見つめる中で，現在の位置を確かめ，認識を組織に全体化し，共に関与するメンバーをターゲットに実践成果を検討・集約をして，その成果の下に広く各市町村で実践をするという構図をとることにより，そこの場＝空間が点から面へと広がるという，場づくりを提供している。

　このように，SWrの明確な価値と目的に基づく実践においては，おのずと広範で多様な場と時間認識をみることができる。実践課題の焦点化においてSWrは，時空間を縦横に活用して実践環境を整え課題解決へと進行する。そこには時間・空間の概念がもつ多様性とそれらが幾重にも関連しあう重層性（平塚 2014：24）が持ち込まれていることが確認できる。空間と時間は他の次元とともに複雑に相互関連し合いながらソーシャルワークの実践に活かされるのである。

（3）技能次元の特徴

1）発揮された技能の分類総数

　本研究では，次のような技能を設定している。前述したように，技能の下位レベルの分類ではスキルという名称を用いる。図3-1では，どのような技能があるか，また，各技能の位置関係を示している。スキルは9分類・12種である。これにその他のスキルを設けている。1．内的スキル，2．対人関係スキル，3．相互作用スキル，4．問題解決スキル，5．集団援助スキル，6．地域援助スキ

図3-1　技能の分類と位相

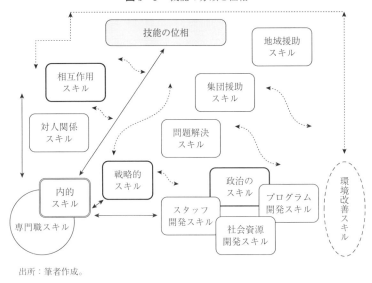

出所：筆者作成。

ル，7．戦略的スキル，8．専門職スキル，9．環境改善スキル：(1)政治のスキ
ル，10.環境改善スキル：(2)スタッフ開発スキル，11.環境改善スキル：(3)プログ
ラム開発スキル，12.環境改善スキル：(4)社会資源開発スキル），13.その他，で
ある。なお，環境改善スキルには，4種ある。

　技能は，(1)認知スキル，(2)認識スキル，(3)行為変換スキルの3層構造になって
いる（平塚 2004：13-14）。本書では，ソーシャルワークのアート性，実践知，根
拠のある実践を重視する点から，内的スキルとして(1)(2)を含むスキルの構成に
している。内的スキルは，人間の思考の技術化と形容できるような，具体的な行
為に転じていくための起点であり，すべての技能の中核をなす。それはソーシャ
ルワーカー（以下，SWr）が最初に発揮する事象の認知，次いで事象の識別（認
識）レベルのスキルである。この内的スキルの出現が，実践の理由や根拠を形成
する。その過程では，混沌とした福祉事象に対して多様な見方や考えをめぐらす
ことから，実践的な推論としてこれを秩序立てて捉えたり，仮説を立てるなどの
働きがみられる。これが他のスキルの発揮に影響を及ぼすとともに，価値や対象
認識という2つの次元を出現させ具体的な実践のために他の次元が出現する。

　技能は2つの次元を基軸にして具体的な行為への転換を起こし，実践過程のあ

図3-2　73事例中に発揮された技能

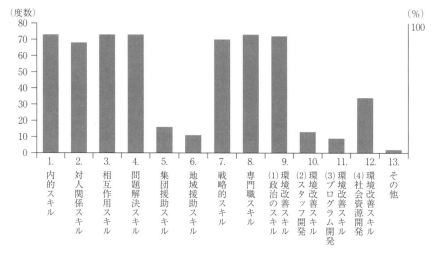

出所：筆者作成。

らゆる重要な局面に発揮されるものである。なお，内的スキルと密着する位置にあるのが専門職スキルである。いずれにしても，技能は，SWrがすべての実践で発揮する根幹をなす。福祉行為として表現される技能は，科学的実践とその表現に関わるアートという両側面を具有する。

　本研究では，上記に構成した技能が73事例すべてに見出される。図3-2は，発揮された技能分類の度数を示している。実践がどのようなことを目指すかによって発揮される技能は異なるし，個人や家族援助，集団や地域社会，組織対象等々関与する対象の規模や取り組む問題ないし，課題，期間等々によっても異なる。73事例を全般的にみると，対人関係スキル，相互作用スキル，問題解決スキル，戦略的スキル，専門職スキル，環境改善の政治のスキルが発揮される度数が高い。他者の生活や人生に関与するだけに内的スキルを基礎としつつ，対人関係や相互作用，問題解決，専門職スキルは展開の機軸をなすものである。基本の型ともいえる問題解決（課題解決）スキル，問題や課題の性質によってバリアを伴う点で，戦略的スキルの発揮などを通して，実践は人々にとってのより豊かな生活環境＝滋養的環境の創出を図らねばならない。ミクロ実践レベルに限らず，メゾレベルやマクロレベルの実践であっても，これに準ずるものでなければならない。

表3-17　73事例の実践レベルにおける技能発揮数

技能の分類	ミクロ（9事例）	メゾ（5事例）	マクロ（3事例）	ミクロ・メゾ（40事例）	メゾ・マクロ（9事例）	ミクロ・メゾ・マクロ（7事例）	73事例に発揮された技能総数
1．内的スキル	9	5	3	39	9	8	73
2．対人関係スキル	9	5	1	39	6	8	68
3．相互作用スキル	9	5	3	39	9	8	73
4．問題解決スキル	9	5	3	39	9	8	73
5．集団援助スキル	0	3	0	4	5	4	16
6．地域援助スキル	0	0	1	1	4	5	11
7．戦略的スキル	7	5	3	38	9	7	70
8．専門職スキル	9	5	3	39	9	8	73
9．環境改善スキル(1)政治のスキル	8	5	3	39	9	8	72
10．環境改善スキル(2)スタッフ開発	0	4	1	4	3	1	13
11．環境改善スキル(3)プログラム開発	0	0	0	1	6	2	9
12．環境改善スキル(4)社会資源開発	0	1	3	13	9	8	34
13．その他	0	0	1	0	0	1	2

注：ミクロ：ミクロレベル実践，メゾ：メゾレベル実践，マクロ：マクロレベル実践，ミクロ・メゾ：ミクロ～メゾレベル実践。メゾ・マクロ：メゾ～マクロ実践，ミクロ・メゾ・マクロ：ミクロ～メゾ～マクロ実践。
出所：筆者作成。

2）実践レベルにおける技能次元の特徴

　本研究では実践対象の規模を基礎に，それが他の実践レベルに拡大したものを含めて，次のような区分をしている。73事例中の分布をみた場合，表3-17のような分布がみられる。

　個別援助事例として提供された事例数は48，非個別事例数（メゾレベルやマクロレベル実践の事例）は25であった。これらの実践を分析する中で，ミクロの個別援助においても実践対象の規模の拡大が多数みられ，実践対象の規模別に設定し直すと分布は表3-17のようになった。73事例中に発揮された技能を実践対象の規模別でみると，ミクロレベル実践は9事例である。それはミクロレベルの実践に終始したものを指す。このレベルから実践対象の規模を拡大したミクロ～メゾ間

の実践は39事例（ミクロとメゾ実践を同時並行的に進めた事例1を含む），さらにミクロ〜メゾ〜マクロ間と拡大した実践は8事例である。つまり，SWrの実践では個人や家族を援助する場合にあっても，実践対象の規模が拡大することが多々みられるということである。また，メゾで始まった実践が個別的な援助を含む場合もある。こうして表される技能の範囲も拡大する。メゾレベル事例においても，メゾに終始した事例は5事例で，9事例はメゾ〜マクロへと拡大している。

　実践レベルは対象規模によっても異なってくる。本研究で収集した実践事例からは実践レベルは複合型が多く，73事例中56事例（76.7％）であり，発揮される技能分類は多様になる。

　ミクロレベル実践に終始したタイプの実践，いわゆる相談援助中心型で必要に応じてサービス利用などを必要とする問題や課題の解決（緩和や深刻化の回避含む）で実践対象はCLの範囲内でとどまる場合である。このタイプで発揮された技能分類の範囲は5〜7である。この5というのは，ある実践事例では5分類の技能が発揮され，7というのは別の実践事例では7分類までみられることを意味する。発揮された技能は，内的スキルを基本にして対人関係スキル，相互作用スキル，問題解決スキル，専門職スキルが中心になる。また，必要に応じて環境改善型のスキルが発揮される。政治のスキル，バリアが存在する場合には戦略的なスキルを駆使している特徴が見出された。個人を対象にするミクロレベルの実践ではCLとの関係を基軸に信頼関係を形成しつつ，相互作用スキルやCLの抱える生活困難や課題の解決・緩和を図るために問題解決スキルやアドボケイトのために，環境改善スキル（政治のスキル）を発揮する。また，これらの技能を支えるもう一つの専門職のスキルが発揮される構図が考えられる。

　しかし，ミクロレベルに限定される上記よりもむしろ，ミクロレベルの実践に端を発しながら，メゾレベルやマクロレベルまで実践の範囲を拡大する実践がみられる。そこで発揮される技能については，ミクロとメゾの複合型とミクロ・メゾ・マクロの往還複合型とに分けて捉えてみよう。

　ミクロとメゾレベル複合の実践は，本研究で扱った73事例中，39事例（53.4％）にみられる。このレベルの実践で発揮される技能分類の総数は6〜12の範囲となっている。技能の分類数はミクロレベルのみの実践よりは広がりを見せている。このうち，1事例はミクロとメゾを同時並行的に実践したものであり，また他の1事例はメゾレベルを中心としつつも職員集団と個々の職員を支援するものであ

る。駆使された技能分類は，内的スキル，対人援助スキル，相互作用スキル，問題解決スキル，集団援助スキル，戦略的スキル，専門職スキル，環境改善スキル（政治のスキル）を中心にしながらも，スタッフ開発やプログラム開発，社会資源開発などのスキルにも至っている。なお39事例の内，1事例の実践は，アドボケイトは実践しているがバリアがなかったために，必ずしも戦略的スキルの発揮を必要としなかった事例である。13事例は社会資源の開発に至っている。

　またミクロ〜メゾ〜マクロ往還型（8事例）では，発揮された技能分類の総数は8〜13の範囲となっている。全分類の技能が見られる。内的スキルを基本に，ミクロレベル実践に多い対人関係スキル，相互作用スキル，問題解決スキルが発揮されている。これに加えて，メゾ，マクロレベルの技能が駆使されている。すなわち，集団援助スキル，地域援助スキル，戦略的スキル，専門職スキル，環境改善スキル（4種のスキル：政治，スタッフ開発，プログラム開発，社会資源開発），その他である。3事例は集団援助や地域援助スキルを発揮し，また8事例が政治のスキルや社会資源開発スキルの発揮に及んでいる。往還型のミクロレベルの実践では，個人レベルの問題を個人的というレベルに終わらせず社会的な問題として捉え，戦略的スキルとしてバリアを扱い，同様な階層集団を視野に入れた社会変革志向の環境改善スキル（政治，社会資源開発）が発揮されている。なお，これらの発揮においては専門職スキルの発揮がつながっている。いわば特定の個のCLやCLシステムだけではなく，他の住民・市民等々の生活に寄与する環境の創造に向かっているのである。

　メゾレベル実践の事例は5事例みられるが，発揮された技能の種類は4事例で7〜10種類である。5事例共通の発揮スキルは内的スキル，対人関係スキル，相互作用スキル，問題解決スキル，専門職スキル，戦略的スキル，環境改善スキル（政治のスキル）である。これに集団援助スキルや環境改善スキルのスタッフ開発スキルが連なる。1事例には社会資源開発スキルがみられる。マクロレベルへと実践の広がりのあるメゾ〜マクロレベル間の実践は9事例である。このレベルでの実践では技能分類総数が9〜12の範囲で発揮されている。内的スキルを基礎に専門職スキルを発揮しながら，バリアへの挑戦としての戦略的スキルの発揮，そこから環境改善スキル（4種のスキル）の発揮につながっている。

　マクロレベル実践に該当する3事例では，7〜11の範囲で技能が発揮されている。3事例共通のスキルとしては，内的スキル，相互作用スキル，問題解決スキ

ル，戦略スキル，専門職スキル，環境改善スキル（政治，社会資源開発）が発揮されている。

　以上から，実践対象の規模の大小によって発揮されるスキルの範囲が狭小・拡大など多彩化（技の引き出しの卓越性）が考えられる。無論，スキルの範囲が狭いからといっても，同分類のスキルを中心に駆使される場合も考えられる。いずれも SWr 自身の感覚，直観も機能するが，思考（科学知・経験知等）を通して，いかにソーシャルワークをかたちづくるかという論理的に矛盾しない科学的実践，そのアートとしての表現は実践の根拠を明らかにする位置を備える。それは，さらなる実践の水準と知識化の水準を高みに押し上げることに寄与するであろう。

（4）ソーシャルワーカーの実践的行為の特徴──価値の転換と創造

1）5つの実践思考にみる価値の置き換え：転換と創造─負の価値の挑戦

　本節(1)では，価値次元と視点・対象認識次元の特徴と動態的な関係，各次元の主要な構成を示した。視点・対象認識次元は実践的根拠を示す位置にあり実現を目指すべき価値が出現，探究されるなどに触れた。ソーシャルワーカー（以下，SWr）の実践では，事象の認識を通して価値が選択され決定され実践を方向づける過程がみられる。その過程では，SWr は対象世界に対して感性，直観も含まれるが，自らの内に溜め込まれた専門職としての実践知を覚醒させて思考力を総動員しながら，事象を見定め戦略的・創造的な実践を導き出している。そこには SWr の推論においてクリティカル思考（合理的思考，内省的思考）をはじめ，批判的思考や創造的思考などを働かせたソーシャルワークの5つの特徴的な価値の実践思考の創出がみられる。これを「5つの実践思考」と称する。この思考は理念的価値と実践の価値を基本にしている。

　本項では，SWr の事象認識を経て出現する5つの実践思考から73事例の記述データを捉え，ソーシャルワークの実践という行為の特徴を示す。特に，実践という行為を決定づけ方向づける「5つの実践思考」に「価値の置き換え：転換と創造」を見出し，SWr の価値の創造的実践を示すことで実践行為の特徴としたい。それは個別的実践であろうと，非個別的実践であろうと，共通する価値として確認できる。以下，個別的実践を個別，非個別的実践を非個別とする。

　「5つの実践思考」は，第1は「人生の意味探究思考」，第2は「制度・政策の批判思考」，第3は「社会的不利への批判思考」，第4は「戦略的思考」，第5は

「システム構築思考」からなる。SWr は第 1 の「人生の意味探究思考」を中心に据えて批判的思考から事態の変革志向を覚醒させ，負の価値に対する挑戦的思考を働かせ創造的思考へと転じさせる。創造的思考は戦略的思考として何をしようとするか，実践像を描きシステムの構築思考として人々の助けとなる体制や仕組みづくり（滋養的環境の創出）を目指すことになる。この一連の過程は，人々に不適切・不利益な一負の状態（負の価値による占位状態）が出現していることから，正の状態（望ましさ）（正の価値による占位状態）への転換と創造をはかるものである。それは負の価値への挑戦であるが価値の置き換え思考の所産による。その場合，批判思考なしには転換は不可能であり，創造思考は出現しない。創造思考とは負の状態から正の状態（望ましさ）への転換という挑戦から新たな価値の創造を意味する。人々にとって最も大切なことのために，何をするのか実践のありようを戦略として多様な観点から描き，人間の生と人生にふさわしい環境の創造を見通すことが求められる。

2）実践事例にみられる 5 つの実践思考

　第 1 の「人生の意味探究思考」は，人々の日常生活に困難や脅威をもたらす事象を目前にして，SWr がクライエント（以下，CL）という人間存在理解を深め生活や人生における心情に共感し，CL のおかれた政治・経済・社会・文化的状況を問い批判的に捉えつつ，そうした事象に SWr として関わる意思が明確であることを意味する。生活の援助を当然含むが，人間の尊厳や人間に対する畏敬から CL の主体性を尊重し，その根源的な生に対する深い思いや洞察を通して共感的な関係を開こうとする。限られた時空間の中で CL に最善を尽くそうとする SWr の価値意識と態度がうかがえることである。非個別では，SWr の何らかの援助を具体的に要する特定の集団及びこれに準ずる人々（家族，当事者集団，多様な階層集団〔例：障害児の母親集団，高齢者集団，等〕）や実践の規模が広い行政機構や多様な組織集団や一般住民や市民，不特定多数の人々を実践対象とする。いずれも，個別の SWr の価値意識と態度を中核にするのは同じである。下記は，本思考が映し出された 1 例である。限られた CL の生命と人生に最善を尽くそうとした SWr の社会的看取りの実践例である。

　　事例23：「SWr は，痛みが激しい生まれ育った生家での生活を強く望む，90代半ば，軽度認知症の単身高齢者の希望を実現しようとする。リスクの高い CL の意思決定の尊重に倫理的ジレンマも抱くが，近隣の協力を得ながら，SWr は種々起きる困難を

解決する。時には制度にはない手助けをしながらCLの人生の最後までを伴走し，また奔走する。在介の実績から築いた支援網により，他機関関係者の協力を得てCLの看取りと福祉に努めている。」

　第2の「制度・政策の批判思考」は，幅広い対象内容を含むが現代社会がつくる諸環境は，システムに対する認識と洞察による。社会保障をはじめ生活と直結している制度や政策の内容，その執行に関する機構が人々の生活に及ぼす負の影響やその可能性を把握し，挑戦としてSWrが関わろうとし，そこから変革に通じる転換や新たな創造へと転じることを含む。これには，制度や政策下の社会福祉や関連領域の多様な専門職の制度，当該専門職集団とその実践の価値や思想，実践の水準，社会的経済的政治的地位をめぐる多様な問題，関係する一般職員等人材の問題等とその影響を熟知することなどが前提となる。組織の代表や管理職のSWr，個別事例を扱う管理職で実践経験を蓄積しているSWrは，制度・政策上の問題と影響を熟知している事例が少なくない。本思考は，しばしば第三の思考にもつながっている。下記はその1例である。

　　事例18：「SWrは行政から入院費滞納による強制退院となった意思疎通困難な重度の聴覚言語障害がある軽度認知症高齢CLのショートステイ一時入所を依頼される。CLをどこも受け入れない。SWrはそうした経緯や行政等がこれまで本人と接触があったにもかかわらず「やり過ごし」の対応に憤りを覚える。SWrは受け入れにおいて施設長からは「覚悟」を促されCLを見捨てないと決心する。CLは実子による経済的搾取とネグレクトが疑われたが子の存在を心理的支えにしており，SWrはその心情に配慮する。自治会のクレーム，バラバラ家族への対応や制度的な障壁等々噴出する多様な課題に取り組む。最終的にCLは後にSWr所属の同一法人の特養入所に至る。」

　第3の「社会的不利への批判思考」は，社会的排除からCL，CL集団の感情レベルにまで及ぶことで，人々が無力化され社会的脆弱性が引き起こされる社会的不利に対する批判的思考である。社会的排除は人間支配の形態である暴力や差別，スティグマなどへの拒否や拒絶が人々の意識に巣くうことで他者に向けられる行為である。第2の思考とも関連する。社会的排除は関係者だけではなく一般社会の人々，CLの親族，近隣の人々を含む意識や態度にも生じCLに不利益をもたらす，またはそのおそれがあることなどである。これには歴史や文化の問題，慣習化されて当然視された種々の価値意識などが関わっている。

社会的不利は政治・経済・社会・文化に蔓延する問題で巧妙さがあり多くの人々が無自覚や無関心になる場合も少なくない。それだけに根が深く理不尽なことが多々起きている。こうしたことが高じると不利の生産・再生産は国や社会，世界が社会的分断さらには社会的分裂の淵に沈んでいくリスクの高い課題である。第3の批判思考はSWrが社会的不利を冷徹に捉え何らかの挑戦的な考えがみられることを意味する。下記はそうした最前線の1例である。

　　事例13：「SWrは，就労支援として外部から福祉施設入所中の発達障害と知的障害の狭間にある一般就労困難なCLに関わる。CLは姉夫婦と暮らすが姉の出産を機に不和となり，一時野宿生活を経て施設入所。しかし，職員や特有の利用者集団になじめず人間関係の悪化をきっかけにして事件を起こす。SWrは施設側と対峙し，アドボケイトや危機介入をする。CLの特性を肯定的に捉え受容的な関係を築き，個別支援プログラムも取り入れ，本人の行動変容と自己肯定感の高揚に努め，本人の望む生活を重視する。金銭管理や非社会的行動では，他機関との調整・連携をはかり，姉夫婦も含め本人に支持的な地域環境を創出してCLは就労の機会を得る。SWrは，一般就労に至っていないなど実践を振り返りながら支援の不全感も見つめる。」

第4の「戦略的思考」は，実践の全体像を描き見通す中でSWrがとるべき手段が何かを考えることを意味する。仮説を立て，何をしようとするか，その道筋を描き，取り組む手段を選択し決定することである。それには，決定したことがどのような結果をもたらすのか予測や代替案を立てることが含まれる。それは当面の課題解決だけではなく，今後を見通しているかどうかの判断も重要となる。加えて，なされる判断はCLにとって最善の利益の確保につながるのか，あるいはCLにとって最小の害もやむなしといったものなのか，リスクが高いのかどうか，などを視野に置いた実践が求められる。戦略的思考には，根拠のもとで予見や予測まで意識することが重要となる。下記はその1例である。

　　事例43：「SWrは，多機関が関わる複雑な家族関係と生活歴をもつ妊婦のCLに関わる。実子はいるが養育経験はない。出産児も養子か里子希望であった。しかし，本人は養育を希望するようになる。子の父ではないパートナーも子育てを応援するという。SWrは，CLの歩調に合わせて意思疎通を図る。生活の破綻につながる可能性も捨てきれないが，固定的・伝統的な家族観に拘泥せずCL独自の家族関係を大事にしようと考える。またSWrは，CLの他の問題で関わる他機関ともやり取りを緊密にして，養育の可能性を検討し相互に調整・連携をはかっている。養育の場合はSWrの所属機関が関わるが，他機関がとるべき課題の明確化，両機関協働の可能性を共有しながら，CL本人が乗り越えなければならない課題を明確にしている。」

　第5の「システムの構築思考」は，「戦略的思考」と共起して具体化されてくる。CLにとっての新たな生活と人生の出発（回復・再生）のための支援体制や仕組みづくりを考えることであり，CLにとっての生き方の助けとなる滋養的環境の創出を意味する。第1，第2，第3の思考から価値の転換をはかる第4の「戦略的思考」，第4から第5の創造的思考である「システム構築思考」が導き出される。第5は滋養的環境の創出思考ともいうべきもので，実践では複数の，あるいは複合や重層する多元的な支援網を築いている以下のような例が少なくない。

　　事例43：SWrはCLとその重要な他者とのパーソナルな関係を見守るとともに，他機関との協働・連携をはかり実践の戦略の共有までを含めた多様な支援体制等システムづくりをしている。事例9のSWrは在宅介護支援センターが良質な働きを展開する実績を積み上げてきたにもかかわらず，何もしなければ新制度の波に飲み込まれる危機感を覚えて，良質なサービス提供主体の継承と新制度にこれを組み込むかたちで発展させるという価値の転換により，関係団体と行政それぞれに働きかけて合意を得，重層的なシステムを築きながら市民に還元する新たな地域包括支援体制を構築する。

3）73事例にみられる5つの実践思考とソーシャルワークらしさ

　以上のような人々の福祉に反する負の側面に挑戦し望ましい（正）状態に置き換え，転換と創造の「5つの実践思考」を，本研究の基礎的な記述データ全体像一覧等から抽出した。資料3-3・4（章末）は全事例の5つの実践思考の分布を示したもので，表3-18は，これらの資料を取りまとめたものである。本項では，ソーシャルワークの実践が7次元からなると判断したものを分析の対象としている以上，単純集計結果である点も加えておきたい。表3-18には事例の特徴ないし性質から非該当項目も一部散見されるが，いずれの思考も高率である。

　5つの思考を，事例区分からみてみよう。区分Ⅰ（個別）とⅡ（非個別）では，1.「人生の意味探求思考」と5.「システム構築思考」が共に最も高い割合を占めている。いずれもが高いというのは，人間と環境との関係を視座とするソーシャルワークの象徴性を示している。「人生の意味探求思考」は個別では当然の結果といえるが，全数の48事例（100％）にみられた。非個別の場合は22事例（88.0％）である。個別と非個別の値の差は，非個別がCL集団を対象とする以外は間接的な援助実践が多いために異なる結果となっているとみる。非個別でも直接CLの生活と人生に向き合うことと，そうでない場合との違いはやはりあろう。「システム構築思考」は個別47事例（97.9％），非個別23事例（92.0％）といずれも

表 3-18　事例区分にみる価値の置き換え：転換と創造

事例区分	価値の置き換え実践思考：負の価値への挑戦				
	1　人生の意味探究思考	2　制度・政策の批判思考	3　社会的不利への批判思考	4　戦略的思考	5　システム構築思考
Ⅰ　個別的実践 （N=48）	48 (100.0)	38 (79.2)	42 (87.5)	40 (83.3)	47 (97.9)
Ⅱ　非個別的実践 （N=25）	22 (88.0)	23 (92.0)	16 (64.0)	23 (92.0)	23 (92.0)
Ⅱ´　非個別的実践 （N=48として換算）	42 (87.5)	44 (91.7)	31 (64.6)	44 (91.7)	44 (91.7)
Ⅲ　事例総数 （N=73）	70 (95.9)	61 (83.6)	58 (79.5)	63 (86.3)	70 (95.9)

注：上段は実数，下段は総数Nに占める割合％（小数点第2位四捨五入）を表す。
出所：筆者作成。

高く，対象となる人々にとっての環境づくり（システム構築）がソーシャルワークでは重要課題であることを示している。

　そうした根拠となるのは，2つの批判思考である。「制度・政策の批判思考」では個別38事例（79.2％），非個別23事例（92.0％）である。非個別の方が値は高い。個別よりも実践対象の規模が大きい非個別の方が制度・政策に対する批判思考が10ポイント余高い。事例にもSWrが管理者として所属組織の機能等を十分に理解し制度・政策の問題に精通していることも関係していよう。逆に3.「社会的不利への批判思考」は個別42事例（87.5％）の方が非個別16事例（64.0％）に比べて20ポイント余りの差がある。この点は個別では社会的に不利な状況のCLに直接SWrが関与することから生じる結果とみる。このことは，CLが何らかの社会的不利を経験していることがおおむね常態化していることを示唆する。第4の「戦略的思考」は，個別，非個別ともに高いが，非個別23事例（92.0％）の方が個別40事例（83.3％）より8.7ポイント高い。個別，非個別ともに戦略は欠くことはできないが，対象の規模が大きく複雑多様な非個別の方が戦略性がより強く求められる点が違いとして生じるのかもしれない。なお，戦略的思考を通じて到達するシステム構築思考（滋養的環境づくり）は，個別47事例（97.9％），非個別23事例（92.0％）で，ともに高い割合を占めている。個別の場合，SWrはCLにとっての支援体制ないし援助網を築くことが中心である。非個別の場合は実践対象の規模の違いや大きさに伴いシステムの構築は多様である。

　ちなみに，個別，非個別の違いであるが，2 つの実践タイプの母数を48にして換算すると，非個別は，人生の意味探究思考は42事例（87.5%），制度・政策批判思考は44事例（91.7%），社会的不利への批判思考は31事例（64.6%），戦略的思考は44事例（91.7%），システム構築思考44事例（91.7%）となり，割合は換算前と大きな差はみられない。前述したように，本研究はソーシャルワークの実践成立事例を対象としていることから，5 つの実践思考はいずれも高い値である。また，Ⅲ．事例総数の 5 つの各思考の平均値も総じて高い。単純集計ながら，高い値となった点は共通性の高い SWr の実践思考というばかりでなく，ソーシャルワークらしさの表れと解することができるのではないだろうか。

　以上から，個別，非個別いずれの実践であろうとも，SWr はソーシャルワークの理念や，ライフプロテクションをはじめとする実践の価値志向（本節（1）参照）の下で，制度・政策の脆弱さや社会的不利の再生産社会など実践課題ないし問題を批判的に捉え分析し，新たな認識に伴い価値の置き換え（転換と創造により，何をしようとするか戦略を導き出し，最終的に支援体制等システムの構築など）を目指していく。いずれも人々にとっての環境の構造変革に努めるとともに，滋養的な環境を創出する実践となっている。これらのことから，価値の次元と視点・対象認識の次元との関係から出現する価値の特徴的な実践思考が，負の価値への挑戦として価値の置き換え（転換と創造を通してソーシャルワークの実践をかたちづくる）という行為の特徴がうかがえる

注

(1)　技能研究では人間の思考活動（知的活動）と一致させて「内的スキル」を示した Middleman & Wood（1990）は，実践のアートの可視化にとっては示唆に富む。

参考文献
・第 2 節
Hepworth, D. H., R. H. Rooney & J. A. Larsen（1997）*Direct Social Work Practice: Theory & Skills 5th ed.*, Brooks / Cole.
・第 3 節（1）
浦河べてるの家（2002）『べてるの家の「非」援助論――そのままでいいと思えるための25章』医学書院。
平塚良子（2004）「人間福祉の価値」秋山智久・平塚良子・横山穣『人間福祉の哲学』ミネルヴァ書房，68-106頁。

Loewenberg, F. M. & R. Dolgoff（1982）*Ethical Decisions for Social Work Practice*, Itasca：F. E. Peacock.

Reamer, F. G.（1999）*Social Work and Values*, Columbia University Press.（＝2001, 秋山智久監訳『ソーシャルワークの価値と倫理』中央法規出版。）

・第3節（2）

医療経済研究・社会保険福祉協会　医療経済研究機構（2003）「家庭内における高齢者虐待に関する調査報告書」。

岡本民夫・平塚良子編著（2004）『ソーシャルワークの技能――その概念と実践』ミネルヴァ書房。

厚生労働省（2003）「2015年の高齢者介護――高齢者の尊厳を支えるケアの確立に向けて」（2015年9月15日アクセス）。

厚生労働省（2007）「平成18年度　高齢者虐待の防止，高齢者の擁護者に対する支援等に関する法律に基づく対応状況等に関する調査結果（確定版）」（2020年3月31日アクセス）。

国立社会保障・人口問題研究所 HP（2020年3月31日アクセス）。

平塚良子（2014）「ソーシャルワーク実践の認識構造『7次元統合体モデル』の意義と意味」『西九州大学健康福祉学部紀要』45，17-26頁。

内閣府男女共同参画局「配偶者からの暴力の防止及び被害者保護に関する法律の円滑な施行について：内閣府男女共同参加会議：平成13年9-11」（2020年3月31日アクセス）。

Germain, C. B.（1981）"Time: an ecological variable in social work practice" *Social Casework* 57(7), pp. 419-426.（＝1992, 小島蓉子編訳・著『エコロジカルソーシャルワーク――カレル・ジャーメイン名論文集』学苑社。）

Werner, W. B.（1958）"The Nature of Social Work," *Social Work* 3(2), pp. 10-18.（＝1972, 小松源助監訳『社会福祉論の展望 下』ミネルヴァ書房。）

・第3節（3）

平塚良子（2004）「ソーシャルワークにおけるスキルの意味」岡本民夫・平塚良子編著『ソーシャルワークの技能――その概念と実践』ミネルヴァ書房，93-101頁。

平塚良子ほか（1998）「非営利団体等ソーシャルワーカーの援助スキル開発研究報告書」（研究委員長・平塚良子〔社会福祉・医療事業団研究助成〕）高槻ライフケア協会，9-10頁。

McMahon, M. O.（1990）*The General Method of Social Work Practice: A Problem Solving Approach*, Prentice Hall.

Middleman, R. R. & G. G. Wood（1990）*Skills for Direct Practice in Social Work Practice*, Columbia University Press.

・第3節（4）

岩田正美（2008）『社会的排除――参加の欠如・不確かな帰属』有斐閣。

平塚良子（1999）「価値の科学化――その意味的考察」嶋田啓一郎監修，秋山智久・高

田真治編著『社会福祉の思想と人間観』ミネルヴァ書房。

平塚良子（2004）「人間福祉の価値」秋山智久・平塚良子・横山穣『人間福祉の哲学』ミネルヴァ書房，68-122頁。

平塚良子・橋本美枝子ほか（2005）「保健・医療・福祉の狭間におかれる人々の生活困難についての研究」日本社会福祉教育学校連盟『社会福祉教育年報』25，459-470頁。

Blackman, T., S. Brodhurst & J. Convery（2001）*Social Care and Social Exclusion: A Comparative Study of Older People's Care in Europe*, Palgrave.

Spicker, P. (2000) *The Welfare State*, Sage Publication.

Young, J. (1999) *The Exclusive Society: Social Exclusion, Crime and Difference in Late Modernity*, Sage Publication.（＝2007，青木秀雄・伊藤泰郎訳『排除型社会——後期近代における犯罪・雇用・差異』洛北出版。）

資料3-1　価値・目的次元と視点・対象認識次元の主要な構成一覧

価値・目的次元	視点・対象認識次元
Ⅰ　ソーシャルワークの理念的価値（原理的価値） 　理念的価値は，基本的人権の尊重に基づき諸個人の福祉の増進，そのための社会構築と推進，公共の福祉の増進を基調とし実践において掲げる原理的な価値を意味する (1)　人間存在の尊重：個人の尊厳尊重 　CL の意思・主体性や生き方の尊重，本人の人生観・思想・信条の尊重，肯定的・可能性をもつ存在：人間観に立脚 (2)　社会正義の実現：社会的公正の追求 　多様な諸個人（集団，階層含む）が被る生活上の不利益（暴力や抑圧，搾取，差別，社会的排除，不平等，貧困等）への介入から人々の福祉の増進 (3)　共生社会の創造（社会参加と協同：社会統合） 　上記2つの価値の実現のため多様な個人が社会の一員として地域社会における生活の諸課題の解決に参加し互いに助け合い支え合う社会の創出 Ⅱ　実践の価値（実践の原則的な価値） 　理念的価値のもと，これを社会的な行為としてSWr が具現化を志向する原則的な価値を意味する。以下の価値は相互に関連し合う 1．ライフプロテクション志向 　人びとの生命・生活，人生，財産等を含む生活擁護志向の価値を意味する。人びとの生活困難や生活上の危機，その予見時にSWr に意識される実践の価値の要（かなめ）で基本的な価値：生活上の危機や破綻の回避と予防，生活の回復や再生・再建，新たな生活の構築に繋がる。集団や住民，市民対象にも本価値が志向される。実践では	Ⅰ　実践対象となる人々：CL の属性認識 (1)　CL の状態像 (2)　CL の問題や課題認識 (3)　CL の SWr に対する態度認識 (4)　CL 集団に関する認識 ※SWr は，CL の心身の状態，多様な能力・生活力や可能性，生活困難に関する問題や課題及びこれらに関する CL の心情や理解の仕方・理解力，考え方，生活や人生に関する希望やニーズ，人々の解放や成長，セルフアドボカシー，可能性等 CL の属性及びその変化に関してどのように認識するか。なお，CL の環境との関係から生活に生じるリスク等についても予見するものでなければならない。 Ⅱ　CL にとって重要な環境や CL と環境との関係 (1)　CL の生活にとって重要な環境 (2)　CL の環境に関する認識や環境への影響 (3)　環境による CL への影響 　　環境の問題や課題 (4)　CL と環境との関係 　　両者の相互作用や社会関係について (5)　社会関係変容に関する認識 ※環境は CL の生存・生活条件として重要なものである。SWr は実践においては何が CL にとっての環境であるかを特定し，その性質を見極めることが不可避である。CL の生活が環境との関係を通してどのように成り立っているかを確認するとともに，生活の基盤となる環境の情

本価値と多様な諸価値とが綴り合わされる

２．CLの最善の利益追求・確保志向

　人々の生活擁護においてはCLの最善の利益追求や確保，最小の害に止める志向を意味する

３．生活・人生における主体性の回復志向

　生活上の不利益を被り生活主体としてダメージを受けている，あるいは，その虞があるCLの主体性回復を志向する価値を意味する。人々が自己の生活や人生の再構築，新たな生活や人生に挑戦する意味合いがある

４．合理的配慮の実践志向

　実践ではCLの年齢，ジェンダー，病や障害，生や終末・死，人種・民族・文化・国籍の違い，その他生活困難や課題状況への深い認識や思慮から合理的な配慮志向の価値

５．アドボケイト志向

　アドボケイトの実践は搾取や暴力，抑圧，差別，忌避，拒否，排除など社会における根深く複雑な問題背景から社会的に弱い立場に置かれ不利を被っている，あるいは，その虞のある人々の弁護や権利擁護志向の価値を意味する。本価値は生活破綻やリスクの回避を通して新たな生活を築いていく積極的な意味合いがある（注①）

６．生活全体を支える実践志向

　実践では，CLの特定の課題解決のみに終始するのではなく近未来を視野におき人々の生活全体を支える

７．滋養的環境の創出・拡大・深化実践志向

　CLの生存・生活を脅かす条件である環境を良質なものへと転換すること。この環境は広範にわたり，そのメカニズムも複雑である。挑戦的価値志向と深くつながる

８．より大きな実践単位（メゾ，マクロ）を対象とする場合の実践志向：1～8までの価値を基本的に擁しながら，より特化した価値が含まれる

　●　集団援助実践の価値志向
　●　コミュニティ実践の価値志向

９．挑戦的価値志向

　CLが被っている不利の背景にある負の価値（非福祉・反福祉的な価値）と対峙し，そこからの脱却・解放を志向。すなわち，負の価値への挑戦である。実践として社会的責任を貫く価値志向や実践の原点の問い直しや原点への立ち返りをも意味する

10．専門職の価値の洗練・革新志向

報や状況を把握し，上記Ⅰとの結びつきを考える。特にCLの生活を阻害するような事態の有無など，CLの生活基盤の安定性，脆弱性，生活維持のリスクなどについて考えをめぐらさなければならない。その際，CLの生活維持・継続に関わる諸環境との関係の構造や性質等がいかなるものか，またその変化を含めて認識しなければならない（例：肯定的，支持的，支援的な関係のある諸環境。その逆機能性を示す環境など）。SWrはCLや環境との関係に関する予見をし，CLの近未来像を描き社会関係の変容の必要性に関する認識，変容のためのソーシャルワークの実践課題を認識するものでなければならない

Ⅲ　SWrの内省的認識

　第Ⅲの内省的認識は，Ⅰ及びⅡのタイプの認識とリンクしながら成り立つ。大別すると2つに分かれるが，2つは関連し合うものであり，人間としての成長の面とSWrとして自己の動機づけや志気とともに，不可欠な実践観や実践的思考，実践知の形成，実践の構想力・実践力の形成に関わる専門的自己の成長という重要な面がある

(1)　振り返り

　実践や自身に関する振り返り一般ともいえる。SWrの感情や多様な面にわたる意識の変容，これらから専門的自己の成長にも関連する

(2)　実践的推論

　SWrは，自身の内なる世界で関与する事象の多様な情報を捉え，何が起きているのか，これに対して戦略的に何をしようとするのか実践像を描き，具体的に何に取り組むのか，多様な見方とともに考えを練りながらソーシャルワークのミッションの達成をめざすことである。SWrはこうした推論を導き出す過程を経なければならない。

　1）価値-目的命題
　2）戦略命題
　3）当為命題

(3)-1　実践的の推論による介入過程の内省
　・介入過程への焦点化としての認識

(3)-2　振り返りによるSWrの専門職的自己の覚醒や認識の転換
　・事象・事物に関する自身の見方や考え方，課題に関する認識

ソーシャルワーク専門職集団は社会的責任に応えるために絶えず価値の洗練と革新が探求されなければならない	

注：アドボケイトにはケース・アドボケイトやクラス・アドボケイト（階層集団），シチズンシップ・アド
　　ボケイトなどがある。このほか，CLの自覚，成長からセルフアドボケイト（セルフアドボカシー）か
　　らさらに他者のアドボケイトに転じていくこともある。なお，セルフアドボカシーは障害のある人に限
　　定するものではない。
出所：平塚良子作成。

資料3-2　実践事例の時空間的把握年表

年　代	福祉をめぐる動向：社会福祉及び隣接領域に関わる社会的動向（福祉政策・制度及び関連政策・制度の変化）	実践事例の位置	ソーシャルワークの動向　専門雑誌　①ソーシャルワーク研究　②社会福祉研究
1989（平成元）	・高齢者保健福祉推進10か年戦略：在宅介護支援センター1万か所設置目標	事例26	
1990	●株価の暴落が始まりバブル崩壊　・福祉関係8法の改正：市町村社協が在宅福祉サービス企画・実施団体：老人・身障更正の措置の市町村移譲：老人保健福祉保健計画策定義務：在宅介護サービスセンターのデイサービス事業一環化等		①生活モデルの理論と実践——生態学的アプローチ／利用者の視点　②社会福祉：21世紀への準備／社会的介護と社会的養護／高齢化社会の家族
1991	老人保健法		①人権問題／事例研究の方法／社会福祉の新動向　②現代社会福祉の重要課題と将来展望／人材確保／児童問題
1992	福祉人材確保法制定　要援護高齢者も在宅介護支援センター事業の対象範囲となる	事例44	①ケースマネジメント／わが国のSW／ライフ・ヒストリー　②地域福祉新時代／国際化時代／新時代の福祉施設
1993	「地方分権の推進に関する決議」		①教育と福祉／ソーシャルアクション／実践と研究／サービス提供システム　②障害者福祉／権利擁護と利用者主体の思想／家族の構造変動
1994	○高齢化率14%を超え高齢者社会となる　●地方自治法改正　中核市が生まれる　・21世紀福祉ビジョン　・新ゴールドプラン　・ケアマネジメントシステム　・在宅介護支援センター：個別処遇計画策定技術研鑽		①家族支援／アセスメント　②社会福祉改革と地域福祉計画——評価・課題／福祉システム改革／児童福祉改革
1995	●阪神・淡路大震災　高齢社会対策基本法施行	事例25	①地域保健法と地域福祉／エンパワーメント・アプローチ／戦後50年のSW研究　②社会福祉改革の視点——施設の新役割と課題／高齢社会と介護保障／措置制度の見直しと社会福祉システムの再編成

年	事項	事例	内容
1996	「社会保障構造改革の方向（中間まとめ）」市町村障害者生活支援事業要綱	事例17	①ケアマネジメントの理論と実際／社会変動／災害とボランティア　②社会福祉の新思考軸／阪神・淡路大震災／子ども・家庭福祉
1997	●消費税が5％となる・児童福祉法改正→措置から選択へ・介護保険法成立・精神保健福祉士法制定・医療保険制度改正	事例1	①情報公開：プライバシー／養成プログラム／医療SWrの任務／福祉改革とSW　②地方分権・規制緩和・民間活力／専門職制度10年／人権
1998	・社会福祉基礎構造改革（中間まとめ）・NPO法制定・基幹型在宅介護支援センター設置	事例22	①ジェネラル・SW／SW教育や専門性　②「市民参加」／社会福祉法人の経営・運営／基礎構造改革
1999	●市町村の平成大型合併が始まる・少子化対策：新エンゼルプラン策定・高齢者保健福祉施策：ゴールドプラン21策定　・男女雇用機会均等法改正　・男女共同参画社会基本法制定　・基幹型在宅介護支援センター人口10万人に1か所市町村設置　・任意後見制度成立	※1989-1999年事例数7／73	①福祉・保健・医療のネットワークとSW／基礎構造改革／SW研究の課題　②障害者福祉の新焦点／社会福祉実践の新潮流——権利擁護の視点／社会福祉事業法等改正の意味
2000	・社会福祉事業法等一部改正（社会福祉の増進）・社会福祉協議会：「地域福祉」の推進団体と明文化　・社会的要援護者への社会福祉のあり方検討会報告　・介護保険制度施行　・第1期高齢者保健福祉計画及び介護保険事業計画開始【サービスに結び付ける利用者のニーズ】　・在宅介護支援センター運営事業実施要綱策定　・「在宅老人福祉対策事業の実施及び推進」の廃止　・児童虐待防止法成立　・医療保険制度改正：老人医療定率1割負担制度導入　・地方分権一括法施行（機関委任事務→法定受託事務・団体委任事務，団体事務→自治事務）　・成年後見制度開始	事例13・16・28	※トピックス：IFSWがソーシャルワークの定義を採択①SWの実践と理論をつなぐもの／コンピュータ活用／SW実践としての家族支援／アセスメントの技法とツール　②社会福祉人材養成の課題／社会福祉における情報化の論点／「介護保険」現場からの検証
2001	●「第1次小泉純一郎内閣」成立●ニューヨーク・ワシントン同時多発テロ○国際ボランティア年・配偶者からの暴力の防止及び被害者の保護等に関する法律　・介護保険制度の動向【チームワークの重要性】「在宅介護支援センター運営事業実施要綱」一部改正：「介護予防プラン作成加算」「実態把握加算」算定	事例14・21・31・41・54・57・65・68	①権利擁護とSW／居住支援（環境）とSW／SWの質的研究方法　②社会福祉研究・実践の到達水準と21世紀の展望／社会福祉システムの再検討——ジェンダーの視点／児童憲章の半世紀——子どもの権利，家庭福祉の課題

95

2002	●「基本方針2002」で三位一体改革閣議決定　・ホームレスの自立支援法　・老人保健法改正（対象年齢75歳以上）　・医療保険制度改正：一部負担や老人医療対象年齢引き上げ等　・重点施策実施5か年計画（新障害者プラン）　・介護保険制度の動向【ホームヘルパーの見直し】	事例12・60・61・62・69	①地域福祉計画とSW／SWにおける技術演習の課題／当事者から見たSWrへのメッセージ　②生活保護の争点──その将来像を描く／精神障害者福祉の課題と展望
2003	・次世代育成支援対策推進法公布　・障害者支援費制度導入　・第2期高齢者保健福祉計画及び介護保険事業計画スタート　・2015年の高齢者介護──高齢者の尊厳を支えるケアの確立に向けて（厚労省老健局長私的研究会）　・介護保険制度の動向【居宅介護支援報酬の見直し】　・「市区町村社会福祉協議会経営指針」策定	事例2・11・29・32・35・38・39・48・53	①虐待・暴力とSW／改革期におけるSWのゆくえ／SWの研究方法　②大学の社会福祉教育のグランドデザインを描く──実践と理論をつなぐ／障害者福祉の新たな潮流／社会福祉における家族と支援のあり方
2004	・発達障害者支援法成立　・子ども・子育て応援プラン策定　・年金制度改正：基礎年金国庫負担割合引き上げ　・生活保護制度の在り方 専門委員会報告書　・犯罪被害者等基本法　・今後の障害保健福祉施策：改革グランドデザイン案，3障害共通の相談支援体制の確立とケアマネジメント制度導入　・児童虐待防止法改正　・社会保障審議会介護保険部会「地域包括支援センター」創設提言　・高齢者リハビリテーションのあるべき方向（厚労省老健局研究会）・「介護保険制度改革の全体像」（厚労省介護制度改革本部）　・介護保険制度【ポジティブプラン】【ICF】	事例3・6・5・9・18・20・23・24・27・30・33・34・36・40・43・51・52・55・63・70	①SWrと大学院教育／社会福祉の動向とSWの「機能」／SW実践とインクルージョン　②高齢者の地域生活を支える仕組みを問う／日本における社会福祉の研究力と実践力／生活の安全保障と社会福祉
2005	・介護保険法改正　・介護保険制度の動向【介護予防と筋トレ】　・障害者自立支援法成立　・高齢者虐待防止法　・生活保護制度に「自立支援プログラム」導入	事例4・7・8・15・19・37・46・47・49・50・64・67.	①SWrの理論化／SWrの実践と記録（当事者へのまなざし）／地方自治体のSW／ジェネラリストSW　②社会福祉実践の評価と記録（科学化）／地方分権と地域福祉推進／05年改革と社会福祉──構造改革の検証
2006	●地方分権改革推進法成立　・認定子ども園法　・高齢者医療制度創設　・第3期高齢者保健福祉計画及び介護保険事業計画開始　・介護保険制度：【新介護予防事業】【地域包括支援センター創設】【在宅介護支援センター運営事業等の実施廃止】	事例42・45・56・58・66	①スクールSWの理論化を目指して／コミュニケーション技法／家族の変容とSW／社会福祉におけるリサーチの技法　②05年改革と社会福祉──構造改革の検証／社会福祉の公的責任と三位一体改革／「格差社会」の社会福祉の意義・役割

2007	・社会福祉事業に従事する者の確保を図るための措置に関する基本的な指針（福祉人材確保指針）改正 ・社会福祉士及び介護福祉士法改正	事例73	①SWr　モラルから行動基準へ／障害者SW／実践と総合相談／実習とスーパービジョン／リサーチ技法　②地域社会と社会福祉支援システム／社会福祉制度と実践の総検証
2008	●アメリカ金融危機（リーマンショック） ○「年越し派遣村」が開設 ・後期高齢者医療制度施行　・経済財政改革の基本方針：①再犯防止→地域社会・企業の協力や社会福祉との連携，矯正施設の処遇充実や出所者等の社会復帰支援効率的実施②犯罪に強い社会の実現行動計画→自立困難な刑務所出所者の社会復帰支援　・診療報酬の改定：①「後期高齢者退院調整加算」→施設基準に「社会福祉士」明記②「精神科地域移行実施加算」→算定要件に「精神保健福祉士」の配置明記		①エビデンス・ベースト・SW／高齢者虐待とSW／セーフティ・ネットとSW／SWにおける連携と協働の技法／グラウンデッド・セオリー　②福祉改革と福祉事務所——新時代の役割・機能を問う／安心できる生活再生の条件——福祉と市民の相互役割／社会的養護の新しい座標軸を求めて
2009	●民主党，社民党，国民新党の三党連立鳩山由紀夫内閣成立 ・「地方分権委員会最終答申」：自治財政権の確立・地方税財源の充実・確保　・「地方主権戦略会議」設置：地方分権から地方主権へ　・第4期高齢者保健福祉計画及び介護保険事業計画開始：介護報酬改定，介護認定基準見直し　・矯正施設入所者退所後の支援：「地域生活定着支援センターの事業及び運営に関する指針」（厚生労働省社会・援護局総務課長通知）	事例71・72.	①SWと現任研修／SWの研究方法／外国人支援とSW／SWリサーチの技法／人間：環境：時間：空間の交互作用　②共に支え合う仕組みと社会福祉の役割／社会福祉における施設運営の新しい戦略——現状と課題を踏まえて／高齢期の暮らしを再考する——社会システムのグランドデザイン
2010	●平成大型合併により市町村数3,232 ・「社会保障改革推進について」閣議決定 ・診療報酬の改定：「新生児特定集中治療室退院調整加算」新設→算定要件に「専従の看護師又は社会福祉士（施設基準：いずれかが1名以上）」明記　「介護支援連携指導料」新設→算定要件に「医師の指示を受けた看護師，社会福祉士，…」明記	事例10 ※2000-2010年事例数66	①グループを支援するSW実践再考／SWにおける演習教育／グローバリゼーションとSW／SWと思想　②社会福祉施設における人権問題／社会福祉法10年を検証する——課題と展望／精神障害者を支える社会福祉実践と権利擁護——いま，求められているもの

注：⑴雑誌論文等のタイトルは主要なものをあげている。なお，紙幅の関係で一部はタイトルを変更し，シンポジウム報告を省略している。
　　⑵法律名称は通称表記，厚生労働省は厚労省と表記SW：ソーシャルワーク，SWr：ソーシャルワーカー
資料：日本社会福祉学会編（2004）『社会福祉学研究の50年——日本社会福祉学会のあゆみ』ミネルヴァ書房。
　　一番ケ瀬康子・大友信勝・日本社会事業学校連盟編（1998）『戦後社会福祉教育の五十年』ミネルヴァ書房。鉄道弘済会HP（http://www.kousaikai.or.jp/index.html）。相川書房HP（http://www.aikawa-book.com/）。厚生労働省HP（矯正施設退所者の地域生活定着支援）（http://www.mhlw.go.jp/stf/seisakunitsuite/bunya/hukushi_kaigo/seikatsuhogo/kyouseishisetsu/）。厚生労働省HP（医療保険）（http://www.mhlw.go.jp/stf/seisakunitsuite/bunya/kenkou_iryou/iryouhoken/index.html）。任意後見契約に関する法律（http://law.e-gov.go.jp/htmldata/H11/H11HO150.html）（HPはすべて2015年9月19日アクセス）。
出所：佐藤辰夫・日和慶二作成。

資料3-3　個別的実践事例にみる価値の置き換え：転換と創造的表出

事例番号	価値の置き換え実践思考：負の価値への挑戦				
	1　人生の意味探究思考	2　制度・政策の批判思考	3　社会的不利への批判思考	4　戦略的思考	5　システム構築思考
1	○	○	○	○	○
2	○	○	○	○	○
3	○	○	○	○	○
4	○	○	−	○	−
5	○	○	○	○	○
6	○	○	○	○	○
7	○	○	○	○	○
8	○	○	○	○	○
11	○	○	−	○	○
13	○	○	○	○	○
14	○	−	○	○	○
15	○	○	○	○	○
16	○	○	○	○	○
17	○	○	○	−	○
18	○	○	○	○	○
19	○	○	○	○	○
20	○	−	○	○	○
22	○	○	○	○	○
23	○	○	○	○	○
27	○	○	○	−	○
32	○	○	○	○	○
33	○	○	○	○	○
35	○	−	−	○	○
39	○	○	○	−	○
40	○	○	○	○	○
42	○	○	○	○	○
43	○	○	○	○	○
44	○	−	−	○	○
45	○	○	−	○	○
46	○	○	○	○	○
47	○	○	○	○	○

48	○	○	○	○	○
49	○	○	○	○	○
50	○	○	○	−	○
53	○	○	○	○	○
54	○	○	○	○	○
55	○	○	○	○	○
56	○	−	○	○	○
58	○	○	○	−	○
60	○	−	○	−	○
61	○	○	○	○	○
63	○	○	○	○	○
65	○	−	○	○	○
66	○	○	○	○	○
69	○	○	○	−	○
71	○	○	○	○	○
72	○	−	○	○	○
73	○	○	○	○	○
合計（％）	48（100.0）	38（79.2）	42（87.5）	40（83.3）	47（97.9）

出所：平塚良子作成。

資料3-4　非個別実践事例にみる価値の置き換え：転換と創造的表出

事例番号	価値規範の置き換え実践思考：負の価値への挑戦				
	1　人生の意味探究思考	2　制度・政策の批判思考	3　社会的不利への批判思考	4　戦略的思考	5　システム構築思考
9	○	○	○	○	○
10	○	○	○	○	○
12	○	○	○	○	○
21	○	○		○	○
24	○	○	○	○	○
25	−	○		○	○
26	○	○	○	○	○
28	−	○	○	−	−
29	−	○	−	○	○
30	○	○		○	○
31	○	○		○	○

34	○	○	○	○	○
36	○	－	－	○	○
37	○	○	○	○	○
38	○	－	－	○	○
41	○	－	－	○	○
51	○	○	○	○	○
52	○	○	○	○	○
57	○	○	○	○	○
59	○	○	○	○	○
62	○	○	○	○	○
64	○	○	－	○	○
67	○	○	○	○	○
68	○	○	－	○	○
70	○	○	○	－	－
合計（％）	22（88.0）	22（88.0）	15（60.0）	23（92.0）	23（92.0）

注：(1)資料3-3，3-4の○印は明確であること。（－）は必ずしも明確ではないこと，あるいは非該当を
　　　表す。但し，それは実践にマイナスがあるという意味ではない。
　　(2)人生の意味探究思考について：非個別実践の場合は，SWrの何らかの援助を具体的に要する特定の
　　　集団及びこれに準ずる人々：家族，当事者集団，多様な階層集団（例：障害児をもつ母親集団，DV
　　　被害者集団，高齢者集団etc.）等を意味する場合と，より実践の規模が広い一般住民や市民県民等
　　　を意味する場合がある。いずれもこれらの人々の生活擁護や生活上の利益が損なわれないようにす
　　　る観点を明確にもっていることを意味する。
出所：平塚良子作成。

（平塚良子〔第3章1（1）・3（1）（3）（4）〕・黒木邦弘〔第3章1（2）・
2〕・佐藤辰夫〔第3章3（2）〕・日和慶二〔第3章3（2）〕）

第Ⅱ部　実践レベルの違いからみる

　　　　　7次元統合体モデルによる見える化

<table>
<tr><td>第4章</td><td>ミクロレベル実践の見える化</td></tr>
</table>

　本章は，異なる2つの実践事例からなる。第1節は事例47，第2節は事例16である。実践領域はいずれもミクロレベルを中心とするが，メゾレベルでの実践が見出される。本章では，実践の7次元的分析により実践の見える化を試みるとともに，その意味や意義等にも言及する。以下，SWrの実践を3期に分け，7次元的分析（図式化含む）をSWrの思考過程に言及しながら展開する。なお，各期ごとの本文と図を照らし合わせながら読むことを勧めたい。

1　刑務所出所後の生活支援実践──制度未整備の時代において

　本事例は，刑務所出所を控えた障害のあるクライエント（以下，CL）（30代・男性）の法定代理人（保佐人）となったソーシャルワーカー（以下，SWr）の実践である。SWrはCLの意思を尊重し，本人にとってより良い生活環境をCLとともに考えることを重視した実践に努めている。CLには軽度の知的障害があるものの，高校卒業まで特別な支援を受けることなく過ごし，就職後に精神疾患を発症したという背景がある。実践当時（2006年）は触法障害者が利用できる社会復帰の支援制度や対策は未整備であり，出所後の生活支援に十分に目が向けられていなかった。SWrはCLのアドボケイトに徹し，触法障害者の社会復帰に向けて先駆的な実践を展開している。

（1）実践初期──CLの置かれている状況やCLの意向の把握

　SWrは弁護士とともに法定代理人として選任されたことから，CLとの関わりがスタートする。SWrが法定代理人として関わるようになった背景には，障害のあるCLが相続した遺産を適切に管理・使用する必要があること，親戚とのトラブルにより，CLが出所後に帰る場所を失ってしまったことが挙げられる。法定代理人としてCLに関わることになったSWrだが，CLに関して把握している

情報は，申し立ての文書に書かれている内容だけであった。そのため，SWrは「まずCLに会って話を聞こう。CLがどうしたいのかを確認しよう」と考えた。そこで，SWrは，刑務所を訪れ本人に会うことにした。CLに会う前に刑務所職員と話をすることになったSWrは，内的スキルを発揮させ，刑務所内においてCLの出所後の生活支援がどのように行われているかを把握しようとした。担当の刑務所職員と話をしたSWrは，現在，CLが出所後に生活する施設を刑務所職員が探しているとの情報を得た。しかし詳しい話を聞いてみると，現在行われている施設の検討は，CLの意思とは全く関係なく，刑務所職員によって一方的に進められていることがわかった。このような刑務所における受刑者の出所後の生活への対応について，SWrは「本人がどうしたいのかということが抜け落ちている」「知的障害，精神障害のある方たちが出所する時の対応がよくわかっていない」など，刑務所における対応が一時的・場当たり的なものであり，CLについての理解不足に加えてCLの生活や将来についての認識が欠如しているとみる。

　CLの生活場所について，「本人が自分の目で見て，本当に行きたいところに行くべきだ」との信念を持っていたSWrにとって，CL不在のままCLの生活が検討されているという状況は，個人の尊重という福祉の価値とは相反するものであった。それゆえSWrは，個人の尊重という価値を実現すべく，刑務所職員の選んだ施設ではなく，方法としては，CLが自分の生活場所を自分で選び，CLが望む生活を送ることができるよう様々な働きかけを行っている。

　たとえば，SWrはともに考えるという価値的態度を重視し，CLに「私はあなたの味方なので，あなたがどうしたいかということを一緒に考えていきましょう」と伝えている。そして機能・役割次元でいえば，アドボケイターの役割をとることにより，CL本人の意思確認の機会として面接の場を設定し，主に技能次元でいう内的スキルや対人関係スキルを発揮しながら，CLが出所後の生活についてどのように考えているのかを把握している。

　もちろんSWrはCLの意思を最大限尊重するが，意向の中には，CLにとって望ましくないものや，現段階で実現することが難しいものもある。たとえば，CLは出所後，生まれ育った所に戻り，デイケアに通うことを強く希望していた。しかし，CLは親戚とのトラブルにより帰る場所を失っており，現時点ではCLの思うような生活を送ることは難しい状況にある。それゆえ，SWrは社会的適

応的技能の教師の役割をとることにより，CLに様々な情報提供を行い，CLの理解を促しながら，CLとともに出所後の生活について検討している。またSWrは，CLがこれまで経験してきた時間を重視し，現時点ではCLの望むような生活が難しくても，決してCLの思いを否定することなく，最終的にCLが望む生活を実現することを目指そうとしている。そしてSWrは，CLに丁寧に説明をしたり，理解を促したりすることによって，CLが未来に目を向け，自身の生活を段階的に検討することができるよう努めている。

　以上のように，SWrは，内的スキルや対人関係スキルの発揮によって，刑務所における対応の問題を認識し，個人の意思の尊重やともに考えるという価値を重視しながら，CLの生活再建を目指そうとしている。このようなSWrの一連の実践からは，価値・目的次元と視点・対象認識次元とが互いに連動していることが読み取れる。さらに，これら両次元を基にして，SWrは機能・役割次元のアドボケイターや社会的適応的技能の教師などの役割を果たすことにより，近未来の生活（時間次元）を見据えながら，CLの意思確認の機会を設定（空間次元〔場と設定〕）するなど，価値・目的の実現のための具体的な行為化を図っているといえるだろう（図4-1）。

（2）実践中期──障害年金受給に向けた関係機関との交渉

　CLが置かれている状況やCLの意向を確認する中で，CLには経済的な基盤がないことを認識したSWrは，CLの生活を安定させるために，まずは経済的基盤を整えることが必要であると判断し，障害年金を受給する準備を進めることにした。しかしCLは知的障害があるものの，これまで何の支援も受けていなかったため，SWrは，障害年金を受給するためにはまず療育手帳の取得が必要であると考えた。

　障害年金を受給するために，SWrはCL本人の了承を得た上で，刑務所入所中のCLに代わって療育手帳の代行申請を行った。しかし，関係機関と関わることにより，SWrは療育手帳を取得するためには様々な課題があることを認識する。一つは，CLの生活を阻む法制度の壁である。療育手帳の申請をしたところ，知的障害者更生相談所からは手帳取得の必要性を疑問視される。その理由は，CLが現在に至るまで療育手帳を取得せずに生活できているためである。このことに関して，SWrは「もっと小さい時から支援を受けていれば，このような状

図 4 - 1　CLの置かれている状況やCLの意向の把握（実践初期）

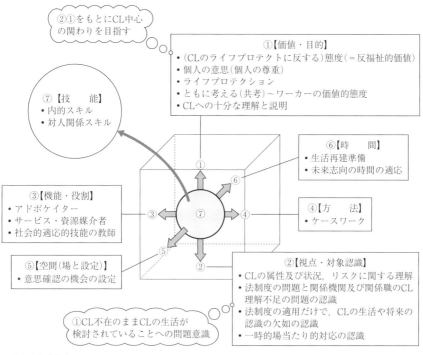

②①をもとにCL中心
の関わりを目指す

①【価値・目的】
• (CLのライフプロテクトに反する)態度(＝反福祉的価値)
• 個人の意思(個人の尊重)
• ライフプロテクション
• ともに考える(共考)〜ワーカーの価値的態度
• CLへの十分な理解と説明

⑦【技　　能】
• 内的スキル
• 対人関係スキル

⑥【時　　間】
• 生活再建準備
• 未来志向の時間の適応

③【機能・役割】
• アドボケイター
• サービス・資源媒介者
• 社会的適応的技能の教師

④【方　　法】
• ケースワーク

⑤【空間(場と設定)】
• 意思確認の機会の設定

②【視点・対象認識】
• CLの属性及び状況，リスクに関する理解
• 法制度の問題と関係機関及び関係職のCL
　理解不足の問題の認識
• 法制度の適用だけで，CLの生活や将来の
　認識の欠如の認識
• 一時的場当たり的対応の認識

①CL不在のままCLの生活が
検討されていることへの問題意識

出所：筆者作成。

況にはならなかったのではないかという悔しさがあった」と，CLがこれまで生
きてきた環境や知的障害者更生相談所の対応における反福祉的価値の存在を認識
している。さらに，たとえCLが療育手帳を取得せずに生活できていたとしても，
本来必要な援助を受けることができていなかったこれまでの期間は，時間次元で
いえば，CLにとって不利なロスタイムであったと捉えている。

　このような認識の下，SWrは反福祉的価値に対抗し，CLのライフプロテクシ
ョンという価値を重視している。そして，SWrは，療育手帳の受給資格の確認
と獲得のため，技能次元の政治のスキルや戦略的スキルを発揮しながら，知的障
害者更生相談所の担当者にCLの生活を守るためには療育手帳の取得が必要であ
ることを粘り強く説明している。また，一連の働きかけの中でSWrは，制度ご
とに担当部署が異なっていることに加えて，部署によって見解に相違があること
が自身の介入を阻む大きな壁になっていると認識する。しかし，そのような制度

の壁があっても決してあきらめず，制度間の不整合から生じる負の価値に対抗すべく，アドボケイターや交渉者，サービス・資源媒介者としての役割を遂行しながら，関係機関との連絡調整や粘り強い交渉を展開する。

　一般に，成人している者が療育手帳を取得するには，18歳までに障害がみられることを証明する必要があることから，CL の場合も市役所の障害福祉の窓口から証明書類の提出を要求される。そのため，SWr は CL の過去の成績等の開示を求めるが，SWr が保佐人であるとの理由から，情報公開条例との関連により開示はできないといわれる。SWr は経験上，情報開示の取り扱いについては，禁治産・準禁治産制度の後見人しか規定していない市町村が多いことを把握していたため，当該市町村においても成年後見制度における代理権を付与された保佐人等に開示できる点が反映されていないことを，内的スキルを通して察知する。

　このような旧法と新法の取り扱いが，CL にマイナスの影響を与えると考えた SWr は，政治のスキルや戦略的スキルを発揮しながら，市役所との調整に加えて，CL の出身学校や病院などの関係機関に連絡し，書類を提出してもらえるよう交渉している。また SWr は，今後の手続きを進める上で，関係部署間の意思の統一が必要なこと，また，そのためのマネジメントを SWr である自分が行わなければならないと考え，ケアマネジャーの役割も遂行している。

　このように，SWr は療育手帳の取得に関して，法制度が CL のニーズと合致していないことや，法改定に伴う対応が十分に行われていないことによって CL がマイナスの影響を被ることなど，様々な課題を認識している。そして，それらの認識を基に，SWr はライフプロテクションに反する価値に対抗しようとしている。このことから，価値・目的と視点・対象認識とが照らし合わされ，両者が矛盾することなく実践が展開されていることが読みとれる。また価値・目的と視点・対象認識とが，政治のスキルや戦略的スキルと連動することにより，SWr はアドボケイターや交渉者としての役割をとり，近未来の生活を意識しながら，関係機関との連絡調整や交渉といった具体的な働きかけを行っている（図 4 - 2）。

（3）実践後期――CL の意向を重視した具体的な生活場所の検討

　刑務所において CL の意思が尊重されないまま，一時的・場当たり的な対応がとられていることを認識した SWr は，ライフプロテクションや個人の尊重という価値を軸としながら，CL が出所後の生活を自分自身で選ぶことを重視した関

図 4-2　障害年金受給に向けた関係機関との交渉（実践中期）

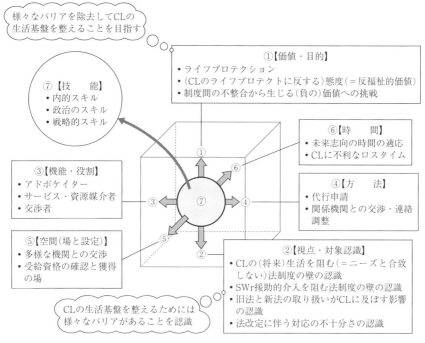

出所：筆者作成。

わりをしようと考えた。しかし，服役中の受刑者の外出は禁止されているため，服役中は，CL が実際に自分の目で見て出所後の生活場所を決めることはできない。

　そこで，SWr は「刑務所を出た後に一時的に生活できる場所を確保して，その後，自分で見学をして，納得が行くところに行ってもらおう」「パーフェクトにはできないと思うが，小さな目標を設定し，本人の意思を最大限尊重しながら，最終的な目標に沿っていこう」と考えた。これらの発言から，SWr は出所後に住む場所が CL の最終的な生活場所であるとは考えておらず，たとえ時間はかかっても，CL のエンパワメントにつながる生活支援，生活再建を目指そうとしていることが読み取れる。

　このような価値・目的の下，SWr は専門職スキルや相互作用スキルを発揮しながら，CL の生活再建に向けた様々な働きかけを行っている。たとえば，サー

ビス・資源媒介者の役割をとることにより，関係機関と交渉したり，自身の持つネットワークを活用したりしながら，CL が刑務所出所後に一時的に生活できる場を確保するとともに，CL の生活場所の候補となる施設についての様々な情報を収集している。そして，CL とともに考えるという価値の下，アドボケイターの役割もとりながら，それらの情報を基に CL が決断できるよう，複数の施設を見学する機会を設定し，SWr もそれに同行している。さらに，見学後にはそれぞれの施設についての CL の意思確認の機会を設け，CL の意思を尊重しながら，最終的には CL が決断した施設への入所に向けた調整を図り，CL がプロテクトされる場を確保している。

　以上のように，SWr は，CL の属性を理解した上で CL の出所後の生活を考えることの重要性を認識したことにより，CL の意思を尊重しともに考えながら CL のエンパワメントにつながる生活再建を目指そうとしている。SWr がアドボケイターやサービス・資源媒介者の役割をとることにより，CL の出所後すぐの生活だけでなく，最終的に CL が望む生活ができるよう，近未来を見据えた時間を重視していることや，今後の生活場所に関して多様な機関との交渉や CL の意思確認のための場と設定をしていることは，価値・目的や視点・対象認識と時間や空間（場と設定）という次元とが互いに連動していることを示しているといえるだろう（図4-3）。

（4）実践の7次元的考察

　7次元統合体モデルを用いて本事例を分析したことにより，SWr の実践が，価値・目的と視点・対象認識との連動の下，機能・役割，方法，時間，空間（場と設定）の各次元が互いに矛盾することなく選択されていること，また，それらがスキルの発動により行為化されている様を捉えることができた。

　本事例においては，とりわけアドボケイトやライフプロテクションの価値が重視されていた。価値の実現にあたり SWr は様々な働きかけを行っているが，中でも戦略的スキルを発揮し，アドボケイターの役割を遂行することによって，CL のニーズの実現を阻む法制度の矛盾や不整合に対して抵抗したり，対抗したりしながら，CL をアドボケイトするための環境を整えようとしている点は本実践の大きな特徴である。Middleman et al. は，戦略的スキルをさらに「バリアを扱うスキル」と「葛藤への対処スキル」の2つに分類しているが（Middleman

図4-3　CLの意向を重視した具体的な生活場所の検討（実践後期）

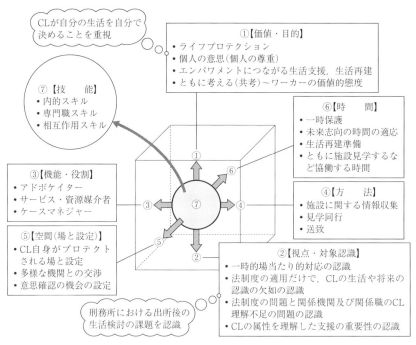

出所：筆者作成。

& Wood 1990：155-171），本実践では主にバリアを扱うスキルを発揮し，目の前に立ちはだかる様々な壁を乗り越えるためのチャレンジをしていると捉えることができるだろう。

　また一方で，CL自身が置かれている状況を十分に把握できていないことを認識したことで，SWrはともに考えるという価値的態度の下，社会適応的技能の教師としての役割をとっている。つまり，SWrは自身の視点・対象認識と価値・目的とを照らし合わせながら，価値の実現に向けてSWrとして何をしなければならないのかを考え，その時々で自身がとるべき役割を変化させながらCLを取り巻く課題を解決しようと試みているといえる。

　このようにSWrが様々な壁にぶつかりながらも，それらの壁に臆することなく実践を展開できた理由の一つには，本事例のSWrが独立型のSWrであったことが挙げられよう。このことについて，SWr自身も「従来のソーシャルワーク

と違って，与えられた権限の中で自由にマネジメントできる」と語っている。独立型のSWrは，SWrとして目指すべき価値を実現するために，所属機関の価値や方針に縛られずに，比較的自由度の高い実践を展開することができる。この点は，独立型SWrの存在意義とも深く関わっている。

2　医療機関併設の在宅介護支援センターにおける実践

　本実践は，急性期病院と同法人の地域型在宅介護支援センター兼務⁽⁴⁾のソーシャルワーカー（以下，SWr）が，同センター職員として関わった事例である。SWrがクライエント（以下，CL）（70代・女性）に関わるようになったのは，民生委員からCLに対する夫の暴言・暴力に関する相談が入ったことがきっかけである。SWrが担当ケアマネジャーとなり，CLは介護保険サービスを利用しながら80代の夫と2人で生活していたが，脳梗塞を再発し急性期病院に入院することになった。CLは寝たきりであり発語はなく，コミュニケーションはほとんどとれないが，話しかけに対する反応は見られる。病状が安定してきたことから，退院の話が出るも，夫の意向と病院の専門職の意向が異なり，中々，方向性が定まらない。そのような中で，SWrは，CL本人や夫の意向はもとより他職種の見解も尊重しながら，CLにとって安心・安全な生活環境を整えるために様々な働きかけを行い，CLの望む施設入所を実現する。以下，SWrの実践を初期・中期・後期に分け，7次元的分析（図式化含む）に基づきSWrの思考過程に言及する。

（1）実践初期——院内カンファレンスの実施

　夫は自身も要介護状態にあるものの，当初，CLの在宅復帰を強く希望していた。そのためSWrは，サービス・資源媒介者やケースマネージャーとしての役割を遂行し，在宅サービスのスタッフに連絡をとったり，市役所に相談したりしながら，在宅生活の可能性を再検討していた。しかし，様々な関係機関から「夫は入院継続を希望しているようだ」との連絡が入るようになったことから，SWrは，夫の意向に変化が生じていることを認識する。SWrは，夫から入院継続の相談を直接受けていなかったため，対人関係スキルや問題解決スキルを発揮して，夫の思いを確認した。その結果，CLの現在の状態に不安を感じており，歩けるようになるまでは入院を継続したいとの思いがあることを把握した。

　SWr が夫の思いを再確認した後，夫は CL の回復を強く望むあまり，病院内でトラブルを起こすようになった。そのような夫の様子を目の当たりにした病棟スタッフからは，CL のことを考えると在宅生活には賛成できないとの意見が聞かれるようになる。病棟スタッフの意見を受けて，SWr は，「要介護認定を受けている夫が全介助の CL を看るということに無理があるのではないか。当然，介護疲れをするだろう」と CL システムの将来的な生活を予測し，在宅生活に伴う生活破綻のリスクを認識している。このような認識の下，SWr は，アドボケイトの機能・役割や，CL が安心できる居場所を確保するためのライフプロテクションという価値を重視し，施設入所も視野に入れた生活を検討している。しかし，現段階での施設の空きは無いため，入院期間との兼ね合いから，現実的には転院しか選択肢がない。

　このような状況に対して，CL 本人や夫に改めて現状を伝え，今後の生活を再検討することが必要であると考えた SWr は，ケースマネジャーの役割をとり，まず夫・医師・看護師・SWr が参加する院内カンファレンスの場を設けた。これまでの介護の様子から，夫を「熱心な，一生懸命な人」「熱心であるがゆえに，行き過ぎてしまうところがある」と評価していた SWr は，カンファレンスでは「夫の意向や今までの努力を尊重しつつ，夫に病識をもってもらうことが必要である」と考えた。そのため，カンファレンスにおいて病棟スタッフが夫の暴言・暴力などの課題だけに目を向けることなく，CL システムの了解を得ながらより具体的な生活検討が行えるよう，アドボケイターとしての役割をとることによって，カンファレンスに参加するスタッフに事前に夫に対する見解のすり合わせを行った。このような働きかけの背景には，個人の尊重という価値やストレングス視点の重視があるといえるだろう。

　以上のように，SWr は，内的スキルや相互作用スキルを発揮することによって夫の在宅生活への不安や在宅生活における生活破綻のリスクなどを認識したことにより，CL をアドボケイトすることや，ライフプロテクトすることを目指そうとしている。このような視点・対象認識と価値・目的との連動は，SWr がアドボケイターやサービス・資源媒介者，ケースマネジャーなどの役割をとりながら，チームアプローチという方法を採用し，夫の意思確認や院内カンファレンスなどの場を設定すること，さらには近未来の生活を意識し，カンファレンスを円滑に進めようとする時間認識にもつながっている（図4-4）。

図4-4　院内カンファレンスの実施（実践初期）

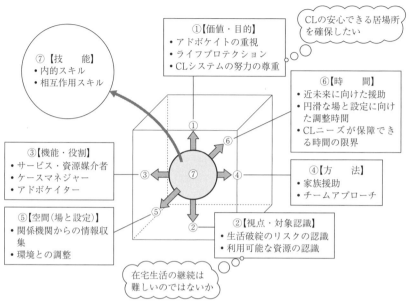

出所：筆者作成。

（2）実践中期──CLの思いの推測とCLの思いを軸とした方向性の再検討

　院内カンファレンスによって，入院継続を希望していた夫も退院の方向に進むことに了承した。しかし，SWrは，「夫の意向ばかりで決めるわけにはいかない」「夫の意向だけではなく，本人にとってどうなのかを考えなければいけない」と，改めてCL本人の望む生活を把握することの必要性を認識する。

　そして，そのような認識の土台となる個人の尊厳の尊重という価値を実現するため，SWrは，アドボケイターやカウンセラー／クリニシャンの役割をとることにより，CLの意思の把握を試みている。CLは，「うん」「いいえ」という意思表示はできることから，SWrはCLとの面接を設定し，主に内的スキルや対人関係スキルを発揮することによって，CLに家に帰りたいかどうかの意思を尋ねた。SWrの問いかけに対し，CLがはっきり「うん」と答えなかったことから，SWrは，「どちらかというとCLは家に帰りたくないのではないか」と考えた。

　また入院中のCLの様子を観察し，「夫の面会中は本人の表情が硬くこわばっていて笑顔がないのに，夫がいない時はスタッフが声をかけると笑ったりする」

と，CL の表情の変化も捉えている。そして，それらの情報を統合し，CL が夫の暴言や暴力に恐怖を感じているのではないかと推測している。

　加えて，SWr は CL がこれまで経験した時間を振り返ることにより，CL の思いを理解しようとしている。過去の CL の様子から，「CL は環境を変えることをあまり好まない性格なので，病院を転々とすることは望まないのではないか」と考えた。さらに，かつて CL がショートステイを利用した際，CL が「家に帰りたくない。ずっとこの施設にいさせてほしい」と訴えていたことを思い出し，以前から CL が夫と一緒に生活したくないとの思いを持っていたのではないかと思いをめぐらせている。

　このようなエピソードに加えて，SWr は専門職スキルを働かせ，自己の業務管理者の役割をとることにより，CL に関わりはじめた頃からの記録を読み直し，さらに CL の意向を把握しようと試みている。そして，CL がどのような時にどのように自分の思いを語っているかを分析し，現在の CL の思いを推測しようとしている。

　一方，夫に関しては，夫が病院内でトラブルを起こしているという現象ではなく，その背景に着目することにより，SWr は，「夫は自宅で CL を看たいと言われるが，様々な機関に相談されていることから考えると，夫が一番不安を感じているのではないか」と，夫の置かれている状況を理解している。そして，SWr は「夫の気持ちや意向を尊重しつつ，本人にとっての安全を大事にしよう」と考え，CL の思いと夫の思いを総合し，最終的に「夫がいつでも面会に行け，CL が長く療養できるような施設で生活することが妥当ではないか」との考えに至っている。

　このように，SWr は，CL や夫を個人として尊重するとともに，内的スキルの発揮を基盤としながら，CL 本人が排除された状態で今後の生活が決まることのないよう，CL の生活歴や現在の状況などから CL の意向を丁寧に把握しようとしている。その過程で，CL が夫の暴言や暴力に恐怖を感じていることを察知した SWr は，今後の生活検討においては，夫の思いを尊重しつつも CL の安心・安全を優先し，アドボケイトやライフプロテクションという価値の実現を目指そうとしている。このことから，価値・目的と視点・対象認識とが照らし合わされ，両者が一体的になっていることが読み取れる。そして，これらの価値・目的，視点・対象認識は，アドボケイターやカウンセラーなどの役割とも連動し，CL が

図4-5　CLの思いの推測とCLの思いを軸とした方向性の再検討（実践中期）

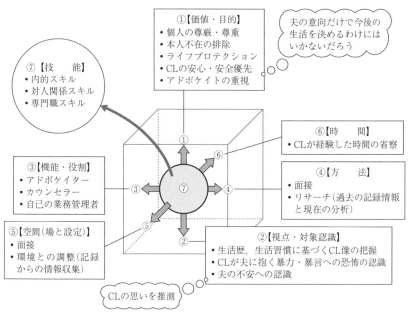

①【価値・目的】
• 個人の尊厳・尊重
• 本人不在の排除
• ライフプロテクション
• CLの安心・安全優先
• アドボケイトの重視

夫の意向だけで今後の
生活を決めるわけには
いかないだろう

⑦【技　　能】
• 内的スキル
• 対人関係スキル
• 専門職スキル

⑥【時　　間】
• CLが経験した時間の省察

③【機能・役割】
• アドボケイター
• カウンセラー
• 自己の業務管理者

④【方　　法】
• 面接
• リサーチ（過去の記録情報
　と現在の分析）

⑤【空間（場と設定）】
• 面接
• 環境との調整（記録
　からの情報収集）

②【視点・対象認識】
• 生活歴，生活習慣に基づくCL像の把握
• CLが夫に抱く暴力・暴言への恐怖の認識
• 夫の不安への認識

CLの思いを推測

出所：筆者作成。

これまで経験してきた時間の重視や面接やリサーチという方法，CLの意思確認
や過去の記録からの情報収集の場の設定などの具体的な行為の選択と矛盾するこ
となく展開されている（図4-5）。

（3）実践後期──関係機関との会議の実施

　CLと夫の意向を基に現段階で利用可能な資源の見当をつけたSWrは，ケア
マネジャーとしての役割をとり，個人の尊重やライフプロテクション，CLの安
心・安全の優先という価値を重視したいくつかのケアプランを作成した。そして，
それらのケアプランについての他専門職の見解を確認するため，サービス担当者
会議を開催した（空間〔場と設定〕）。

　安心できるプランがあれば，在宅の可能性もあると考えていたSWrであった
が，他専門職からは「入院前の段階で在宅生活は限界であった」「サービスを利
用しない時間帯に何かあった場合，CLの命の保証がない」などの理由から，施
設入所の方が良いとの意見が出た。このような意見に対して，SWrは「ケアマ

ネジャーとしても，在宅介護支援センターのSWrとしても，最も身近なサービス事業所から同意が得られなければ在宅に踏み切ることはできない」と感じ，このケースを地域ケア会議で検討してもらうこととした。

　地域ケア会議において，SWrはアドボケイターの役割をとることにより，「本人に代わって発言することや本人にとって何が良いのかを考えること」を意識した。会議の中では，施設入所や長期のショートステイ利用の可能性などが検討されたが，いずれも空きがなく，難しいとの結論であった。虐待の可能性があるケースであることから措置入所が可能かどうかも議論されたが，措置にはならないとのことであった。そのため，SWrはライフプロテクションやCLの安心・安全の優先という価値の実現を目指すべく，政治のスキルを発揮して交渉者の役割を果たすことにより，基幹型在宅介護支援センターと連携しながらCLの施設入所の必要性を市に訴えた。その結果，市から各施設に対してCLの優先的入所を依頼する文書を出してもらえることとなり，CLは比較的早く特別養護老人ホームへ入所することができた。交渉の結果CLの安全な生活が担保できたことについて，SWrは「地域のネットワークが密で実践しやすい状況にある」「ネットワークの良い地域だから会議が有効に作用している」と，地域のもつ力を評価している。

　他方，入所できる施設がなかなか見つからなかったことに関して，SWrは内的スキルを発揮させることにより，「介護保険は導入時，利用者が選択できるというキャッチフレーズだったが，実際には事業所側が利用者を選択しており，トラブルになりやすい人などは避けられる」と，介護保険が抱える制度設計や制度運用の問題を認識している。また，そのように制度が悪しき形で利用されることによって，CLが不利益を被ることも認識している。それゆえ「SWrが介入することで，基幹型在宅介護支援センターや市の担当者も介護保険制度の対象にならない人がいることを理解してくれたのではないか」と，自身の介入の意味を振り返っている。このように，SWrはこれらの介護保険に内包される問題を踏まえた上で，サービス・資源媒介者やケースマネジャーだけでなく，社会変革者としての役割も果たしながら関係機関に働きかけている。

　以上のように，SWrは政治のスキルや専門職スキルを働かせることにより，近未来の生活を見据え，会議という場を設定し，他専門職や地域の力をも活用しながらCLをアドボケイトしていることから，SWrの一連の働きかけは，CLの

図4-6　関係機関との会議の実施（実践後期）

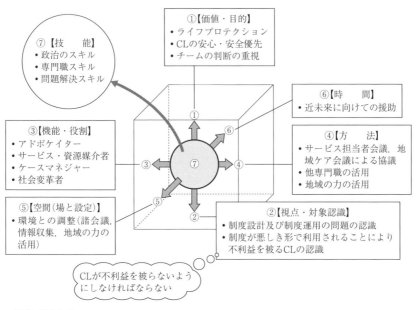

①【価値・目的】
• ライフプロテクション
• CLの安心・安全優先
• チームの判断の重視

⑦【技　　能】
• 政治のスキル
• 専門職スキル
• 問題解決スキル

⑥【時　　間】
• 近未来に向けての援助

③【機能・役割】
• アドボケイター
• サービス・資源媒介者
• ケースマネジャー
• 社会変革者

④【方　　法】
• サービス担当者会議，地域ケア会議による協議
• 他専門職の活用
• 地域の力の活用

⑤【空間（場と設定）】
• 環境との調整（諸会議，情報収集，地域の力の活用）

②【視点・対象認識】
• 制度設計及び制度運用の問題の認識
• 制度が悪しき形で利用されることにより不利益を被るCLの認識

CLが不利益を被らないようにしなければならない

出所：筆者作成。

ライフプロテクションや安心・安全の確保という価値と連動しているといえるだろう（図4-6）。

（4）実践の7次元的考察

　これまで見てきたように，SWrは，CLのライフプロテクションや安心・安全を保障するために，価値・目的と視点・対象認識とを照らし合わせながら，一貫してアドボケイトを重視した実践を行っている。その際，内的スキルや専門職スキルを発揮させることにより，現在のCLの意向の把握だけでなく，CLがこれまで経験してきた時間を重視しながら，CLの声にならない声を代弁しようとしている。このようなSWrの具体的な行為は，アドボケイターとしての役割を果たすものであり，価値・目的，視点・対象認識と矛盾することなく展開されている。

　また，CLとの十分な意思疎通が難しい状況の中で，SWrは「本人の思いを推測することが基本だが，夫の思い，他のスタッフの思いを紡ぎ出すのがSWrの

仕事である」と捉えている。このような視点が対人関係スキルや専門職スキルの発揮につながり，CL や夫との面接や関係者による会議という方法や場の設定を通して，CL をはじめ CL を取り巻く様々な人々の思いを確認し，それらをつなぎ合せて根拠としながら，CL のアドボケイトやライフプロテクションを実現している。特に，CL が夫からの暴言・暴力に苦しんでいることを認識しながらも，夫を加害者としてのみ捉えることなく，暴言・暴力の背景にある夫の思いを理解しようとしている点は，ソーシャルワークの特徴的な視点であると考えられる。Johnson et al. は，CL のニーズに対応するため，CL や CL を取り巻く環境のストレングスを活用する必要性を指摘しているが（Johnson et al. 1983＝2004：18-19），SWr は，まさに夫のストレングスを見極めながら CL にとって何が最も相応しいかを考え続けていたといえるだろう。

　2つの事例の 7 次元的分析を通して，SWr は具体的な実践として行為化するまでに価値・目的と視点・対象認識とを繰り返し照らし合わせ，各次元を連動させながら，まるで螺旋を描くように実践を展開していることが明らかになった。このことは，ソーシャルワーク実践が立体的で動態的な過程であることを示しているといえるだろう。

　また 7 次元統合体モデルの活用により，SWr の内なる世界である思考過程を可視化することができた。Schön（1983）は，専門職としての専門性は実践者の実践的思考の様式にあるとし，そのような専門家像を反省的実践家（reflective practitioner）と呼んでいるが，2つの事例の SWr は，まさに行為しながら考える家践家であった。このように 7 次元統合体モデルを用いて SWr の思考過程を見える化・可視化することは，ソーシャルワークの専門性やソーシャルワーク実践の根拠を示すことに大いに役立つのではないかと考えられる。

注
⑴　厚生労働省は，高齢者や障害者の社会復帰支援のため，2009年度に「地域生活定着支援事業」を創設するとともに，保護観察所と連携しながら社会復帰の支援を行う「地域生活定着支援センター」を各都道府県に設置するなど，受刑者の社会復帰支援のための環境を整えている。
⑵　「福祉新聞」（2015年 5 月26日付 web 版）によれば，受刑者の社会復帰を支援するため，2004年度から一部の刑務所にて，2009年からは全刑務所にて非常勤の SWr が配置されるようになっている。さらに，法務省の方針により，2014年度からは，社会

福祉士等の資格を有する「福祉専門官」が常勤として配置されるようになっており，2020年度には58庁の刑事施設に福祉専門官が配置されている。

⑶　Middleman et al. は，ソーシャルワークのスキルを大きく①内的スキル，②相互作用スキル，③グループ援助のスキル，④戦略的スキルの4つに整理している（Middleman & Wood 1990）。

⑷　在宅介護支援センターは1989年の「高齢者保健福祉十か年戦略（ゴールドプラン）」で位置づけられた。同センターは，「在宅介護支援センター運営事業等実施要綱」で，機能別に基幹型と地域型に分けられ，地域型在宅介護支援センターは，地域の要介護高齢者等の実態把握や各種サービスに関する情報提供等を行うものとされている（2000年9月27日厚生省老人保健福祉局長通知）。

⑸　本実践が行われた2005年当時の地域ケア会議については，基幹型在宅介護支援センターが開催することとされている（「在宅介護支援センター運営事業実施要綱」（2001年一部改正）

参考文献

岡本民夫・平塚良子編著（2004）『ソーシャルワークの技能──その概念と実践』ミネルヴァ書房。

平塚良子（2004）「人間福祉における価値」秋山智久・平塚良子・横山穣『人間福祉の哲学』ミネルヴァ書房。

Middleman, R. R. & G. G. Wood (1990) *Skills for Direct Practice in Social Work*, Columbia University Press.

Johnson, L. C. & S. J. Yanca (2001) *Social Work Practice: A Generalist Approach,7th ed.*, Allyn & Bacon.（＝2004，山辺朗子・岩間伸之訳『ジェネラリスト・ソーシャルワーク』ミネルヴァ書房。）

Schön, D. A (1983) *The Reflective Practitioner: How professional Think in Action*, Basic Books.（＝2001，佐藤学・秋田喜代美訳『専門家の知恵──反省的実践家は行為しながら考える』ゆみる出版。）

（日和恭世）

<table>
<tr><td>第5章</td><td>メゾ・マクロレベル実践の見える化
――国の政策・制度新案に対する戦略的実践</td></tr>
</table>

　本事例は，国の新たな政策案が浮上してきた頃，Ｘ市で蓄積してきた実績をもつ在宅介護支援センターの継承と発展型としての地域包括支援センターの設置に向けて行政との交渉や在宅介護支援集団を束ね，地域包括支援センター事業のための新システムを構築したSWrの実践である（事例9）。本章では，SWrの一連の実践のまとまりを3期に分けた7次元的分析（図式化含む）を展開し，実践の見える化（以下，可視化）に関して全体的に考察する。なお，各期の本文と図を照らし合わせながら読むことを勧めたい。

1　実践初期――在介事業における良質なシステム形成の戦略的展開

（1）新しい政策・制度案浮上に対する積極的実践の始動

　2001年4月にＸ市福祉行政部門から当該センター長（以下，基幹型在介所長）として出向中のソーシャルワーカー（以下，SWr）は，2004年4月から2006年3月までの2年間に在介事業から地域包括支援センター事業への新システムの構築に取り組んだ。

　SWrは，着任後，在介事業の今日的意義を積極的に理解し，特に良質なシステムの形成を目指して実践を重ねていた。[1] そうした中，在介事業は，2004年，国による介護保険制度の見直しの中で大きな変化を余儀なくされた。[2] すなわち，2006年施行の介護保険法改正に伴う地域包括支援センター（以下，地域包括）の設置である。時間次元でいえば「制度の変更」が急に現実のものとなってきた。しかし，そこには現行システム自体をどうするのかという大きな課題がある。他方，この変化の中で，市行政では地域包括の構築にあたり，事業総体における効率性・効果性，公平・中立を重視する価値判断から，受託事業者は新たな事業者の参画も含めて一般公募し，新規の事業として展開しようとの意向があった。

　SWrは内的スキル（技能次元）を発揮して，事の重大性を察知し，国の新政策

案浮上とはいえ在介事業をこのまま終わらせるわけにはいかない，と考えた。X市在介事業では，利用者（市民）の生活の継続性と地域住民との連携（地域の課題解決能力）という2つの価値を普遍的な柱とし，そのための良質のシステムの形成を推進し発展させてきた。この要にいたSWrは，視点・対象認識次元に示すように，在介事業の経緯と実績は資産でもあり現行システムは継承可能と見る。SWrは，この形成してきた良質の在介システムの継承と発展型を地域包括という新システムの中に，如何に活かしていくかが重要と認識する。

　SWrは，価値・目的次元では前述した2つの価値を掲げ，その下で主要な実践の価値を，①洗練させてきた現行システムの継承とさらなる発展，②資源・資産としての現行システムの新システム（地域包括）への組み入れ（導入）とし，これらの実現を目指す。特に築いてきた資産としての在介による支援の継続性を優先しようと考える。それは行政の判断とは対立する面もあるが，戦略としては，相互の衝突を乗り越えるため在介事業者集団を束ねながら，他方で行政組織に周到な働きかけを行い，継続的な住民支援を行いうる在介システムを基盤とする地域包括システムを構築するという総意を作り出そうとした。このような全体的な構想の下，在介センター長としてのSWrは，戦略的スキルや政治のスキル（技能次元）を発揮して限られた時間の中で協議や情報共有の場づくり（空間〔場と設定〕次元），多様な機能・役割，方法を駆使して具体的な諸課題に迅速に取り組んでいくこととなる（図5-1）。

　ちなみに2004年9月の全国介護保険担当者会議を受け，SWrは在介事業を委託するX市の担当課と2005年度に向けた協議を要請し，行政側との情報の共有化とともに受託主体の社協管理職とも情報の共有を図っていく。こうして2006年度から施行される地域包括ケアシステムの具体的内容が関係機関と共有され，その取り組みから2005年度事業計画に在介の今後について，関係機関との協議が主要課題として取り上げられるようになる。SWrの行政組織や在介集団への働きかけは，ほぼ同時並行的，且つ重層的に行っているが，目指す価値の実現に向けて自らの実践基盤をより強固なものにするために初期段階では行政・受託主体と情報共有を図る。

（2）良好な活動体制を作り上げてきたX市在介事業集団への働きかけ

　新規に浮上してきた事業「地域包括の設置」は，制度的には全く新しいものが

図5-1　良質のシステム形成への戦略（実践初期）

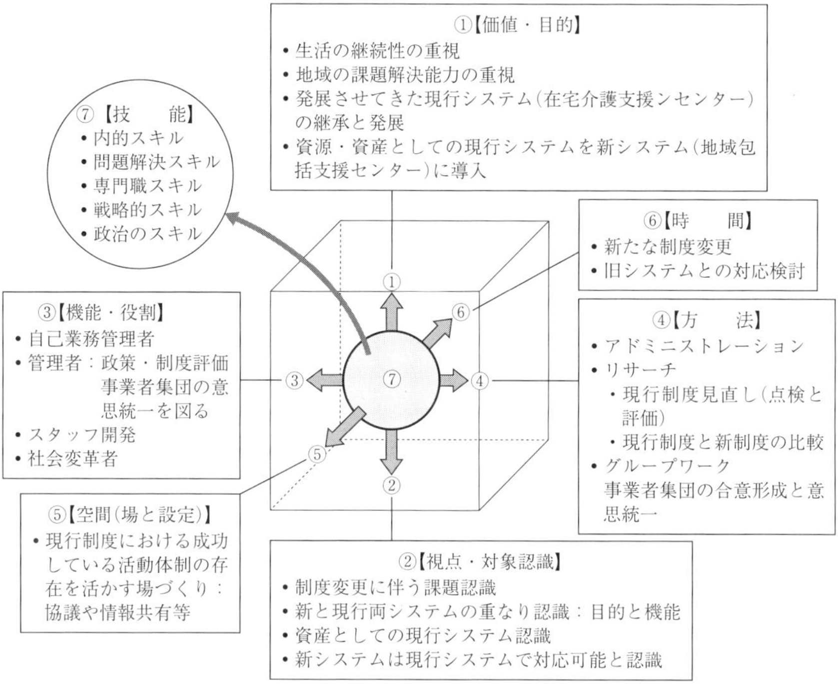

①【価値・目的】
• 生活の継続性の重視
• 地域の課題解決能力の重視
• 発展させてきた現行システム（在宅介護支援ンセンター）の継承と発展
• 資源・資産としての現行システムを新システム（地域包括支援センター）に導入

⑦【技　能】
• 内的スキル
• 問題解決スキル
• 専門職スキル
• 戦略的スキル
• 政治のスキル

⑥【時　間】
• 新たな制度変更
• 旧システムとの対応検討

③【機能・役割】
• 自己業務管理者
• 管理者：政策・制度評価 事業者集団の意思統一を図る
• スタッフ開発
• 社会変革者

④【方　法】
• アドミニストレーション
• リサーチ
 ・現行制度見直し（点検と評価）
 ・現行制度と新制度の比較
• グループワーク 事業者集団の合意形成と意思統一

⑤【空間（場と設定）】
• 現行制度における成功している活動体制の存在を活かす場づくり：協議や情報共有等

②【視点・対象認識】
• 制度変更に伴う課題認識
• 新と現行両システムの重なり認識：目的と機能
• 資産としての現行システム認識
• 新システムは現行システムで対応可能と認識

出所：筆者作成。

できることを意味する。SWrは，「従来の地域型在介は地域包括に衣替えし，従来の在介は事業廃止もしくは規模縮小が提案された」と理解する。SWrは，基幹型在介の所長として「在介事業は何としても発展させていきたいという思い」から，地域型在介・地域包括双方の機能と役割の分析（方法次元・リサーチ）が今後の在介事業のあり方を見出すための必要不可欠な手段と判断した。こうしてSWrは自己の業務管理を基本に，管理者としての機能・役割の遂行として政策・制度の評価（方法次元：リサーチ）を行う。さらに地域包括への制度変更に伴う課題の明確化により，現行システムと新システムの比較検討から双方のシステムの目的と機能の共通点を見出す。むしろ在介の発展・継続が包括展開に重要であると見出した。このことは既出の価値・目的次元と視点・対象認識次元との整合性や一体性を意味する。

こうして，SWrは戦略的スキルや政治のスキル（技能次元）を働かせる。SWr

は自分だけが先走るのではなく，事業集団関係者自らが起きている，また起きつつある事態を認識し，知恵を出し合って今後に向けての方策を見出し，納得して合意形成と意思統一を図るためにグループワークを展開する。SWr はそうした場づくりに努める。また，こうした認識を事業集団と共有するために，SWr は，グループワークの実践の場や設定，時間は，スタッフ開発や事業集団の変化や成長をもたらすべく，社会変革者としての機能・役割とリンクさせている。また，それは戦略的スキルの発揮でもある。

　すなわち，事業者の集団（在宅介護支援センター連絡協議会，以下，在介協。）に，在介事業の意義を認識してもらうと同時に従来の活動を顧みてもらうことにした。どうすれば市民から喜ばれるのか，どうしたら市民中心の体制ができるのかを議論しようと在介協のメンバーや在介の現場スタッフに提案し，在介事業の見直し作業の場づくりを設定する（空間〔場と設定〕の次元）。この議論の場で今の状況をどう受け止めるのか，事業実践集団として課題認識の共有化と意思統一を図っていった。その結果，参加した事業集団関係者からは「地域包括事業は従来から地域型在介が行ってきた活動と限りなく重なっており，同じ機能を持つものであることから，これを発展的に展開してゆけば，国が目的とする地域包括として十分に対応しうる。むしろそれを上回るだけの展開が可能である。ぜひ在介事業総体として新たな地域包括事業を受け継いでいきたい」との提案が出された。すなわち，在介の現行システムの継承と発展を目指したいという共通の価値と目標を共有し，また認識することができたのである。

　この他，SWr は市民がより豊かな生活を求めるための地域における課題解決能力を重視し，「生活の継続性を重点に展開している従来のシステムを新システムにどのように継続させていくか」という課題を設定する。SWr は，グループワークの実践（方法次元）を通じて，関係当事者たちには社会的機能や役割を明確にするとともに，専門職としての自覚を促した。こうした取り組みは，在介が地域包括事業に十分に対応できるという意識と同時に自信を当事者にもたらすきっかけを創り出す。このような SWr のスタッフ開発（機能・役割次元）が，やがて在介コミュニティの変革につながる好影響をもたらす。なお SWr は，議論の場では専門職の視点で問題解決スキルや専門職スキルを発揮して参加者を支えている。

図5-2　関係者の組織化のための戦略（実践中期）

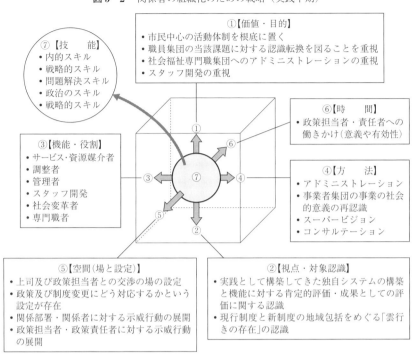

①【価値・目的】
• 市民中心の活動体制を根底に置く
• 職員集団の当該課題に対する認識転換を図ることを重視
• 社会福祉専門職集団へのアドミニストレーションの重視
• スタッフ開発の重視

⑦【技　　能】
• 内的スキル
• 戦略的スキル
• 問題解決スキル
• 政治のスキル
• 戦略的スキル

③【機能・役割】
• サービス・資源媒介者
• 調整者
• 管理者
• スタッフ開発
• 社会変革者
• 専門職者

⑥【時　　間】
• 政策担当者・責任者への働きかけ（意義や有効性）

④【方　　法】
• アドミニストレーション
• 事業者集団の事業の社会的意義の再認識
• スーパービジョン
• コンサルテーション

⑤【空間（場と設定）】
• 上司及び政策担当者との交渉の場の設定
• 政策及び制度変更にどう対応するかという設定が存在
• 関係部署・関係者に対する示威行動の展開
• 政策担当者・政策責任者に対する示威行動の展開

②【視点・対象認識】
• 実践として構築してきた独自システムの構築と機能に対する肯定的評価・成果としての評価に関する認識
• 現行制度と新制度の地域包括をめぐる「雲行きの存在」の認識

出所：筆者作成。

2　実践中期——X市への戦略的な働きかけ

　SWr は，在介事業実践者集団全体の意思統一が図られ，共通認識を得たことで次のステップに進むこととなる。なお在介事業団の意見は，衆議院・参議院の本制度改正が可決された際の付帯決議「地域に根ざした活動を行っている在宅介護支援センターの活用も含め地域の実情に応じた弾力的な設置形態」（2005年４月衆議院・６月参議院）に添うものでもあった。在介事業集団の総意を受けた SWrには，事業実施主体の関係行政に対するより積極的な働きかけが重要課題となった。すなわち，関係者の組織化に一層の戦略を推し進めることになる（図5-2参照）。
　当時，全国在宅介護支援センター連絡協議会からは，都道府県在介センター協

議会に対して，地域包括の構築に関する方針について市町村と協議するように要請されていた。しかし，Ｘ市の場合はまだされていなかった。そこでSWrは，在介事業担当課の方針を確認すべく，担当課と在介協の協議の場を設定し，在介事業を所管する課に在介協を代表する役員とともに出かけて「在宅介護支援センター事業の現状に対する市の認識」を問うている。その時点で在介事業担当課は，在介事業に対して深い理解と評価を示した。在介協としては意を強くする。しかし在介担当課は，在宅介護支援センター事業の担当課であるが，地域包括支援センター事業については介護保険制度担当課で議論されることである。互いを接ぎ木するようなことは考えていないとの見解を示した。あくまで地域包括事業のシステム構築は，介護保険事業担当課であることが強調されるだけであった。SWrは「生活の継続性重視」（図5-1参照）の視点から，問題解決スキルや政治のスキルを発揮しながら，支援実践を行ってきた事業実践者集団とともに，地域包括事業を介護保険制度上で構築するという介護保険制度運用の担当課に対して「最終的には介護保険の担当課として，この問題について課題として取り上げるよう具体的な要請」をしていった。

　この時期のSWrは，戦略的スキルや政治のスキル・問題解決スキル（技能次元）を駆動させ，在介協との市担当課への要請行動においては「在介職員集団の動機を高めることと事業集団の意識を高めること」を自らの役割と課した。サービス・資源媒介者や調整者機能・役割をとりながら，特にSWrは，社会福祉専門職集団へのアドミニストレーション（方法次元）やスタッフ開発（機能・役割次元）の重視を実践の価値・目的として掲げ，Ｘ市独自の在介システムを構築してきたことに対する肯定的な評価と，その成果の評価を認識する（視点・対象認識次元）。そこで調整者・管理者としての機能・役割を発揮し，在介事業実践集団へのスーパービジョンやコンサルテーション（方法次元）を行って，その社会的意義の再認識を図る。同時に，地域包括事業担当課の責任者や担当者に事業の意義と生活の継続性を重視するよう働きかけるため，幾度となく関係機関との協議の場を設定し，要請・協議・交渉を行う。しかし，確かな方向性が見えてこない。

　そこでSWrは，さらなる戦略的スキルや政治のスキルを援用する。それは社会変革者の機能・役割の遂行でもある。すなわち行政職という自身の職歴から，独自の関係を築いてきた在介担当課と地域包括構築の双方を所管する福祉保健部長に対して，基幹型在介所長として早期に方向性を出すために議論をスピードア

ップするよう申し入れを行った。一般に行政は政策決定協議の途中経過情報は，公開しないという特性を持っている。このことは，行政行為の決定が徒に第三者からの影響を受けないという積極的な意味をもつが，関係者から意見を遠ざけこれを把握する機会を逃すというデメリットにもなる。SWr は現在の方向性が出せない閉塞的な状況を打開するためには，別のパワー行使が不可欠と認識した。SWr は，自身の前歴が政治のスキルや戦略的スキルを援用する際に大きな武器となっている点を再認識し，事態を打開する。

3　実践後期——政治的・戦略的スキルの発揮に着目して

（1）戦略的な視点と政治のスキルの発揮

　SWr は，内的スキルから，これまでの動きをみる中で関係課のみへの働きかけでは前進しない，新事業への転換までの時間も迫っていると判断した。SWr は，政治のスキルや戦略的スキル（技能次元）を発揮させることにより，管理者，社会変革者に機能・役割を的確に遂行させ，行政の政策及び制度設計に直接的にコミットする担当課を所管する部長，副市長への交渉を展開する。SWr は，当時の動きについて，10月に担当課を所管する部長に「複数回にわたり要請するとともに，管轄する副市長へも直接に最近の状況を報告し，早く方向性を示していただかないと，どこの事業者が当該事業を受託しても準備期間がなくなって厳しい環境になってしまう」旨の申し入れを，基幹型在介所長として単独で行っている。その行動は担当課に直に影響し，所管部長から「所長（SWr）も参加させて協議を急ごう」担当課に指示が出され，「地域包括設置に関する行政の会議にSWr も参画することとなり，その中で意見を述べさせていただくという主張が認められること」となった。

　本来，行政とは別組織である社協職員というオブザーバー的位置づけとはいえ，行政への政策決定会議に参加して，政策課題に関して直接に陳述する場を確保した事は，大きな成果であろう。SWr は，早速，関係部内で行われるようになった地域包括事業に関するプロジェクトチームに基幹型在介所長として，社会福祉協議会の職員でありながら参加している。この議論の結果は，逐次，副市長及び市長に報告することとなった。

　さらに，その報告を行う場への同席も認められた。SWr は，当時の部長や市

長・副市長に対しても，直接に「在介事業の存在意義とそれらの包括への発展が
どれだけ市民にとって有効であるか」を発言する機会を得た。この議論の中で在
介事業の現況や，国会での付帯決議の経過，住民にとっての継続することの有益
性等について発言を行っている。しかし，新規の地域包括事業は従来の在介への
委託ありきの議論ではなく，広い範囲から総合的に議論するようにとの方針が示
されており，特に公平・中立性をどのように担保していくのかが大きな焦点とな
った。

（2）SWrたちの主張する市民福祉のためのさらなる戦略とスキル

　この時期において，結論のための重要な価値・目的を，「効率性・効果性と公
平性・中立性を重視する行政の価値」から判断すれば，「事業の継続性を重視す
る福祉専門職の価値」判断による従来の在介事業者対象の対応では，委託範囲が
限定されることを意味し，行政の価値と対抗することとなる。専門職としての
SWrは，2つの価値の間で葛藤を経験するが，内的スキルの発揮から，特に効
率性・効果性を乗り越えるようなアピール性の強い概念が必要と認識した。こう
して，より戦略的で政治的なスキルが駆動する（技能次元）。そこで，行政に対し
ては財政効果を優先する非福祉的な一般的な公募形式の地域包括事業の受託は採
用せずに，「市民生活の継続性を重視した市民の利益にかなうよう，且つ高齢
者・家族に視点をおいた公募形式による新システムへの移行」を求めた。つまり，
効率性・効果性は，誰のために，何のために存在するのかが重要なのであり，そ
れが非福祉的な状況を作り出すようならば，これを排除していくということであ
る（価値・目的次元）。

　SWrは，価値・目的次元と連動させて徹底して住民の利益追求の視点に立つ
（視点・対象認識次元）。加えて，機能として行政の制度設計にコミットし，住民擁
護の社会変革者としての機能・役割をもちつつ，公平・中立を確保して「住民の
利益事業者主体に対しては，より公平・中立な地域包括事業の運営をするにはど
うすればよいのか」という課題について，在介実践集団に議論の場を設定する
（空間〔場と設定〕の次元）。このような実践者自身が協議する場を設けたことは，
より中立性を際立たせて市民サイドの運用を明確にさせる手法となった。ただ単
に効率性のみを重視する非福祉的な（負の価値）一般公募による事業者決定に対
抗するのではなく，行政からの指示を待たずに事業者自らが，公平・中立を担保

するいくつかの運営方針を示すことになった。

　これとともに，生活支援の継続性の重要性を掲げた。このような挑戦すべき負の価値や重視すべき価値が明確にされている。その結果，センター設置箇所数に関係なく，在介受託事業者全体で支援を継続する具体的な方向性が示された。すなわち，市民参加と協働の発想（価値・目的の次元）から，公正な一般公募の中，市民に内容を評価してもらうこととし，結果として事業の継続が図られた。事業受託事業団は，こうした合意形成行動を通して自らの社会的存在意義を再確認する機会ともなった。

　この結果「在介の事業所は従来，受託事業所の中にあったんですけど，まずこの敷地から出ましょう。別の新たな場所に事務所を確保しましょう」「名称も受託法人を思わせる名称を使ってはいけない」と，受託しようとする法人自身から提起がなされた。行政サイドも社会福祉士有資格者の福祉専門職と保健師，事務職の3人1組の班を設け，それがいくつかの地域包括を支援するという，複数の担当班で構成する地域包括支援担当の係を新たに設けることで，公平・中立性の確保はもとより，その事業の展開・拡充を図っていくこととなった。そこには在介事業集団の良質なシステムとしての組織化がうかがえ，集団としての成長が見えた。それは，前期から取り組んだSWrの社会変革者としての機能・役割次元がつながっていることを意味する（図5-3）。

4　実践の7次元的考察

　本実践のSWrは，きわめて切迫した時間の中で現行システムの存在を新システムに活かすという重要な決定をし，これを実現している。SWrは大切にしなければならないことが何であり，そのために何が，どこが，誰がどう動けばよいかを予見も含めて見通している。そのためにSWrの実践行為は内的スキルを通して事象を察知し，整合性のある価値・目的次元と視点・対象認識次元との照らし合わせ，その一体的な連動を基軸に，何をすべきかを機能・役割，方法，時間，場と設定などの4つの次元が関連づけられてソーシャルワークの実践が表現されている。その表現には絶えず多様な技能次元が駆動することで初めて各次元が機能する構造が出現して，ソーシャルワークの実践が形となって形成されている。本章では，こうしたメゾレベルやマクロレベル実践を7次元統合体モデルを通し

図5-3　政策決定に向けた政治的スキルの発揮（実践後期）

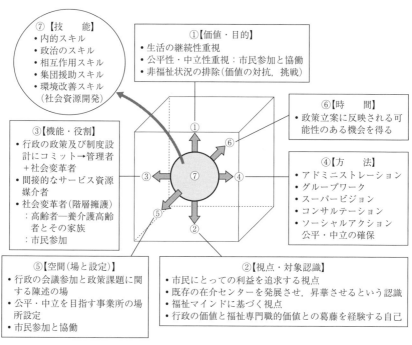

⑦【技　能】
• 内的スキル
• 政治のスキル
• 相互作用スキル
• 集団援助スキル
• 環境改善スキル
　（社会資源開発）

①【価値・目的】
• 生活の継続性重視
• 公平性・中立性重視：市民参加と協働
• 非福祉状況の排除（価値の対抗，挑戦）

⑥【時　間】
• 政策立案に反映される可能性のある機会を得る

③【機能・役割】
• 行政の政策及び制度設計にコミット→管理者＋社会変革者
• 間接的なサービス資源媒介者
• 社会変革者（階層擁護）
　：高齢者―養介護高齢者とその家族
　：市民参加

④【方　法】
• アドミニストレーション
• グループワーク
• スーパービジョン
• コンサルテーション
• ソーシャルアクション
　公平・中立の確保

⑤【空間（場と設定）】
• 行政の会議参加と政策課題に関する陳述の場
• 公平・中立を目指す事業所の場所設定
• 市民参加と協働

②【視点・対象認識】
• 市民にとっての利益を追求する視点
• 既存の在介センターを発展させ，昇華させるという認識
• 福祉マインドに基づく視点
• 行政の価値と福祉専門職的価値との葛藤を経験する自己

出所：筆者作成。

　て実践の見える化を図ることができた。

　なお7次元による分析作業の実施前では，福祉行政（ソーシャル・アドミニストレーション）における政策策定の実践は，展開期ごとにその鍵となるファクターが変化するだけではないかと仮定していた。たとえば，開始期には目的や価値，進行期は視点・対象認識が，終結期は機能や役割の技能的な要素が時期ごとに特徴的な要素として起動するだけで，7次元が実践全体を通じた認識構造になりうるだろうとも思っていた。しかし，分析を進める中で7次元が統合体として全展開過程を通じて，次元それぞれ相互に関連し連動し合って展開することが確認できた。

注
(1) X市（中核市・人口45万）在介事業において，SWrは，よりきめの細やかな独自の3つの機能からなる三層構造の地域ケア会議システムを構築してきた。第1層は個

別事例について関係機関で対応協議するサービス調整会議，第2層は他職種と地域課題を協議するサービス支援会議，第3層は事業を総合調整する在介センター施設長会議からなる地域ケア会議である。これらを3ブロック（在介担当区，行政区，全市エリア）に分けて地域ネットワーク会議として地域に密着した活動体制をとり，X市独自の三層構造化を形成，推進してきた。これとともに地域型在介職員や介護相談員の研修，介護予防事業の拡大やケアマネジャーの質の向上に取り組み研修体系の構築や関連機関との連携，人材開発の強化・推進を図ってきた。

(2)　当時，在介事業の取り組みには全国的にバラつきがあり，継続的に安定した介護保険制度の推進は課題となっていた。本制度の見直しに向け2004年4月にオブザーバーとして厚生労働省が参画する全国在宅介護支援センター協議会の検討委員会から問題提起がなされた。同委員会において「在宅介護支援センターのあり方」として地域の在介事業の機能の弱さと，さらなる介護予防を含む包括的で積極的な相談・支援事業等の機能強化が提起，報告された。こうした経緯から，社会保障審議会介護保険部会は，同年7月に介護保険制度の「基本理念」と「将来展望」等を基本的視点とした「思い切った見直し」の一つとして「地域包括センター（仮称）」の整備を提案してきた。

参考文献

岡本民夫・平塚良子編著（2004）『ソーシャルワークの技能——その概念と実践』ミネルヴァ書房。

岡本民夫・平塚良子編著（2010）『新しいソーシャルワークの展開』ミネルヴァ書房。

小島蓉子編訳（1992）『エコロジカルソーシャルワーク——カレル・ジャーメイン名論文集』学苑社。

平塚良子（2009）「ソーシャルワークの自成理論構築のための省察」『大分大学大学院福祉社会科学研究科紀要』11，13-29頁。

ワインバーガー，P. E.編／小松源助監訳（1972）『社会福祉論の展望　下巻』ミネルヴァ書房。

（佐藤辰夫）

第6章

マクロレベル実践の見える化
——行政機関におけるソーシャルワーク・プランニング

　本章では，都道府県レベルの総合相談システム創設に関する事例（事例31）を取り上げる。実践領域は，地域福祉，行政機関，集団・組織，政策・制度である。本事例は，大都市圏地方自治体の政策動向を踏まえながら，既存の専門分化した相談窓口の統合を試みたマクロレベルの実践事例である。以下，実践行為を3期に分けて，7次元的分析による実践の見える化（以下，本文中は可視化〔見える化〕）を試みるとともに，その意味や意義等に言及する。なお，各期ごとの本文と図とを照らし合わせて読むことを勧めたい。

1　実践初期——実態把握

　この時期は，はじめに行政的課題を明確にするための実態把握が行われる。行政職員であるソーシャルワーカー（以下，SWr）は，ソーシャルワークが有する変革志向という価値に基づいて，「何らかの問題，何らかの困難な事柄に遭遇された方が相談に来られた時に備えて，何も無い所に支援の糸口となる受け皿としてのシステムを作るという政策課題」の達成に取り組んだ。この課題は，SWrが勤務する地方自治体の施策に関する基本方針で示された「広い意味での地域住民を対象にした総合的な相談システムの構築と相談窓口の整備」を目標とした。これは7次元統合体モデル（以下，7次元）の価値・目的に相当する（図6-1）。

　この段階で，SWrは内的スキルを発揮して，政策課題に関する現状把握と作業課題の具体化ならびにそのスケジュール化に取り組んでいる。SWrは「私が配属された時は基本方針ができた時で，それを事業として具体化していかないといけない段階でした」と述べている。そして，①国の政策動向の把握，②条例，審議会答申等による自治体の施策動向の理解，③自治体が実施した実態調査の結果に基づいた相談利用者が置かれている現状の把握，の3点に取り組んでいる。

　同時に，この仕事は行政のタイムスケジュールに基づいて「1年間で答えを出

図6-1　ソーシャルワーク・リサーチによる実態把握（実践初期）

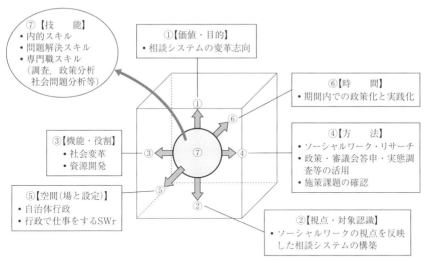

出所：筆者作成。

していかないといけない」ことから，まずは「それを作り上げていく時にどんな課題が出てくるのかを整理した」と述べ，与えられた時間内で内的スキルを発揮して作業を進めている。この点は7次元の時間を意識した対応であったといえる。またSWrは，この仕事を以下のようにマクロレベルのソーシャルワーク実践として認識し，地方自治体という組織において行政職としてだけではなく福祉専門職の立場から取り組んでいる。

　　「この仕事はソーシャルワークだと思いました。直接的な支援ではないですが，住民の方々に使いやすいサービスをどう届けるかという点で，SWrの業務だと思いました。ですので，SWrとしてのアイデンティティと，その価値・知識を活用しながら取り組みました。逆に，それが無ければ課題を達成することはできなかったと思います。」

　こうしたことばからも，SWrは実践の初期段階から7次元の視点・対象認識次元と，問題解決・政策分析・調査技能などの様々な技能次元を組み合わせながら対応することを意識していたことがわかる。そして，前述のように期間内でこの政策課題に取り組むにあたっては，「いわゆる人権擁護，権利擁護を視点とした相談システムを作ること，そのための中核としての総合的な相談窓口機能を作

ること」と合わせて，「今，困っている人をどう支援するか，もう一つは，それを受ける人，結局，対応するのも人ですから，その人をどう支援するのか」の2点を重視したと述べている点は，7次元でいう価値・目的および視点・対象の観点で特に重要であるといえる。

2　実践中期──事業の企画化

　この時期は，事業の企画化（ソーシャルワーク・プランニング）が行われた。「政策評価の実施に関するガイドライン」（総務省）では，政策，施策，事務事業は相互に関連づけて実施すると規定している。本事例においてSWrが取り組む課題は，基本方針で示された政策を実現するための施策を，具体的な事務事業として成立させることであった。そのためSWrは，7次元で示される各次元を駆使して，システム全体のイメージづくり，事業イメージの具体化，作業課題の明確化といった事業企画の具体化に取り組んでいる（図6-2）。

　システム全体のイメージづくりでは，「広い意味で地域住民を対象にした，総合的な相談窓口をどう作り上げていくか」を基本的な命題としているとのことであり，これは視点・対象認識に相当する。そして，「相談ごと，困ったことを抱えた人がどこに相談すればいいかわからないということ」を問題点と捉え，相談者を起点としてそれらを以下に分割してその解決方策を考案している。それらは，①専門分化した相談窓口が存在すること，②様々な相談窓口はあっても，その間をつなぐネットワークができていないこと，③実際に相談を受けた時に，相談員がどのように対応してよいのかがわからないことである。そして，この③はさらに「実際に相談をどのように聴き，どのように対応すればよいのかという，まさに窓口対応レベルでの相談員の能力の問題」と「以前受けた事例が情報として蓄積される仕組みがないこと」に分割している。このように，7次元でいう機能・役割の資源開発を常に念頭に置きながら内的スキルを発揮して，相談システムのイメージづくりを方法の次元から展開していることがわかる。

　そして，これらに対応するために，SWrは事業イメージの具体化と企画する上での作業課題の明確化を方法の次元で行っている。そこでは，「相談は地域で受ける」という点を基本的な視点として，事業の意義と役割を以下の3点でまとめている。1つ目は相談者が主体的な判断で解決をしていくためにエンパワメン

図6-2　ソーシャルワーク・プランニングによる事業の企画化（実践中期）

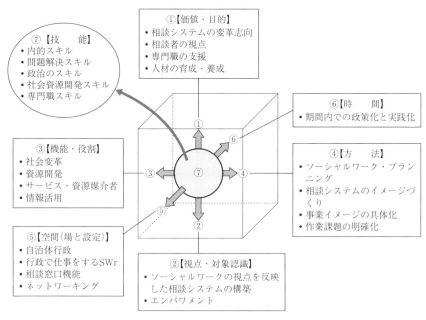

①【価値・目的】
• 相談システムの変革志向
• 相談者の視点
• 専門職の支援
• 人材の育成・養成

⑦【技　能】
• 内的スキル
• 問題解決スキル
• 政治のスキル
• 社会資源開発スキル
• 専門職スキル

⑥【時　間】
• 期間内での政策化と実践化

③【機能・役割】
• 社会変革
• 資源開発
• サービス・資源媒介者
• 情報活用

④【方　法】
• ソーシャルワーク・プランニング
• 相談システムのイメージづくり
• 事業イメージの具体化
• 作業課題の明確化

⑤【空間（場と設定）】
• 自治体行政
• 行政で仕事をするSWr
• 相談窓口機能
• ネットワーキング

②【視点・対象認識】
• ソーシャルワークの視点を反映した相談システムの構築
• エンパワメント

出所：図6-1と同じ。

トの観点に立った課題解決機能を果たしていくこと，2つ目はこれまで気づくことができなかった実状を相談を通して把握し，次の施策へつなげていく機能を持たせること，そして3つ目は相談を地域の身近なところで展開することであった。ここでは自治体行政という7次元でいう空間（場と設定）ならびにエンパワメントに基づく視点・対象認識，さらには資源開発を目的としたサービス・資源媒介者としての機能・役割が内的スキルにおいて意識されている。

　また，その際には相談に応じる相談員の特性を，次の3点を念頭において設定している。1つ目は「専門性」であり，「一定のカリキュラムを受けた中で，養成講義を受けた者が対応する」ということである。2つ目は「生活者の視点」，同じあるいは共通の課題を持つ立場，当事者性の観点を持って対応することであり，これには民間性，ボランタリー，ピアカウンセリング的な意味合いも含んでいる。そして3つ目は「地域性」であり，前述のとおりその地域で解決するという観点から，都道府県や市町村，民間相談機関の役割を整理し，相互に連携しながら地域住民の相談に対応していくことが意図されている。

　SWr は，7次元の内，価値・目的，視点・対象認識，機能・役割および技能に関連づけることができる，以下の4つの事業を企画している（窄山 2012）。

① 　中核としての総合的な相談窓口機能を作ること。これには相談場所の整備ならびに相談担当者の配置等に関する事業が含まれる。
② 　相談機関ネットワークを構築すること。これは相談者の問題解決を支援するためのネットワークを構築し，それを適切に運営することが目的となる。
③ 　相談に対して適切に対応することができる相談担当者の育成・養成を図ること。特にここでは相談員の窓口対応の向上という点に加えて，現状では解決が難しい問題については新たな政策を提起する契機とすることが意図された。
④ 　事例集約，分析の仕組みをつくることである。これは相談に関する情報を，個人情報保護の観点を踏まえつつ適正に活用するための事業であった。これらを相互に連関させることで事業を具体化し施策全体のイメージ化を図っている。

　そして，それぞれの事業を実現するために以下の課題に取り組んだと述べる。①では相談窓口機能の特徴は広く受けること，合わせてそこで解決するのではなく適切な所を紹介するという機能を持たせること。②ではネットワークで解決する機能を持たせること，そのために相互の情報交換を含んだ公民協働のネットワークとすること。加えてネットワークを通じて事業全体の質の維持・向上を図ること。③の人材の養成・育成では研修のためのカリキュラムと対応マニュアルをつくること。そして，④では個人情報保護を踏まえた相談データの集約とそのOA 化を試みること，であった。また，これらに取り組むために，有識者や専門相談機関で構成する相談システムの構築を検討する委員会を立ち上げたと述べており，こうした一連の過程を経て4つの事業を構成する相談窓口機能の整備，人材の確保，ネットワーキング，事例集約などの課題が具体的に検討され，空間（場と設定）の中で施策としてまとめられていくことになる。

3　実践後期——事業化に向けた取り組みと事業評価への対応

　この時期のSWr は事業化に向けて，特に調整と交渉・予算化作業・事業を推進するためのモニタリングと事業評価に取り組んでいる（図6-3）。

図6-3　ソーシャルワーク・アドミニストレーションによる事業化と事業評価（実践後期）

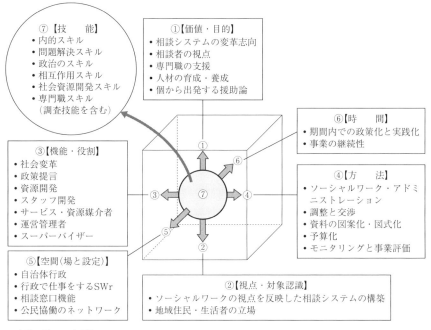

⑦【技　能】
• 内的スキル
• 問題解決スキル
• 政治のスキル
• 相互作用スキル
• 社会資源開発スキル
• 専門職スキル
　（調査技能を含む）

①【価値・目的】
• 相談システムの変革志向
• 相談者の視点
• 専門職の支援
• 人材の育成・養成
• 個から出発する援助論

⑥【時　　間】
• 期間内での政策化と実践化
• 事業の継続性

③【機能・役割】
• 社会変革
• 政策提言
• 資源開発
• スタッフ開発
• サービス・資源媒介者
• 運営管理者
• スーパーバイザー

④【方　　法】
• ソーシャルワーク・アドミ
　ニストレーション
• 調整と交渉
• 資料の図案化・図式化
• 予算化
• モニタリングと事業評価

⑤【空間（場と設定）】
• 自治体行政
• 行政で仕事をするSWr
• 相談窓口機能
• 公民協働のネットワーク

②【視点・対象認識】
• ソーシャルワークの視点を反映した相談システムの構築
• 地域住民・生活者の立場

出所：図6-1と同じ。

　たとえば，「事業化を進めていくにあたっては，庁内の様々なところと調整や交渉を行っていかなければならない，担当者が考えた事業イメージをまず説明していかなくてはならない」ことから，SWr は事業化を行い7次元の方法に相当する関係部局との事務的な調整や交渉を政治のスキルにより行っている。その目的は予算化にあり，SWr は「それぞれを事業化していくにあたってどれぐらいの経費が必要かという観点から検討しないといけない。また，事業化された時に，どれぐらいの成果が見込まれるのかをも当然問われますから，そういった費用対効果という観点についても考えなければならない」と述べている。

　また，政治のスキルを発揮して財源取得のために予算化に向けた庁内の調整や交渉と一部並行して，庁外の相談機関等との調整を意図した関連資料の図式化・図案化が行われる。具体的には，①では窓口機能を整備するための要綱や実施要領を作成する，②ではネットワーク会議を開催するために規約を作り公・民の相談機関に参加を呼び掛ける，③ではカリキュラムを策定し，合わせて相談対応マ

ニュアルを作成する，④は，相談対応を記録するためのフォーマットを作成し，
その使用方法を実施要領や相談対応マニュアルに盛り込む，といった作業であり
これらも方法次元に相当するといえる。

　以上のような作業を経ることで，SWr は 4 つの事業で構成される相談システ
ムの構築という施策を成立させるに至っている。これら 4 つの事業ではその後，
7 次元での方法となる事業評価を目的としたモニタリングが行われることになる。
SWr は戦略的な観点から「いつまでもおなじ形でいかないのは当然であり，事
業は常に見直しが行われる」と予見し今後を見据えて内的スキルを発揮し，特に
以下の 4 点を事業の考え方に組み入れたと述べる。

　1 つ目は相談事業では量的なデータに基づいた評価だけでなく，質的なデータ
による評価を取り入れる試みを導入したことである。それは，「何件対応したか
ら大変なんじゃなくって，一件の重みがやっぱりある」との認識に基づいたもの
である。2 つ目は「事業を維持していくためには常に何らかの対応をしていかな
いといけない」との意識から，事業全体の見直しを通して事業効果を高める工夫
に留意すること。3 つ目は「相談によって何らかの解決につながったということ
で利用者に安心していただく」ことも目標となることから，事業効果の検討では
「利用者の満足度」も考慮すること。4 つ目は，そこで起こっている問題が政策
的な課題として捉えるべき問題かどうかを組織的に検討するための機会とするこ
とである。そして，これらの 4 点は 1 つの事例を大切にして事業評価を行うため
の重要な論点であったと SWr は振り返っている。

4　実践の 7 次元的考察

　以上のソーシャルワーク実践の可視化（見える化）の試みからいくつか言及す
る。本事例はマクロレベルの実践だが，7 つの次元を用いることで，このレベル
の実践についてもミクロレベルと同様に分析し可視的に説明することができる。
本事例で特に注目されたいのは，行政機関に所属する SWr が福祉専門職として
の立場に揺らぎを感じながらも実践の中で克服した理由が示される点である。

　たとえば，それは初期では特に 7 次元の価値・目的や視点・対象認識との関連
においてみることができる。SWr は「マクロ的な仕事をするのは，正直これが
初めてでした」と述べている。そして，当初は行政の立場から自治体の政策課題

に取り組む担当者として関係者への説明を行ったが，その視点や言い回しにソーシャルワークとの違いを感じたとも述べている。具体的には，課題を集合体，システムから捉えるのか，一人の相談から社会を見るのかというアプローチの違いだったと振り返る。

　その上で，SWr はこの仕事をソーシャルワーク実践と捉え直し，SWr としてのアイデンティティと価値・知識・技能（内的スキルの発揮を含む）を活用して事業化に取り組んでいる。その点について，「大きな組織が取り組む事業化という流れの中に，担当者としての思いをどう反映させていくかを考えた」と述べる。また，「何も無いところからであっても，個々には既存のものがあって，それをどうつなぎ合わせて問題を形成し，解決していくかという意味で問題解決のプロセスだと思います」とも述べ，ソーシャルワークの枠組みに依拠した社会資源の創出に関する取り組みであったと振り返っており，7次元でいう機能・役割がみてとれる。

　そして，「行政としての言い回しを自分の中に落とし込んでいく作業」を通して，「SWr としてのことば，言い回し，概念みたいなものに転換」したと述べ，施策に関する情報収集，事前評価，企画化作業，モニタリング，事後評価といった，7次元でいう空間（場と設定），時間，方法に関連した技能を展開するに至る。また，SWr は「行政として仕事をしている立場と，社会福祉専門職といった立場，それを越えた個としての住民の立場の3つの立場がせめぎ合います」と述べ，マクロレベルでのソーシャルワーク業務の難しさを指摘すると同時に，この点は一住民としての生活者の視点を改めて意識することで解決を図っている。すなわち，「住民一人ひとりの幸福追求」というメタレベルの価値を設定して「当事者性」という立場から目的化し，視点・対象認識や機能・役割が施策で機能するように企画化するとともに，空間（場と設定）や時間内で方法や技能を駆使して事業として具体化させることで乗り越えているとみることができる。

　地方自治体における事業は，社会情勢や組織内外の意思決定過程の中で，修正・変更を繰り返しながら実現に至る。7次元の観点からみた場合，本事例では，行政の業務で求められるポイントを押さえながら，ソーシャルワークの価値や視点を取り入れ，また SWr として果たすべき機能・役割を意識しつつ，その時期に応じた方法によって事業の企画化を進めたということができる。この点で，7次元はマクロレベルのソーシャルワーク実践においても有用といえる。一方で，

SWr の行為を 7 つの次元の統合体として認識する必要があり，マニュアルなどがあるとその有用性はさらに高まると思われる。

参考文献

窄山太（2012）「地域における相談援助活動の実効性を高める4つの事業——児童家庭相談体制の強化・充実という観点から」『人間健康学研究』 4，69-78頁。

総務省HP「政策評価に関する法令，基本方針，ガイドライン等」（2019年10月17日アクセス）。

平塚良子（1998）「スキルの再構成」『非営利団体等ソーシャルワーカーの援助スキルの開発研究報告書（社会福祉・医療事業団長寿社会福祉基金平成9年度事業）』高槻ライフケア協会，60-61頁。

平塚良子（2004）「スキル構成の原理」岡本民夫・平塚良子編著『ソーシャルワークの技能——その概念と実践』ミネルヴァ書房，93-100頁。

平塚良子（2010）「ソーシャルワーク実践事例の多角的分析による固有性の可視化と存在価値の実証研究」（平成17-19年度科学研究費補助金（基盤研究C）研究成果報告書）。

（窄山　太）

<table>
<tr><td>第7章</td><td>ミクロ・メゾ・マクロレベルの超領域型
実践の見える化——宅老所の実践</td></tr>
</table>

　本章は，宅老所ソーシャルワーカー（以下，SWr）の実践例である（事例53）。
地域で暮らし続ける意思を強く見せていた認知症の高齢者（以下，CL）は，入院
や入所など制度上の理由で居場所喪失の危機に至る。SWr は，100歳近くまで生[1]
きた人が居場所を喪失し，生き方の継続が認められない社会のありように疑問や
義憤を感じ，制度上の限界に挑戦した。それは，ミクロ・メゾ・マクロレベルの
領域を超える自在な実践である。以下，3期に分けた実践の7次元的分析により
実践の見える化を試みる。なお，各期の本文と図を照らし合わせて読むことを勧
めたい。

1　実践初期——実践全体のイメージ化：新たな社会関係の基盤形成

　SWr は，家族の同居の申し入れを断り，自分の意思で一人暮らしを選び，ケ
アハウスに入居していた CL に介護支援専門員（ケアマネジャー）として関わる。[2]
本事例は，ケアハウス入居中の CL が骨折のために入院して，要介護4の認定を
受け，退院後の生活をどこで過ごすかが課題になってきた頃の実践である。

　本実践が始まった当時，CL には物忘れが始まっていた。しかし，SWr は，
CL は「はっきりご自分の意思は言われる方でした」と面談を通して CL の地域
で暮らし続けたい希望や意思を受け止めていた。入院中の CL を訪問した時，言
葉を発することなく，SWr に拝むように両手を合わせた。SWr は，内的スキル
の発揮から CL の無言の意思を受け止める。SWr は「生き方を継続すること」
（価値・目的次元。以下，価値次元）を最も強く意識したという。それはまた CL・
家族・地域住民の存在の統合を意味づけるものであり，SWr は問題解決スキル
を可動させ，CL の居場所喪失の危機に挑戦することになる。

　SWr が「生き方の継続」を大事にする理由は，生活歴から「40年近く暮らし
ていらっしゃる中で，ちゃんと人間関係を作っていらっしゃった」と捉え，また

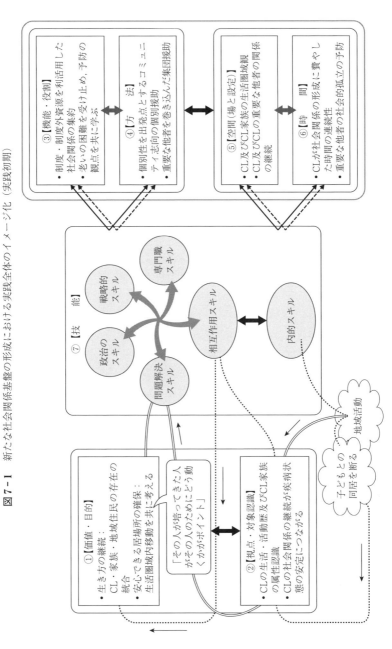

図7-1 新たな社会関係基盤の形成における実践全体のイメージ化（実践初期）

③【機能・役割】
・制度・制度外資源を利活用した社会関係の集約
・老いの困難を受け止め、予防の観点を共に学ぶ

④【方　法】
・個別性を出発点とするコミュニティ志向の個別援助
・重要な他者を巻き込んだ集団援助

⑤【空間（場と設定）】
・CL及びCL家族の生活圏域観
・CL及びCLの重要な他者の関係の継続

⑥【時　間】
・CLが社会関係の形成に費やした時間の連続性
・重要な他者の社会的孤立の予防

⑦【技　能】

専門職スキル

戦略的スキル

政治のスキル

問題解決スキル

相互作用スキル

内的スキル

①【価値・目的】
・生き方の継続：
CL・家族・地域住民の存在の統合
・安心できる居場所の確保：生活圏域内移動を共に考える

「その人が培ってきた人がその人のためにどう動くかがポイント」

②【視点・対象認識】
・CLの生活・活動歴及びCL家族の属性認識
・CLの社会関係の継続につながる状態の安定につながる

子どもとの同居を断る

地域活動

出所：筆者作成。

140

CL の生き方が地域活動の仲間からも理想の高齢像として支持されてきたことを
認識していたからである。それは CL の時間次元「社会関係の形成に費やした時
間の連続性」と認識次元の属性認識と結びつき，空間（場と設定）次元「CL 及び
CL 家族の生活圏域観」といった地域へのこだわりとも相互に関係している（図
7-1）。

　一方で，SWr は「その人の培ってきたものを中心に関係性を維持していくこ
と，またその人が培ってきた人たちがその人のためにどう動くかという所にすご
くポイントをおいた」と述べる。この語りは，内的スキルや問題解決スキルによ
る価値次元「安心できる居場所の確保」とつながり，CL の今後を予見して生活
圏域内移動をともに考える相互作用スキルが発揮されていくことを言い表してい
る。

　また，内的スキルの発揮による，視点・対象認識次元（以下，認識次元）による
「CL の社会関係の継続が疾病状態の安定につながる」という推論が重要である。
内的スキルは，「100歳を迎えても居場所がない今の社会のありようと制度上の限
界」という語りから，時間次元「重要な他者の社会的孤立の予防」と空間（場と
設定）次元「重要な他者の関係の継続」の他の次元を統合させることで援助を想
起させる。さらに戦略的スキルの発揮は，「介護の社会化をうたったはずの介護
保険は，一部においては委託化になっている」と制度・政策の批判を表す（認識
次元）。この批判について SWr は『「社会全体でみるのではなくて，契約を結ん
で「ハイ，お願いします」だけで「協働とかっていう発想や思想は全くない」』と
委託化の実態を述べている。

　こうした状況について，「狭間に取り残されるのは当事者」と捉え直し，政治
のスキルを発揮して CL をアドボケイトする態度を示す。この価値的態度は，
「CL を中心に家族と事業所と友人たちという地域の人たちが，CL を中心に協力
し合って働けるか」という問いかけに表れる。そして，機能・役割次元「制度・
制度外資源を利活用した社会関係の集約」及び方法次元「個別性を出発点とする
コミュニティ志向の個別援助」の両次元を通して，ミクロレベルの実践を方向づ
ける。

　他方，SWr は，宅老所の所長として，メゾレベルの実践に関わる自組織の運
営・管理上の課題を示している。宅老所は，認知症高齢者の地域生活の継続のた
めに，通所・宿泊等のサービス形態を連続的かつ一体的に提供する多機能ケアを

構築した実践に基づく制度化の具体例の一例である。[3]SWr は，多機能なサービス形態の弊害について内的スキルを発揮し，「他のサービスとつながらない可能性がありまして，そして自分たちは（筆者注：自分たちだけで援助が）できると過信してしまった時期がたぶんある」と推論する。さらに宅老所について，「非常に地域に信頼されて，支えられている割に孤立している」とみて，福祉専門職の社会的孤立を捉えている。

　また相互作用スキルを発揮して，自組織のみならず，介護問題に向き合えていない地域組織を捉え直し，「老いの困難を受け止め予防の観点をともに学ぶ」（機能・役割次元）及び方法次元「重要な他者を巻き込んだ集団援助」の両次元を結び付ける。それはミクロ・メゾレベルの一体的で全体的な実践のイメージが SWr の内なる世界に描かれていることをうかがわせる。実践初期の7次元的分析から，価値次元及び認識次元，技能次元の3次元を柱に，時間次元及び空間（場と設定）次元，機能・役割次元及び方法次元が関連し合い，ミクロ・メゾレベルの課題の緩和・解決の方向性を示していることがわかる。

2　実践中期──制度を超えた協同の関係構築

　SWr は，制度上の限界という負の価値に挑戦し，ミクロ・メゾレベルの一体的で全体的な実践を具体化する。SWr は，制度上の限界に対して，政治のスキルの発揮から専門職かどうかを超えて，「介護労働を（筆者注：社会サービスへの）委託の方向ではなくて，一緒にどう働けるか」と説明しており，「介護労働の再分配」という考え方を示す。これはまた内的スキルの発揮から「CL・家族・地域住民の内的資源の認識」（認識次元）の下，CL が培ってきた人々と専門職の組織化を企図するもので，制度を超えた組織の活用を手段とする「協同の関係」をいかに構築できるかを意味する（価値次元）。

　一方，SWr は内的スキルから認識次元「なじみの関係の継続に寄与する資源」を推論し，集団援助スキルの発揮から「退院後のですね，CL の暮らしをどうしようかということで，まず話し合いをすることにしました」と述べ，グループに焦点を合わせた援助の可能性を模索する。

　こうした価値次元・認識次元・技能次元は，時間次元「支援チームの編成過程」と空間（場と設定）次元「専門職・非専門職が CL を介して力を出し合う場

の設定」と結びつき，以下のように援助を具体化している（図7-2）。[(4)]

（1）話し合いメンバー選定の工夫

　SWr は，問題解決の話し合いの場に，CL とともにサロン活動を担ってきた知人らの同席を設定する。また，ケアハウスの介護職員及び系列法人の特別養護老人ホーム（以下，特養）の主任生活相談員・家族・ケアマネジャー（SWr），そして介護保険制度以外の有償の介護事業に取り組む訪問介護事業所（筆者注：ケアハウスとは異なる別法人）の訪問介護員の同席を設定しており，空間（場と設定）次元「家族と専門職の凝集性を高める」を示している。訪問介護員の同席は，内的スキルから認識次元の「制度上の限界と相互扶助重視の職員の存在」を示し，「制度（筆者注：要件の範囲内）しかやらない所だとですね，支えきれないという気がしました」と述べるなど，集団援助スキルを発揮して制度の枠組み以外のコミュニケーションパターンの選択を促している。

　他方，SWr は対人関係スキルを発揮して，CL を話し合いに同席させることを見送る。その理由は面会時の CL の様子の観察に依拠している。CL は入院先のベッド上でセルフ・リハビリに励んでいた。SWr は内的スキルから「本人は（筆者注：ケアハウスに）帰ることを疑っていませんでした」と述べ，政治のスキルを発揮して「リスク予見に基づく CL への配慮」（価値次元）といったアドボケイト重視の態度を示している。

（2）話し合いの進め方の工夫

　SWr は集団援助スキルを発揮し，話し合いの進め方を工夫し，グループの働きを促進させる。具体的には，対人関係スキルを発揮して，ケアハウスに戻ることが困難な理由を，ケアハウス職員に代わって説明している。この判断は，内的スキルから家族や地域住民が制度の不合理な側面を理解していないという推論の下，説明次第ではケアハウス側の問題として誤解を招くことへの懸念があったからである。

　また SWr は集団援助スキルを発揮させ，目的に応じたコミュニケーションパターンを選択し，専門職と地域住民が制度の限界を超えて，互いに助け合う意義を話し合う。SWr は戦略的スキルからバリアを扱い，「CL がどんなリスクを抱えるかを，こちらで予見できることをお話しました」と述べ，価値次元「現実を

図7-2　境界介入に関する実践全体図（実践中期）

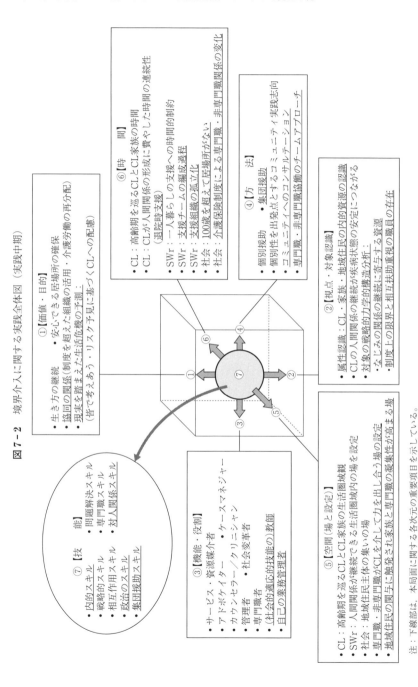

①【価値・目的】
・生き方の継続　　　・安心できる居場所の確保
・協同の関係（制度を超えた組織の活用・介護労働の再分配）
・現実を踏まえた生活危機の予測：
　（皆で考えあう・リスクチ見に基づくCLへの配慮）

⑥【時　間】
・CL：高齢期を巡るCLとCL家族の時間
・CLが人間関係の形成に費やした時間の連続性
　（退院時支援）
・SWr：一人暮らしの支援への時間的制約
・SWr：支援チームの編成過程
・SWr：支援組織の孤立化
・社会：100歳を超えて居場所がない
・社会：介護保険制度による専門職・非専門職関係の変化

④【方　法】
・個別援助　　・集団接助
・個別性を出発点とするコミュニティ実践志向
　コミュニティへのコンサルテーション
・専門職・非専門職協働のチームアプローチ

②【視点・対象認識】
・属性認識：CL・家族・地域住民の生活圏域観
・CLの人間関係の継続状態につながる
　対象の戦略的力学的構造分析
・なじみの関係の継続に寄与する資源
・制度上の限界と専門職と相互共助重視の職員の存在

⑤【空間（場と設定）】
・CL：高齢期を巡るCLとCL家族の生活圏域観
・SWr：人間関係が継続できる生活圏域内の場を設定
・社会：地域住民主体の集いの場
・専門職・非専門職の関与を介して家族と専門職の凝集性が高まる場

③【機能・役割】
・サービス・資源媒介者
・アドボケイター・ケースマネジャー
・カウンセラー／クリニシャン
・管理者　　・社会変革者
・専門職者
　（社会的適応的技能の教師）
　自己の養務管理者

⑦【技　能】
・内的スキル　　・問題解決スキル
・戦略的スキル　・専門職スキル
・相互作用スキル・対人関係スキル
・政治のスキル
　集団接助スキル

注：下線部は、本局面に関する各次元の重要項目を示している。
出所：筆者作成。

144

踏まえた生活危機の予測」の下，役割・機能次元「教師役割」及び方法次元「コミュニティへのコンサルテーション」を一体的に進めている。話し合いでは，ケアハウスの制度上の課題は，夜間の排泄に関わる人員体制であることを確認，そのほか戦略的スキルを発揮させ，上位の目標設定に向けて，介護施設における「安全と安心」をテーマに解決策を検討し，空間（場と設定）次元「凝集性が高まる場」と時間次元「退院時支援」の両次元から，CL の知人やケアハウス職員による夜間の見守りの申し出を引き出している。

　こうした価値次元「協同の関係」と認識次元「相互扶助重視の職員の存在」の展開では，戦略的スキルの発揮から（ケアハウスとは異なる別法人の）訪問介護員の同席が制度以外の援助を動機づけ，自発的な申し出を後押ししている。そして，知人や職員に触発された長女は県外在住の親族に働きかけ，週末の泊り込みを家族システム内で実行するなど，方法次元「チームアプローチ」の進展及び価値次元「協同の関係」の深化が伺える。なお話し合いに先立ち，SWr は政治のスキルを発揮させ，法人組織全体に影響力のある系列特養の主任生活相談員と接点を持ち，認識次元「制度上の限界」及び価値次元「生き方の継続」という両次元の共有を進めている。

　7 次元的分析から実践中期は，「集団援助スキル」及び「政治のスキル」の発揮を特徴に，価値次元及び認識次元が結びつき，制度の限界に起因する社会関係のリスクの予見，CL の危機の力学的構造分析が進む。危機介入では，時間次元および空間（場と設定）次元，機能・役割次元および方法次元が相互に作用して，エンパワメント実践の展開に至る。

3　実践後期——看取りの共同体の構築

　実践後期は，ケアハウスで最期を迎える CL の看取りに関わる局面であり，CL の死後も「協同の関係」（価値次元）の継続を目指し，制度上の限界を超えてミクロ・メゾからマクロレベルの実践を展開する（図7-3）。[5]

　SWr は，内的スキル及び相互作用スキルを発揮し，特養，デイサービス，ショートステイの諸サービスがケアハウスと同一の建物内に併設されている情報に注目する。また，CL の人を引きつける力を多様なアングルから評価し，法人内の多様なサービス利用による理解者の拡大を推論する。そして，内的スキルから

図7-3　境界介入に関する実践全体図（実践後期）

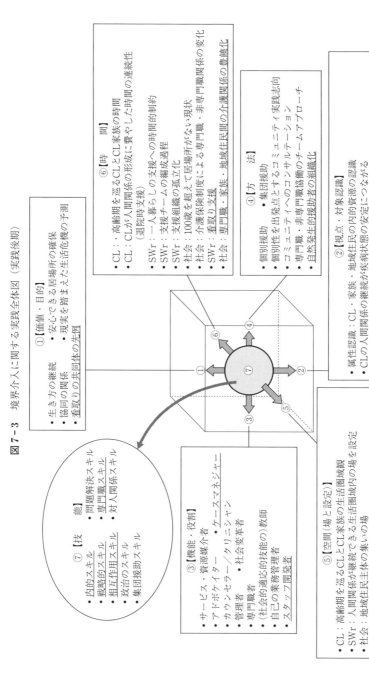

【価値・目的】
・生き方の継続　　　　・安心できる居場所の確保
・協同の関係　　　　　・現実を踏まえた生活危機の予測
・看取りの共同体の先例

⑥【時　間】
・CL：高齢期を巡るCLとCL家族の時間
・CL：CLが人間関係の形成に費やした時間の連続性
　　　（退院時支援）
・SWr：一人暮らしの支援への時間的制約
・SWr：支援チームの編成過程
・SWr：支援組織の孤立化
・社会：100歳を超えて居場所がない現状
・SWr：介護保険制度による専門職、非専門職間関係の変化
・社会：専門職・家族、地域住民間の介護関係の豊饒化

④【方　法】
・個別援助　　　　・集団援助
・個別性を出発点とするコミュニティ実践志向
・コミュニティへのコンサルテーション
・専門職、非専門職協働のチームアプローチ
・自然発生的援助者の組織化

②【視点・対象認識】
・属性認識：CL・家族・地域住民の生活圏域観
・CLの人間関係の継続が疾病状態の安定につながる
・対象の戦略的力学的構造分析　・なじみの関係の継続に寄与する資源
・自然発生的援助者の存在　・制度上の限界と相互扶助重視の職員の存在
　　　　　　　　　　　　　　・地域診断と組織分析

⑦【技　能】
・内的スキル　　　　・問題解決スキル
・戦略的スキル　　　・専門職スキル
・相互作用スキル　　・対人関係スキル
・政治のスキル
・集団援助スキル

③【機能・役割】
・サービス・資源媒介者
・アドボケイター　・ケースマネジャー
・カウンセラー／クリニシャン
・管理者　　　　　・社会変革者
・専門職者
・（社会的適応的技能の）教師
・自己の業務管理者
・スタッフ開発者

⑤【空間（場と設定）】
・CL：高齢期を巡るCLとCL家族の生活圏域観
・SWr：人間関係が継続できる生活圏域内の場を設定
・社会：地域住民主体の集いの場
・専門職・非専門職がCLを介して力を出し合う場の設定
・地域住民の関与に軸足を置く家族と専門職の緊張性が高まる場
・CL家族とCL友人による共同介護

注：下線部は、本局面に関する各次元の重要項目を示している。
出所：筆者作成。

価値次元「看取りの共同体の先例」の実現を目指して，認識次元「自然発生的援助者の存在」を内実ある実践に展開するために，ケアハウスを有する法人・施設全体の組織的関与に向けて調整を始める。法人職員のCL理解の促進に向けて，方法次元「自然発生的援助者の組織化」，役割・機能次元「ケースマネジャー」を結びつけ，家族との協議を経て，ショートステイやデイサービスなどサービス利用を実行する。

　本事例は，知人・制度外の事業を実施するヘルパー・法人内のサービスに従事する職員，そして家族・親族による看取り支援の強化が図られ，CLはケアハウスを退去することなく，ショートステイをはじめ訪問介護等の社会サービスを利用しながら，家族・親族や友人に見守られながら最期を迎える。そして，葬儀は，CLが利用していた地域のサロンで行われ，生前の意向通りの曲を皆で歌って見送られた。これは理想の高齢者像として共感を得ている。

　SWrは，内的スキル及び専門職スキルの発揮から認識次元でいう「地域診断と組織分析」の下，近未来のCLになる恐れのある人々の支援を念頭に，「CL以降の地域の連帯とか地域の事業所の連携の中で，地域の事業所が，その意味を今，試金石として問われている」と述べ，マクロレベルの視点を示している。また，「地域住民がどう町の問題に取り組み，そして解決するかというお手伝いをするために連携する」と述べ，CLの介護問題を契機に，地域住民が社会問題に関与し，専門職と連携する意義を強調している。

　CLの死後，SWrは相互作用スキルを発揮して，知人や専門職にCLの存在を，「地域の人たちと事業所の人たちが毎月集まって自分達の抱えた問題を話し合うという，そういうテーブルにつながっていった人」と総括する。その上で，時間次元「看取り支援」及び「介護関係の豊穣化」を進めて，福祉問題の話し合いを継続することで，空間（場と設定）次元「専門職・非専門職が力を出し合う場の設定」に新たな意味を付与するべく働きかける。

　以上，7次元的分析から実践後期は，技能次元「相互作用スキル」及び「戦略的スキル」の発揮を特徴とし，価値次元と認識次元，時間次元「看取り支援」及び空間（場と設定）次元「CL家族とCL友人による共同介護」の作用によるミクロ・メゾレベル実践の展開を示している。さらには，「家族と専門職の凝集性が高まる場」（空間（場と設定））及び「専門職・家族・地域住民間の介護関係の豊穣化」（時間次元）を進展させ，看取りを視野に入れた援助システムの構築というマ

クロレベルの課題に寄与する実践を明らかにしている。

4　実践の７次元的考察

　実践初期・実践中期・実践後期の７次元的分析から実践の見える化を試みてきた。本事例は，宅老所のSWrの事例だが，CLは宅老所を利用していない。SWrは，CLを通して地域の共同体の組織化に挑戦し，看取りを視野に入れた援助システムの構築を目指していたからである。当該実践は，地域の近未来の生活を支える住民の生と死に関わる教育及び実践のモデルとして継続している。

　最後に，７次元統合体モデル（以下，７次元モデル）による分析の全体的な考察として主要な点を述べる。

　まず，価値次元は，ミクロ・メゾ・マクロの実践レベルを方向づけ，展開させ，強化を図りながらあるべき方向性を示している。それはまた，技能次元と結びつき，他の次元に影響を及ぼし，ソーシャルワーク専門職の信念や考えなど態度を示すものとなっている。認識次元は，価値次元における負の価値につながる側面が強い。すなわち，身体及び精神的障害問題，自組織を含む集団・組織問題，高齢者の居住問題及び福祉施設の制度・政策問題，そして諸問題に翻弄される家族や地域社会の問題のように多岐にわたる。他方，視点・対象認識次元は，ミクロ・メゾ・マクロの実践レベルの属性の把握，問題の範囲や構造の分析，介入による変化や予見，そして面接法や集団援助法など空間（場と設定）次元と時間次元，役割・機能次元と方法次元に関わるソーシャルワーク専門職としての事象認識や理解の仕方を示している。技能次元は，ミクロ・メゾ・マクロレベルの自在な実践に関わる７次元の起点にあり，価値次元と認識次元をつなぐ主要回路である。そして他の次元を相互に関連づける副次的な回路でもある。技能次元は，ソーシャルワーカーの感覚や直観，経験知を含むソーシャルワーク専門職の実践能力を行為化する技の位置にあることを示している。

　以上，７次元モデルからソーシャルワーク専門職の態度と理解の仕方，そして具体的な行為の全体，すなわちソーシャルワーク的思考の全体像を論証した。また本モデルの意義は，ソーシャルワーク的思考の回路を図式化し，次元間の関係から実践の論理性や合理性，または非論理性や非合理性を含めて可視化できることも明らかになった。今後は，本書を研究や教育，実践の応用に活用し，分析の

蓄積を進めて7次元モデルの実証を目指したい。

注

(1)　当該ケアハウスでは，①利用要件の一つが「日常生活動作の介助が不要で，自立して生活することが可能な方」とある。また，②契約書の施設契約解除の要件に，「ご入居者の身体，精神，および疾患等の状態変化により，施設において通常想定される対応の範囲を超える介護・医療等の行為が必要とされるとき」とある。

(2)　SWr は CL 及び CL の家族から介護保険制度利用を目的にケアマネジメントの契約を依頼され，CL のケアマネジャーとして関与した。以前から地域活動を通して CL を知っていた SWr は CL が家族の同居の申し入れを断り，自分の意思で一人暮らしを選び，ケアハウスに入居している経緯を理解していた。

(3)　宅老所については，高齢者介護研究会（2003）「報告書 2015の高齢者介護——高齢者の尊厳を支えるケアの確立に向けて」（2020年3月31日アクセス）参照。

(4)　下線部は，本局面に関する各次元の重要項目を示している。

(5)　同前。

参考文献

秋山智久・平塚良子・横山穣（2004）『人間福祉の哲学』ミネルヴァ書房。

Hepworth, D. H., R. H. Rooney & J. A. Larsen（1997）*Direct Social Work Practice: Theory & Skills, 5th ed.*, Brooks/cole Publishing Company.

Middleman, R. R. & G. G. Wood（1990）*Skills for Direct Practice in Social Work*, Columbia University Press.

（黒木邦弘）

第Ⅲ部　複数実践事例の 7 次元統合体モデルによる見える化

<table>
<tr><td>第8章</td><td>暴力・虐待により緊急・切迫した状況にある人への実践</td></tr>
</table>

本章では，暴力・虐待被害により緊急・切迫した状況に置かれたクライエント（以下，CL）を対象としたミクロレベルのソーシャルワーク実践2事例（事例61・71）を用いる。これらにみられるソーシャルワーカー（以下，SWr）の実践行為の共通性を介入の時期を3期に分け，7次元統合体モデル（以下，7次元モデル）を用いて分析・実践の見える化を試み，その意味，意義等についても言及する。なお，各期ごとの本文と図を照らし合わせて読むことを勧めたい。

1 実践行為の7次元的分析と全体像

両事例には，家族内暴力を受けたために緊急・切迫した状況に置かれたCLへの援助という共通性がある。しかし，事例61は暴力の渦中からの避難支援，事例71は避難直後の保護・生活支援と，CLへの介入の時期が異なる。また，事例61のCLは母と複数の子，事例71のCLは一人というCLシステムの違いもある。それゆえ，当然CLのニーズとそれへの応答としての実践行為に違いはある。一方，暴力被害にさらされているCLへの援助であることから，暴力からCLを守り，安心・安全な暮らしの実現とエンパワメントを目指すというSWrの実践行為には，共通性も多々見うけられる。各事例の実践行為と共通性の分析結果は，表8-1の通りである。

事例61は，総合病院のSWrが行った実践である。父親から虐待を受けた子の診察に付き添ってきた母親との面接を進める中で，SWrが母親も夫からDVを受けていることを発見し，離婚の意思を固めた母親を中心に，母子が加害者から避難できるよう戦略的・組織的に資源を動員することによって，母子の避難・離婚を成立させ，生活再建を支援した事例である。事例71は，数十年にわたる夫からのDV被害により力を奪われ，周囲に背中を押されてDV支援施設のSWrのもとに緊急避難してきたCLに対し，安心・安全な生活空間を提供するとともに，

表8-1　実践行為の7次元的分析と全体像

事　例	加害者監視下にいる DV と虐待を受けている母子の避難支援（事例番号61）	長年 DV を受け力を奪われた高齢女性の保護から生活再建までの支援（事例番号71）
実践領域	母子福祉	女性福祉
特　徴	虐待相談から DV 問題を発見し，加害者からの監視下で安全な外部との連絡方法を確保し，情報機密保持を徹底した関係機関との連携により，母子の避難を支援した事例。	DV 被害で力を奪われ，周囲に背中を押されて避難した CL の行為を承認するとともに，警察との連携で加害者から守護し，安心・安全な生活空間の提供により CL の力の回復を見守った事例。
価　値	有害な環境と訣別する CL の決断，意志の尊重，応責性の重視，SW 専門職としての職責に対するコミット，CL の意志の「揺れ」に対する是認	CL にとって最良の方法の尊重（承認），CL の人生に対する責任の引き受け，整えられた時空間における自己決定の尊重
	【共通の価値】滋養的環境の創出，ライフプロテクション，安全・安心の保障，エンパワメント，自己決定の尊重	
視点・対象認識	秘密漏洩の危機判断に基づく情報管理の徹底の必要性の認識	CL の心理社会的状態の把握（問題・力）
	【共通の視点・対象認識】ライフプロテクションの重要性の認識，滋養的環境の必要性の認識，将来の危機予測，加害者の暴力特性の把握と危険を予測した関係機関との連携	
機能・役割	ケースマネジャー，社会的適応技能の教師，スタッフ開発，情報提供者，調査者，自己の業務管理者，専門職者	協働者，連携
	【共通の機能・役割】サービス・資源媒介者，資源の動員者，カウンセラー／クリニシャン，助言者，仲介者，交渉者，代弁者，側面的援助者，組織化，調整者	
方　法	コンサルテーション，ソーシャルワーク・リサーチ，IT を活用した相談援助，CL の安全に配慮した連絡・相談の工夫，情報管理の徹底	オーガナイズ，エンパワメント，環境調整，他機関の活用，交渉，住空間の提供
	【共通の方法】ケースワーク，連携・調整	
空間（場と設定）	援助の場の認識，SWr の所属機関の特性の認識	安全を確保した借家解約手続きと転居支援
	【共通の場と設定】CL の安全が確保できる援助の場に対する認識	
時　間	援助にかける時間の認識，面接時間に対する認識，記録に要する時間の認識	CL の時間（自己変革のタイミング，避難時間，生活適応時間，主体性が育つ時間，回復時間），SWr の時間（介入時間，見守り，待つ）
	【共通の時間】危機介入，介入のタイミング，見守り，内省，CL との協働時間	
技　能	【共通の技能】専門職スキル，対人関係スキル，政治のスキル，問題解決スキル，戦略的スキル，相互作用スキル，内的スキル	

出所：筆者作成。

警察や関係機関と連携をとることで加害者から守護し，CL の力の回復を見守り，エンパワメントした事例である。

2　実践行為の 7 次元的分析と特徴——初期・中期・後期

　2 事例の実践過程を，CL の安全の確保と自己決定を重視した実践の局面を初期，CL の安全を確保するために戦略的・組織的に資源を動員した移転計画実践の局面を中期，避難後の安全確保と生活再建の局面を後期とし，以下，各期において SWr が行った実践の特徴を図式化し，照らし合わせながら述べていく。

（1）実践初期——安全の確保と自己決定を重視した実践の局面

　SWr の思考・行為の過程を図式化したものが図 8-1 である。SWr は，関係のスキルを用い，ケースワークによって CL から得た情報から内的スキルを働かせて加害者の暴力特性を把握し，危険を予測している。それに基づき，SWr の視点・対象認識と価値が折り重なるように行き来しながら，CL の安心・安全を保障し，生命・生活を守るために，内的スキル・専門職スキルを発揮し，CL にとって「今ここ」という時空間の意味を捉え，今ここで自分はどんな役割・機能を果たすために何をすべきなのかを判断している。そして，CL の安全の確保と自己決定を重視するためには滋養的環境の創出が必要であり，それを実現することによって CL のエンパワメントを図ろうとしている。

　事例71では，日頃夫の監視下に置かれている CL が，夫の不在を見計らい受診した経緯から CL がさらされている危険の程度と緊急性を認識し，「生命の安全，家族の安全を確保しなきゃいけない」と安全の保障・ライフプロテクションを重視している。そして，今この安全な場で相談できるという好機を逃さぬよう，「CL の決意・決断を認め，支持したい」との気持ちから 3 ～ 4 時間かけて情報収集を行った。もちろん虐待から子どもを守り，DV 被害から CL 自身を守るために，離婚し子どもとともに有害な環境から決別するという CL の意思を尊重したものである。そして，初回面接の時に，「毎日定時に必ず夫から離れられる時間をつくり，連絡を取れるように工夫をして」と伝え，夫に気づかれない安全な連絡方法を CL とともに編み出しながら介入の回路を確保するとともに，CL が夫の支配下から抜け出して自分や子どもを助けるための工夫を創出することで，

図8-1　安全の確保と自己決定を重視した実践局面（実践初期）

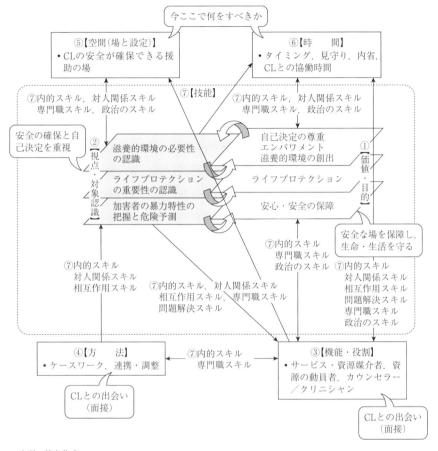

出所：筆者作成。

母親のエンパワメントを図っている。

　同時に，子どもの意思も尊重して加害者と離れることについて一人ひとりに意見を聞き，全員一致の意思であることを確認している。子どもを蚊帳の外に置かず，個々の意思を尊重し且つ不安感などにも丁寧に応答するSWrの姿勢は，援助の全過程で貫かれている。SWrは，「子どもたちも何が起こっているのかがわかる年なので，きちんとその子たちにもわかるような形で説明しました。やはり一番子どもたちが不安だと思うので説明と，大丈夫なんだよと常に伝えていまし

た」と語っている。

　つまり，子どもの状況認知能力を認識し，わかりやすい説明をするという応責
性を重視することで，子どもの不安感に対応したのである。そして，暴力にさら
され無力化された子どもが，自らの意思を表明できるように設定し，促進するカ
ウンセラー／クリニシャンの役割を果たすことで，子どもを無力な存在から共に
暴力に対抗する主体的存在として尊重し，協力し合う関係へとエンパワメントを
指向したのである。

　事例61の CL は，数十年にわたって夫から激しい暴力を繰り返し受け続けてき
た高齢女性である。CL は，それまで親族のもとに数日間避難したことはあるが
暴力は改善されず，数十年の暴力下で力が奪われた状態だった。自分からはどう
することもできずにいたところ，近隣住民からの通報により警察が介入し，着の
身着のまま SWr の所属する DV 支援施設に緊急保護された。

　SWr は，内的スキル・対人関係スキルにより，CL が自分の意思で避難してき
たわけではないため戸惑っているとの認識のもと，シェルターという安全な環境
の中で疲弊した心身を癒すことで力を取り戻し，時間をかけて CL 自身が自分の
気持ちと向き合い今後の人生を自己決定できるよう時空間の保障を重視した。そ
れは，「DV の場合というのは大抵皆さん焦るんですよ，不安だから。次どこに
住めばいいのか，次どうしたらいいんだろうかと。でも，彼女の場合小さいお子
さんもいなかったので焦りもなかったから」と，CL には焦る必然性がないと認
識していたからである。そして，「長年いろいろな葛藤の中でこられたから，一
朝一夕に気持ちの整理なんて本当にできなくて，だから自分自身を整理できたの
は環境と時間」と，CL にとって十分考え心の整理をする時空間の重要性を意識
した環境設定を行っている。

　さらに，「ゆっくり自分で何かに取り組もうという意欲が出てくるまで，ただ
見守りましたね。どうしようかという話はするけれど，それをしろとか，早くと
は言いませんでした。彼女が考えて言い出した時から，こちらも動きました」と
自己決定と CL のペースを尊重し，CL の変化を見極めながら見守っている。つ
まり，安心・安全な居住空間を提供するだけではなく，ここで焦らずゆっくりと
心身の疲れを癒したら，本来備わっている力が蘇ることを信じて待つというエン
パワメントを重視した姿勢の貫徹を含めて，滋養的環境を創出したといえる。

（2）実践中期——CL の安全を確保するために戦略的・組織的資源を動員した 移転計画実践の局面

　実践中期では，実践初期に引き続き加害者の暴力特性の把握と危険予測による CL の安心・安全の保障をするために，視点・対象認識と価値・目的が折り重なりながら且つライフプロテクションを重視しながら，CL のエンパワメントを目指している（図8-2）。そして，加害者に気づかれぬよう慎重に情報統制しながら時機に鑑みて，戦略的・計画的・組織的に資源を動員し，避難計画・転居の実現を目指した実践を行っている。その際，内的スキル・対人関係スキルを用いて，機能・役割と方法を照合させながら，サービス・資源媒介者，資源の動員者，助言者，仲介者，交渉者，代弁者として連携・調整，組織化し，代弁を行っている。

　DV 被害者は，加害者から逃れることを決意しながらも，自分の決断は良かったのかと気持ちが揺れることは珍しくない。両事例の SWr とも，通常は CL に対して安易に励ましや保障をすることはないが，このケースではあえて励ましたり，肯定するというカウンセラー／クリニシャンの役割をとることで，CL の不安を受容するとともに，自己選択／決定を肯定・強化し側面的に支えている。これも，ライフプロテクションや安心・安全の保障，滋養的環境の創出とならんで，暴力被害者を守り，暴力に対抗するソーシャルワーク実践の特徴といえるかもしれない。

　事例71で SWr は，「目指したのはいかに安全に離れ逃げることができるかですね。情報が漏れたり，こちらのミスで何かあったら二度と出られないのかなと思ったので」と，情報統制に細心の注意を払っている。とりわけ，CL が夫の監視下に置かれていることから，情報が漏洩した場合，母子を支配するために監視や支配が強化され，外部との接触や，戸外に出ることさえ遮られかねない。SWr は，「夫の問題や親権を考えた時に一SWr では無理だなと思い，弁護士の協力を求めました」と内的スキルを働かせて判断し，さらに対人関係スキル・問題解決スキルを働かせ，資源の動員者・仲介者として弁護士と連結している。

　そして，「CL の安全を守るために，情報共有もごく限られた関係者にとどめました。地元は本当に狭い世界で，興味本位で扱われないよう厳重注意と個人情報の取り扱いの徹底を院長からしていただきたいとお願いしました」と，対人関係スキル・専門職スキル・政治のスキルを用いて CL を取り巻くコミュニティ特性からリスクをアセスメントし，院長に交渉することで情報が漏洩しないよう統

図8-2　CLの安全を確保するために戦略的・組織的資源を動員した移転計画実践の局面（実践中期）

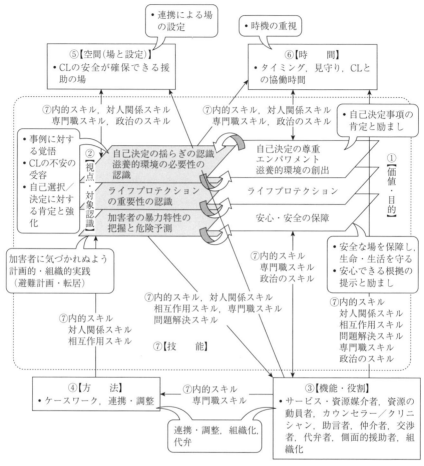

出所：筆者作成。

制し，戦略的に組織化した。また，「弁護士との面接も長子の担任に協力しても
らい進路相談を装って」と，校長・教頭・担任等の協力を得て，父親の監視やコ
ミュニティからの情報が漏洩しないよう，安全な場で避難を計画し，かつ離婚の
相談に向けた法的相談ができるように時空間を設定した。

　加えて，「CLには一人じゃない，味方がいると伝えて。大丈夫だとしつこい
くらい伝えて。今まで言ったことないんですけど『大丈夫だ』って。でも決断を

翻してはいけないと言わないようにして。出られないと思ったら出られなくてい
い，また機をみればいいから」と，不安ゆえに CL が避難・離婚の決断が揺れ動
くことを受容するとともに，「一人ではない，味方がいるから大丈夫だと常に伝
え続けていた」と，CL の不安に安心できる根拠を示して励まし，心理的に支え
るカウンセラー／クリニシャンとしての機能を発揮した。

　事例71の場合は，すでに夫から避難しているとはいえ，いつ夫に居場所を探ら
れ連れ戻されたり，暴力を振るわれるなど，危険が降りかかるかわからない。緊
急避難したために自分の持ち物を運び出すための転居作業は，夫に対する決別を
示すことになる。それゆえ，時機を重視し夫に気づかれぬよう計画的・組織的に
進める必要がある。

　大家からの連絡で，CL が夫と暮らしていた室内は，鋭利な刃物で家財道具か
ら畳まで何もかも切り裂かれている状態であったことが判明した。尾崎（2005：
125）は，重度の傷害・殺人に至る可能性のある危険要素として，武器を使った
脅しを挙げ，「ナイフ，バットなどの武器を実際に使ってサバイバーに怪我をさ
せたり，脅したりするのは，バタラーがより危険な行動を選択するようになって
きた証拠といえるでしょう」と述べている。CL が姿を消したことにより加害者
の怒り・攻撃性が増幅したことに直面し，SWr は DV 被害者のみならず支援者
である自らも守る必要性を認識した。「蒸発していた夫がいつ帰ってくるかわか
らないという不安の中で引っ越したんですけれど。警察にも相談して立ち会って
もらったんです。荷物を搬出する間」と，警察との連携の下，CL も SWr もと
もに安全を守りながら転居を企て作業を行った。

　また，引っ越しの最中に「これでよかったんですよね」と訴える CL に対し，
「『あなたが決めなさい』って言うのが普通ですけどね。その時，私言いました
『これが最良の方法だと思う』って」と。CL の不安を受容しつつ自己決定を肯
定・強化している。これは，CL の個別性や加害者の特性だけによるものでなく，
決断が揺れるのは DV 被害者の傾向であるという知識と照合する内的スキルの稼
働が，自己選択／決定の揺らぎの受容を可能にしている。そして，安心の根拠を
提示するカウンセラー／クリニシャンの役割をとることで CL を心理的に支え，
自己決定を貫徹できるよう支えているのである。

（3）実践後期（終結期）──避難後の安全確保と生活再建の局面

　DV の場合，加害者から避難した後でも，いつ加害者に捕らえられ，暴力を受けるかわからない。尾崎は，「『被害女性の主導で別離した後，特にすでに別れて住んでいる時に女性が殺される確率が高く，また別離の前後は性暴力被害の危険な時期である』というアメリカの調査結果から，別れることが新たな危害の可能性が出てくることにつながる」という認識の必要性を述べている（尾崎 2005：116）。それゆえ，被害者に関する情報が漏洩しないよう，引き続き行政・教育・警察など関係機関が連携し，守らなければならない。

　実践後期では両事例とも SWr は，内的スキル・専門職スキルを働かせて，加害者の暴力特性から，その加害者ならではの出現の仕方や，避難したことに対する報復等の危険を予測し，安心安全の保障，ライフプロテクションを重視している（図8-3）。また CL の不安を受け止めつつ，安心して暮らせるよう地域の関係機関と連携して守護している。ただし実践中期までとは異なり，実践後期では CL の自立的な生活再建を見守るなど一歩引いた側面的援助者として，機能している点に特徴がある。

　事例71は，避難後も弁護士や DV 支援団体と連携・調整しながら CL を見守り，母子が新生活を始めた後もメールや電話で母親からの相談に応じるなどのフォローアップをしている。「お母さんにとって，それは私は決して答えは出さないんですが，心強いと思って下さっているようで，もう少しサポートしていけたらいいかな」と，母親がちょっとした相談や支えを必要としている時に応答する滋養的環境として，側面的援助者としての機能を果たしている。

　事例61では，転居後も周辺をうろつく夫の姿に脅えたり，夫が他所で問題を起こしたという連絡が行政機関を通して入ってくることもあった。しかし，「福祉のワーカーも協力して下さって，彼女の安全を守ってきたんです」と，警察や行政との組織化による連携・調整によって，CL の安全な生活を守っている。同時に，安全な環境下で CL が自分の力を発揮して新しい生活を構築できるようにエンパワメントを重視している。たとえば，CL の活動の場として当事者組織と連結したり，生活に不便がないよう自転車を貸したり，買い物の支援をするという形で CL を見守ったり相談に応じるなど，側面的援助による滋養的環境の創出に力点が置かれている。

図8-3　暴力・虐待被害者を対象としたソーシャルワーク実践（実践後期）

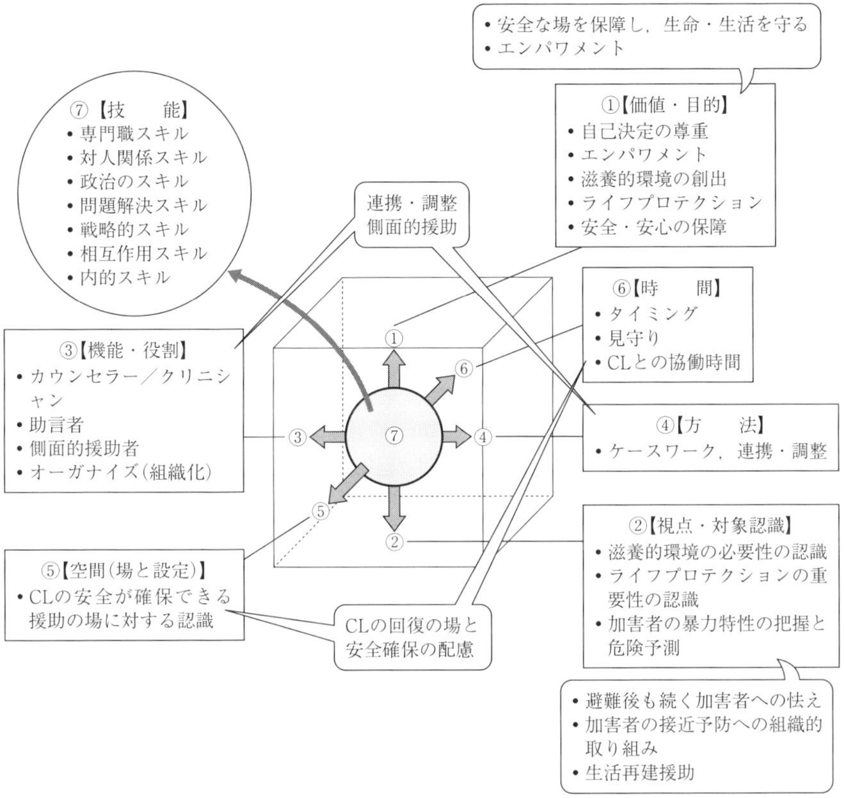

• 安全な場を保障し，生命・生活を守る
• エンパワメント

①【価値・目的】
• 自己決定の尊重
• エンパワメント
• 滋養的環境の創出
• ライフプロテクション
• 安全・安心の保障

⑦【技　能】
• 専門職スキル
• 対人関係スキル
• 政治のスキル
• 問題解決スキル
• 戦略的スキル
• 相互作用スキル
• 内的スキル

連携・調整
側面的援助

⑥【時　間】
• タイミング
• 見守り
• CLとの協働時間

③【機能・役割】
• カウンセラー／クリニシャン
• 助言者
• 側面的援助者
• オーガナイズ（組織化）

④【方　法】
• ケースワーク，連携・調整

②【視点・対象認識】
• 滋養的環境の必要性の認識
• ライフプロテクションの重要性の認識
• 加害者の暴力特性の把握と危険予測

⑤【空間（場と設定）】
• CLの安全が確保できる援助の場に対する認識

CLの回復の場と安全確保の配慮

• 避難後も続く加害者への怯え
• 加害者の接近予防への組織的取り組み
• 生活再建援助

出所：筆者作成。

3　実践にみられるソーシャルワークの固有性

　以上，事例への介入局面を3期に分け，両事例に共通するSWrの実践を7次元的に分析し見える化を試みた。その結果，家庭内暴力・虐待被害という特性から，避難する前から避難・離婚等離別した後でも，全過程を通してCLの生命・生活の守護と安心・安全の重視に関する価値・目的，視点・対象認識，空間（場と設定），時間の概念を活用し，機能・役割，方法を選択するスキルを発揮するという根幹部に大きな違いはない。ただし局面に応じて，これらを守るために

SWr がとる機能・役割，方法が柔軟に選択されていた。

　また，すべての過程において CL は守護の対象であると同時に，どんなに混乱し，力が奪われている状態であっても，自分のペースで力を取り戻し，自己決定できる存在として尊重する姿勢が貫かれていた。とりわけ暴力にさらされてきた CL にとっては，支配から逃れ，自分の生活を自ら変革できる人へとエンパワメントされることは重要である。しかし，これらは暴力・虐待にさらされた CL に対する実践行為の固有性と捉えてよいのだろうか。むしろ，社会的排除や不公正に対抗するソーシャルワークの価値と照らし合わせるならば，事例の特性を超えてソーシャルワークに内在する固有性といえるのかもしれない。

4　実践の7次元的考察

　7次元モデルを用いて実践を分析することで，以下のことが明らかになった。

　第1に，ソーシャルワークは技能の内的スキルを起点にして価値・目的と視点・対象認識との照合から出発し，機能・役割，方法，時間，空間（場と設定），さらなる多様な技能とが必然的に連動し，実践行為として成立していることである。

　第2に，ソーシャルワーク実践は，外部から客観的に把握できる SWr の言動と，その内的な世界における認識や思考など，SWr が言語化しない限り外部からは把握できない内的行為とが連動して成立しており，7次元モデルを用いることで，目に見えない行為と目に見える行為が連動する様相を見える化できた。実際に本モデルを用いてソーシャルワーク実践を分析する作業を通して，また，他の事例に出合った際も，ソーシャルワークを立体的に捉えるようになった。価値と視点・対象認識の照合から，あたかも玉突きのように，どのような機能・役割を果たし，そのためにどんな方法を用いて，時空間をどのように活用して，どのような技能を用いるのか，分析者としては内的に描けるようになった。

　なお，7次元モデルを用いてソーシャルワーク実践を見える化し，言語的に伝達可能にすることで，ソーシャルワークが属人的な実践の内にとどまるのではなく科学的な実践として，教育・訓練の根拠となるのではないだろうか。

参考文献

尾崎礼子（2005）『DV被害者支援ハンドブック——サバイバーとともに』朱鷺書房。

Bancroft, L. & J. G. Silverman（2002）*The Batterer as Parent: Addressing the impact of Domestic Violence on Family Dynamics*, SAGE Publications.（＝2004，幾島幸子訳『DVにさらされる子どもたち——加害者としての親が家族機能に及ぼす影響』金剛出版。）

Browne, K. & M. Herbert（1997）*Preventing Family Violence*, WILEY.（＝2004，藪本知二・甲原定房監訳『家族間暴力防止の基礎理論——暴力の連鎖を断ち切るには』明石書店。）

（橋本美枝子）

第9章	社会生活維持遂行および判断が 困難な人への実践

　本章では，多様な要因による社会生活機能や遂行機能，判断能力に課題のある
クライエント（以下，CL）へのソーシャルワーク実践の異なる4事例（事例5・
7・13・17）を取り上げ，実践行為の共通性を中心に7次元統合体モデル（以下，
7次元モデル）を活用して見える化（可視化）を試み，その意味や意義等にも触れたい。

1　実践行為の7次元的分析と全体像

　私たちは，他者や社会との相互作用の中で様々な経験の蓄積と認識を基に暮ら
しの安定化に向け，自分なりの努力や工夫によって日々の生活を営んでいる。し
かし，突然の病いや障害は，個人の社会生活機能の維持に必要な経済的かつ社会
的問題を生じさせ，一人の力だけでは生きていくことを困難にさせる。なかでも
知的障害や発達の遅れ，高次脳機能障害など周囲に見えにくい障害のある人は，
時に社会からのいわれなき偏見や差別，圧力，搾取などの権利侵害を受けやすい。
　本章で取り上るCLも，高次脳機能障害やアルコール依存，知的低下ならびに
発達障害などを要因とした社会生活機能や遂行機能，判断能力に課題をもつ社会
生活力の脆弱さのある人々である。本章の事例群は，判断能力の不十分さとそれ
に付随する問題が複雑化し，対応が困難であると認識される事例であり，きわめ
て個別的かつ専門的な実践が求められる。そこで，4事例に対して7次元（価
値・目的，視点・対象認識，機能・役割，方法，空間（場と設定），時間，技能）を用い
て分析し，ソーシャルワーカー（以下，SWr）の実践行為の特徴について明示す
る。資料9-1（章末）は，4事例の概要とSWrの実践行為の全体像である。
　まず事例5のCLは，長きにわたるホームレス生活やギャンブル，アルコール
依存などの要因から論理的思考能力が不足する状態にある。本事例は，CLの生
活の立て直しと安定を目指し，ホームレスからの脱却を試みた実践事例である。
SWrは，CLの生活史から酒・ギャンブル・借金などの生活阻害因子とその要

因・背景を理解し，CL に寄り添いながら本人の意思やニーズを尊重し粘り強く関わる。周囲との言い争いや金銭トラブルに対しては，関係者間の仲介，司法関係者との連携，成年後見制度の活用などによって，CL の権利侵害を防止する。

事例7は，単身で自活してきた高次脳機能障害のある女性の地域生活支援の実践である。CL は，病気の後遺症が原因で判断能力が不十分という障害属性をもつが，SWr は機能低下を理由に施設入所を勧める医療の論理が優先されるなかで「本人の人生は本人のもの」と権利主体としての個人とその尊重を基盤に CL ニーズを重視し，CL と家族，医療スタッフの相互作用の促進を通じて本人を支える環境づくりに働きかける。その結果，医療と福祉の協力体制が形成され，CL の単身生活というニーズを実現する。

事例13は，発達障害と知的障害の狭間とされる CL の地域生活支援ならびに就労支援の実践である。SWr は，CL の生活史から CL の置かれた状況への理解を深める。CL は，感情をうまくコントロールできずしばしば対人トラブルを引き起こすが，SWr は障害特性を踏まえ，属性に応じたコミュニケーションの方法を模索しながら援助関係を形成する。CL が引き起こすトラブルの仲介や解消に取り組みつつ CL の社会生活機能の獲得を支援する。また，CL に不利益をもたらすサービス提供の仕方（サービス支援システム）の変化や CL を理解し支持する環境づくりを支えながら就労ニーズを実現する。

事例17は，言語障害がある CL と家族が望む生活ニーズの実現に向けて介入する実践である。言語障害を抱える CL は行動で意思を伝えるしか手立てがない。そのため，負の感情行動は周囲から暴力と受け取られやすい。それを CL の問題行動と捉えた組織は，退所勧告を下す。この状況の中で，SWr は，CL 排除に向かう組織の論理を認識しながらも，CL の代弁者となり施設や職員の意識改革とケアの改善に取り組む。

2　反福祉的課題の認識と権利擁護——実践行為の特徴①

4実践は，社会的脆弱者に向けられる権利侵害への認知から介入が進む。Well-being が充足されず，混沌とした生活のなかで，自虐的な行為を繰り返す CL であっても，SWr が守るべきものと認識しているのは CL の尊厳と権利である。SWr は，CL の社会生活上の課題を単に個人の問題として捉えるのではなく，

図 9 − 1　反福祉的課題の認識と権利擁護

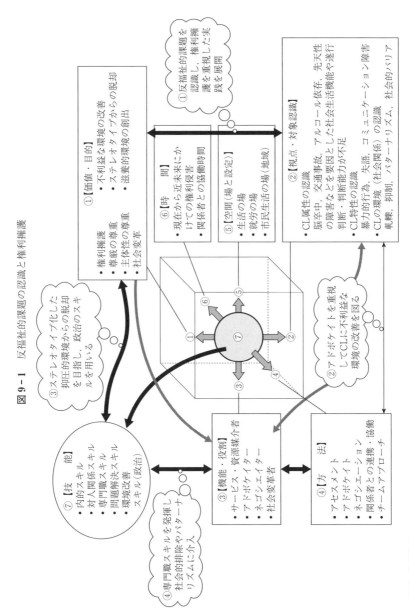

①反福祉的課題を認識し、権利擁護を重視した実践を展開

②【視点・対象認識】
CL属性の認識
脳卒中、交通事故、アルコール依存、先天性の障害などを要因とした社会生活機能や遂行判断・判断能力が不足
CL特性の認識
暴力的行為、失語、コミュニケーション障害
CLの環境（社会関係）の認識
軋轢、抑制、抑圧、パターナリズム、社会的バリア

【価値・目的】
・不利益な環境の改善
・スティグマタイプからの脱却
・滋養的環境の創出

権利擁護
・尊厳の尊重
・主体性の尊重
・社会変革

⑥【時　間】
・現在から近未来にかけての権利侵害
・関係者との協働時間

⑤【空間（場と設定）】
・生活の場
・就労の場
・市民生活の場（地域）

③スティグマタイプ化した抑圧的環境からの脱却を目指し、政治のスキルを用いる

②アドボケイトを重視してCLに不利益な環境の改善を図る

⑦【技　能】
・内的スキル
・対人関係スキル
・専門職スキル
・問題解決スキル
・環境改善スキル（政治）

④専門職スキルを発揮し、社会的排除やパターナリズムに介入

③【機能・役割】
・サービス・資源媒介者
・アドボケイター
・ネゴシエイター
・社会変革者

④【方　法】
・アセスメント
・アドボケイト
・ネゴシエーション
・関係者との連携・協働
・チームアプローチ

出所：筆者作成。

社会環境と社会関係への視点から CL の課題を把握する。また，SWr は CL 側から状況を認識し，環境の中にある課題を発見する。たとえば，住民票をめぐる意図的なごまかしによる反社会的行為への巻き込み（事例5），妹の顔色を覗いニーズを表出しない状況（事例7），本人のコミュニケーション特性を理解しない他者とのトラブル（事例13），行動の制限によって悪化する本人の行動（事例17）などは，環境からの非応答性による社会的バリアである。

　この認識過程には，面接という場と設定の中で内的スキルを動かし，受容・共感，傾聴などの対人関係スキルによって援助関係が形成されていく。さらに内的スキルや対人関係スキルを発揮しながら過去から現在までの CL の状況を浮き彫りにし，CL がこれまで受けてきた抑圧，理不尽な評価，搾取，排除という反福祉的課題を CL の生活阻害要因として認識していく。

　SWr のこの認識が起点となり，アドボケイトやネゴシエーションで CL に不利益な環境の改善を図っていく。それは，CL の意思を無視したパターナリズム的な関わりや，障害特性や従前の生活態度へのステレオタイプ化した抑圧的環境からの脱却を目指して発動された政治のスキルによる実践行為である。さらに，そのスキルは，問題解決スキルと結びつき社会関係の変化や組織の意識改革を促進し，CL の権利擁護を推進する。

　また SWr は，アドボケイターやネゴシエイターの役割を担いながら，フォーマルな社会資源を結びつけるサービス・資源媒介者としても機能する。この役割ないし機能は，専門職スキルによって動かされ，関係者や住民との連携・協働，チームアプローチ，社会的排除やパターナリズムへの介入などの方法に現れる。なかでも，尊厳の尊重や権利擁護を重視する価値志向は，政治のスキルを動かすことで社会変革者として機能する。その実践は，ホームレスに対する一般市民の理解促進（事例5），医療のパターナリズムからの脱却（事例7），偏見や先入観の書き換え（事例13），反福祉的思考をもつ組織の改革（事例17）に向けた介入に結びつく（図9-1）。

3　CL への地域生活支援と戦略的スキル——実践行為の特徴②

　4実践に共通してみられる2つ目の特徴は，SWr の戦略性である（図9-2）。ソーシャルワークのグローバル定義によると，ソーシャルワークの戦略は，抑圧

図9-2　CLの地域生活支援における戦略的スキル

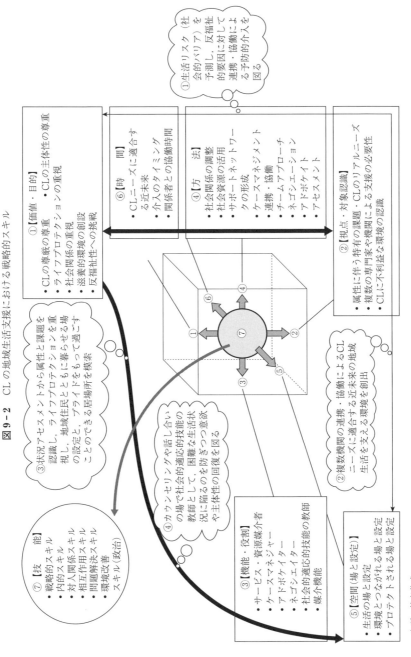

①【価値・目的】
・CLの尊厳の尊重
・CLの主体性の尊重
・ライフプロテクションの重視
・社会関係の重視
・滋養的環境の創設
・反福祉性への挑戦

⑥【時間】
・CLニーズに適合する近未来
・介入のタイミング
・関係者との協働時間

④【方法】
・社会関係の調整
・社会資源の活用
・サポートネットワークの形成
・ケースマネジメント
・連携・協働
・チームアプローチ
・ネゴシエーション
・アドボケイト
・アセスメント

②【視点・対象認識】
・属性に伴う特有の課題・CLのリアルニーズ
・複数の専門家や機関による支援の必要性
・CLに不利益な環境の認識

①生活リスク（社会的バリア）を予測し、反福祉的要因に対して連携・協働による予防的介入を図る

③状況アセスメントから属性と課題を重視し、ライフプロテクションを重視し、地域住民とともに暮らせる場の設定と、プライドをもって過ごすことのできる居場所を模索

④カウンセリングや話し合いの場で社会的適応の技能の教師として、困難な生活状況に陥るのを防ぎつつ意欲や主体性の回復を図る

②複数機関の連携・協働によるCLニーズに適合する近未来の地域生活を支える環境を創出

⑦【技能】
・戦略的スキル
・内的スキル
・対人関係スキル
・相互作用スキル
・問題解決スキル
・環境改善スキル（政治）

③【機能・役割】
・サービス・資源媒介者
・ケースマネジャー
・アドボケイター
・ネゴシエイター
・社会的適応技能の教師
・媒介機能

⑤【空間（場と設定）】
・生活の場と設定
・環境とつながれる場と設定
・プロテクトされる場と設定

出所：筆者作成。

的な権力や不正義の構造的原因と対決し、それに挑戦するために人々の希望・自尊心・創造的力を増大させることを目指すともある。[1]　本節においても、その戦略性は、CL 状況の客観的事実の把握から社会的バリアを認識し、将来起こりうる生活リスクを見据えながらの実践行為にみることができる。そして、この戦略的実践では、バリアの除去やタブーへの抵抗、相互の違いを埋めるなどバリアを扱い、葛藤に対処する戦略的スキルが作用している（Middleman & Goldberg 1990：155）。

　戦略性を描くためには、まず複眼的に事実や状況を認知する内的スキルの発揮が欠かせない。SWr はたとえばアセスメントツールを活用しながら事実の把握から状況を捉え、社会的バリアを認識することになる。一般にアセスメントは、身体的・精神的・社会的な側面から捉えられる。4 事例の実践行為も CL システムと環境システムとの交互作用に着目し、CL の状況を摑んでいる。それをソーシャルワークの価値と照らし合わせながら、環境側の CL 属性への無知が CL の社会生活機能・遂行上の課題をより深刻にさせることを認識する。この社会的バリアの認識は、さらに尊厳や人権、社会正義などの価値と連動し、反社会的行為への誘い（事例 5）、CL の自由意思を脅かす医療の論理（事例 7）、厄介者とみなす環境の抑圧的行為（事例13）、行き過ぎたリスクマネジメント（事例17）などの反福祉的諸課題に挑戦するという目標設定につながる。

　一方で、内的スキルは、諸課題の解決における社会関係の重要性を認識させる。それは、人と環境に関する科学的理論の中で、CL の最善の利益は滋養的環境（豊かな社会関係）の存在と考えるからである。これらを基に実践行為は、社会生活を支え得る社会関係の調整や社会資源の活用などの方法で展開されていく。このようなアセスメントによる課題の明確化、アプローチの決定、社会資源の選択などの一連の行為は、まさに専門職スキルによるところである。

　併せて、CL の抱える問題の複雑さや、ニーズの多様性は、SWr 単独では解決し得ない課題である。この点を SWr が内的スキルを軸にして認識できるかどうかによって、CL の利益が左右されるといってもよい。4 事例の SWr は、自らの限界性を認め、チームアプローチを重視し、複数の専門家や機関と協働で予防的措置を講じていく。このように、SWr の自己内省力と社会関係を重視する専門職価値によって、CL が守られる地域・環境の整備、CL ニーズに適合する近未来のソーシャルサポートネットワークの創出という実践行為が環境改善スキルによって生み出される。

　たとえば，事例7の高次脳機能障害のある CL への援助では，CL ニーズを阻む負の関係性をもつ妹や医療チームに対して，CL を支える正の関係性に変えていく。その過程では，アドボケイトやネゴシエーションの方法が活用され，対人関係スキルや問題解決スキル，相互作用スキルを動かしながら CL と妹，医療専門職の3者間で媒介機能を働かせる。また，CL の属性が将来にわたり社会関係の隘路となることを予測し，医療・福祉・地域の連携によってサポートネットワークを形成し，CL がプライドをもって過ごすことのできる居場所を創っていく。とりわけ，関係者との協働的関係の話し合いの場と設定の中で政治のスキルを用いながら，CL への権利侵害や生活リスクに対するリスクマネジメント（予防や抑止）を図る実践が描かれている。また，CL 自身が招く生活リスクに対する認識は問題解決スキルを発動させ，カウンセリングや話し合いの場で社会的適応的技能の教師役割やケースマネジャーの役割を担うことを可能にする。その結果，支援プログラムや就労支援などの具体的な生活課題の解決につながっていく。それは，困難な生活状況に陥るのを防ぎながら，本人による問題解決を支えることにもなる。

4　意思ある存在の認識とエンパワメント——実践行為の特徴③

　本章で取り上げる CL の言動は，他者の目に奇異な行動や常識はずれのこととして映りやすい。たとえば，通所事業を休み数週間いなくなる（事例5），病識がもてないまま医療スタッフに大丈夫だと話してまわる（事例7），パチンコやゲームに執着する（事例13），怒りを暴力的な行為で表現する（事例17）などのように周囲の困惑を招く言動がある。それにより，他者や社会は，付随する障害だけでなく日常的な言動を基に本人による生活再建は難しいと評価し，本人の利益を守るという意味合いから，本人の意思を無視したパターナリズムを正当化する。いわば，環境による CL の生活や行動への干渉である。

　しかし，SWr は尊厳を重視する価値志向から本人の最善の利益を探求する。そして，CL の過去から現在に至る生活史を丁寧に聴き取り CL の状況を捉えていく。それは，CL の努力と結果がかみ合わないことや，長きにわたる生活習慣の変化の難しさなど本人の道理を理解する。それにより，CL の言動に対して単に道徳的ではないとか，自分勝手な振る舞いだと意味づけるのではなく，実は，

図 9 - 3　意思ある存在としての認識とエンパワメント

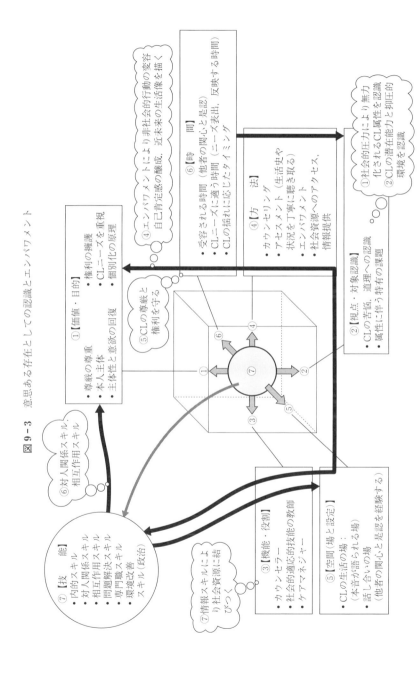

出所：筆者作成。

困難な状況を脱却しようと努力を重ねる CL であることを見出す。その CL の本質への接近を通して人間存在の価値に気づいていく。この経験は，SWr に尊厳と権利を擁護するソーシャルワーク専門職であることをより強く認識させていた。

　SWr たちは，本人のニーズを引き出してそれをいかに実現させていくかを重視し，アパート生活と就労（事例5），自由のある自宅生活（事例7），就労による経済的自立（事例13），夫婦の安心が確保される生活の場（事例17）のように生活主体である CL のニーズを重視し，徹底して本人主体を貫く実践行為として映し出される。その SWr の認識の根底には，意思が伝わりにくくても，必ず個人の意思は存在し主体者としての生き方が実現できる（石渡 2015：11）という認識論をみることができる。ソーシャルワークの価値に根差した認識は，SWr が CL の意味世界にいかに接近できるかにかかっている。4つの事例の中での SWr たちは，何とかして CL の言動の意味を探るべく関わり続けていた。このように価値を基盤とした実践行為は，内的スキルと対人関係スキルを連動させ，本人の揺れに応じてタイミングを図りながら応答を繰り返し CL の意思表出を助けていく（図9-3）。

　同時に SWr の実践行為は，社会的圧力により無力化される CL 属性を踏まえ，エンパワメントを指向する。援助関係を形成する上で CL への支持的かつ受容的関わりが重要であることは周知されるところであるが，エンパワメント過程には，感情の共有や自尊感情の醸成，物事の遂行能力に関する自信の獲得が挙げられる（橋本ほか 2008）。SWr は，夜中の電話にも対応する（事例5），話し合いの場や生活の場で毎朝 CL の元に足を運ぶ（事例7），非社会的な行動をしようとも一切マイナス評価を表現しない（事例13），失語症の彼のことを知りたい，彼の言うことを摑みたい（事例17）などのアクティブで意図的な関わりによって，CL の非社会的行動の変容や自己肯定感の醸成によって，CL 自身が将来の生活を描くことを可能にしている。この過程には，CL の潜在能力への信頼と抑圧的な環境への認識があり，内的スキルを働かせて問題解決スキルを動かし，社会資源へのアクセスや情報提供という方法による実践行為へと連関する。

5　実践の7次元的考察

　本章では，その属性から「支援機関や支援者に橋渡しをしても約束通りに物事

を進めない，不意に姿を消す，自らで支援網からすり抜けていく」など援助が難しい対象への実践行為の特徴を示した。ここでは，4実践の7次元の動きを通して見えてきたソーシャルワークのかたちについて示したい。

　ソーシャルワーク実践はCLとの面接という出会いを契機に，内的スキルの発揮から福祉事象の認識に始まり，認識と価値次元と照らし合せて援助目的を明確にする。その認識過程では，方法次元としてのアセスメントなどによりCLの状況を具体的に読み解いていく。この過程は，CLの属性等の基本的情報のように目に見えるものと，CLの価値観や人生観，生活観など目には見えないものを過去・現在・未来の時間軸で明らかにする過程（視点・対象認識次元）である。とりわけ，後者は，4事例のように特有の属性があるCLを一人の人間として関心を寄せ，環境から権利侵害を受けやすい存在として認識する。そして，CLの情報やメッセージは人と環境の視点からさらに読み解かれ，権利擁護（価値・目的次元）を軸に具体的な問題解決に向けて多様なスキルの発揮とともにSWrとしての機能・役割を果たし，選択した方法を活用して実践が展開されていく。

　事例群では，判断能力が不十分でありながらもCLの弱さの中に強さを認識し，アドボケイトや交渉の機能・役割や方法，社会資源を活用しながら，CL主体の実践が展開されている。またSWrは，近未来を見据えCLの生活リスクとその構造を認識することで（視点，対象認識次元），バリアの除去（価値・目的）を目指す。このように，いずれの実践行為も価値が重要な位置を占め，価値が他の次元を動かす源となる。つまり，内的スキルの下で認識と一対の価値はソーシャルワーク専門職としての実践の根拠を示す。このことは，ソーシャルワーク実践における福祉価値の重要性をより鮮明にする。

　また，①相反する様々な価値に苦悩しながら俯瞰的にCLと環境を注視し，相互に影響を与える要因や影響の質，度合いを認識するSWrの認識過程，②権利擁護の価値志向とCLの主体性の喚起に重きを置き，個人と社会の双方に働きかける挑戦的な実践行為，③生活リスクと社会的バリアの認識から近未来を見据えるSWrの戦略的思考などの特徴的な思考プロセスがある。これは，「今，ここ」の生活課題に取り組むミクロからメゾレベルの実践や，権利擁護のマクロレベルの実践行為の中にある。とりわけ，SWrが環境改善，社会変革を目指し代弁・交渉・仲介などの政治スキルを発揮する実践行為は，マクロ・ソーシャルワークといってもよいだろう。近年，ミクロからマクロまでの連続性を意識した実践展開

が強調されているが，7次元モデルは実践レベルの実践行為の動きまでも可視化することを可能にする。

注

⑴　日本ソーシャルワーク教育学校連盟「ソーシャルワーク専門職のグローバル定義」解説を参照されたい。

参考文献

石渡和美（2015）「地域移行における「意思決定支援」のあり方——障害者権利条約の批准を踏まえて」『社会福祉研究』124，22-31頁。

岡本民生・平塚良子編著（2004）『ソーシャルワークの技能——その概念と実践』ミネルヴァ書房。

橋本卓也・岡田進一・白澤政和（2008）「障害者のセルフ・エンパワーメントの内的生成要因について——自立生活を送る重度障害者に焦点をあてて」『社会福祉学』48(4)，105-117頁。

Middleman, R. R. & Goldberg, W. G. (1990) *Skills for Direct Practice in Social Work*, Columbia University Press.

資料9-1　実践行為の7次元的分析と全体像

	事例5	事例7	事例13	事例17
事例の概要	50代男性。アルコール依存により債務，搾取等の多問題を抱えるホームレスの生活安定に向けた援助	60代女性。くも膜下出血後の高次脳機能障害のある患者の在宅復帰に向けた退院支援	30代男性。外傷後の知的・発達の遅れ（療育手帳B）と行動・感情の障害により社会関係が悪化したCLに対する地域生活の維持および就労支援	80代男性。施設機能の不備により退所勧告を受けたCLへの生活支援と施設機能の改善に向けた実践
所属機関	独立型社会福祉士事務所	リハビリテーション病院	障害者生活支援センター	介護老人保健施設
社会生活維持・遂行判断の困難さの特徴	主にアルコール依存よる思考力低下。長期間に及ぶ自由気ままな暮らしぶりによって規則正しい生活や約束，規則，契約ができ難い。	左方麻痺による歩行能力の低下，記憶と注意力の問題があり火の始末ができない，道路を渡れないなど危険が伴う。	療育手帳B。感情や欲求のコントロールができない。易怒性が高く他者と関係を築き難い。	左方麻痺，車いすでの移動等中程度の介護が必要である。社会的行動障害（易怒性・暴力性）がある。失語症。妻も高齢で介護力が不足している。
価値・目的	・判断能力が不十分なCLの望む地域生	・「本人の人生は本人のもの」という個	・CLの家族内文化を尊重しつつ，家族	・CLの自由な行動の尊重

	活の実現と社会参加の重視 ・CLの自己理解の促進をしながら側面的援助者としての専門的役割を重視 ・CLの意思の尊重と権利侵害防止を重視 ・CLの生活を支える滋養的環境づくり, 一般社会の寛容的理解の促進を重視	人の尊重を基本とし, 本人のニーズ・参加の尊重, 自己決定を重視 ・CLの望む生活像への探究と具現化 ・医学モデルによるパターナリズムへの対抗 ・CLと他者との相互作用, 変化の過程を重視 ・多職種連携による支援の共有化というSWrの専門職性を重視 ・近未来の生活を支える滋養的環境づくりを重視	内文化の負の連鎖を断ち切ることを重視 ・家族内文化の状況アセスメントに基づき, 社会との接点及び予見されるリスクへの介入を重視 ・CLの地域生活ニーズを支えるサポーティブな地域環境の創設を重視 ・CLの自発的な行動変容を重視	・意思疎通が困難なCLに不利益をもたらす組織の反福祉性への抵抗・挑戦 ・CL及びCLシステムの参加による社会サービスの調整を重視 ・CLとニーズとCLシステムの援助観を統合できるサービス環境を重視
視点・対象認識	・CLの判断能力の不足や行動上の問題ゆえに生活リスクが高まっていることを認識 ・有害な他者の存在, 関係者のCL非難の存在, CLの地域生活困難さなど課題を認識 ・CLが地域生活の継続や目標をもつこと, 自分の生活を尊重することの重要性認識 ・CLの近未来の生活予測からホームレス問題の周知や社会の受け入れの重要性, 成年後見制度利用に関する認識 ・CLに対してSWr自身に内在する世間一般の規範的見方を認識	・回復過程におけるCLの身体的・精神的・社会的変化を可視化する必要性を認識 ・CLの苦悩や無力感・諦め, 不安, 言語化できないCLのリアルニーズを認識 ・残存する障害がパターナリズムを生じさせ, 家族や医療職, ケアマネジャー等他者の意向がCLを抑制することを認識 ・生活リスクを補う社会サービスの重要性を認識	・小学生時の交通事故からCLシステム全体の属性と認識 ・家族内文化への非介入がCL利益と認識 ・CLの行動変容の経時的変化への視点 ・CLの他者との相互作用と社会的経験の蓄積の重要性を認識 ・SWr主導リスク介入に不全感を認識	・CLの失語症の状態と社会サービス利用によるCLシステムとの協働を認識 ・CLの暴力性が, 自由な行動や生活の継続に影響することを認識 ・CLの暴力性を巡る不適切な組織の力学に追随する不本意な援助を認識し, CLシステムの心情と肯定的な介護観を認識 ・援助結果に対するCLの生活の質とニーズとの不一致を認識
機能・役割	・多様な問題やトラブルの解決を調整する。 ・生活リスク発生の予防・抑止, 権利擁護を意識し関係者が	・CLの傾聴に徹し近未来の生活確保のための仲介や調整, 代弁をしながら種々の機能・役割を果たす。	・CLのコンピテンス, 不適合な環境をアセスメントし, サービス資源を媒介 ・カウンセラー／CLに応じたコミュ	・CL及びCLシステムに対して社会サービスの媒介者として協働 ・失語症のCLと重要な他者の介護観を

	本人を受け入れる環境の改善や支援ネットワークの構築 ・サービス・資源媒介者（居住場所の確保），カウンセラー／クリニシャン（心理的サポート，緊急性の見極め，社会的適応的技能の教師（契約や生活改善に向けた行動変容），資源の動員者及び調整者（社会福祉サービス，司法），アドボケイター（生活保護ケースワーカー，大家，施設職員，一般市民），自己の管理業務者（委託業務の遂行）	・サービス・資源媒介者（リハビリテーション医療，介護保険サービス，障害者サービス），カウンセラー／クリニシャン（心理社会的アセスメントならびに支持的サポート），アドボケイター（医療専門職や地域支援者に向けて本人の意思を反映），社会生活力の向上・強化／社会的適応的技能の教師（本人の変化への支援），ケースマネジャー（サービスプランの策定），環境の調整等オーガナイザー，自己の業務管理，管理者，専門職者	ニケーションにて信頼関係を構築 ・行動変容／社会的適応的技能の教師としての役割 ・集団の文化と CL との関係をアドボケイト（CL の状況やニーズを代弁する） ・金銭管理や非社会的行動に他機関・他職種と連携などケースマネジメント役割 ・組織内外のコーディネートを含む管理者役割。一般就労に至らないことを専門職者として自己評価	引き出すカウンセラー ・CL の暴力性を含む行動の変容／市社会的適応的技能の教師役割 ・経営者の反福祉の論理に CL のアドボケイターとしての役割を果たす。 ・管理者役割・社会変革者として所属機関内の組織化を図る。 ・専門職者として入所機関と相談機関を兼務する。自己の業務管理者としてサービス終結後は，ケースマネジャー役割を果たす。
方　　法	ケースワーク，地域生活支援，アウトリーチ，生活の場の確保，就労支援，社会資源の活用，サポートネットワーク，リスクマネジメント（予防や抑止）	ケースワーク，対人関係技法，アウトリーチ，交渉，チームアプローチ，社会資源の活用，リスクマネジメント，サポートネットワーク	ケースワーク，社会関係の調整行動変容アプローチ，就労支援，交渉，生活破綻予防型金銭管理，社会資源の活用，サポートネットワーク	ケースワーク，社会システム・環境の変化，ケースマネジメント，社会資源の活用，専門職グループの再編（サポートネットワーク）
空間（場と設定）	・野宿から市民生活の場への移行 ・アパート（地域生活のための基盤） ・更正施設（作業の場） ・SWr との相談の場（生活ニーズを表出し解決が図られる場と設定） ・関係者との協議や相談の場（CL の課題解決に向けたチーム連携） ・CL の場と設定（安全かつ安心して暮らせる環境と社会的寛容が確保される場）	・所属機関の場と設定（CL の関わる医療専門職チームによるアプローチや会議という場での援助） ・SWr 独自の場と設定（CL との面接の場，家族や他機関，多職種との連携） ・CL の場と設定（妹や各医療専門職，地域支援者と出会い・関与し合う場，CL らしい暮らしが担保され周囲に認められる場）	・多機関連携の場と設定（CL が SWr の交代・移動による影響を受ける） ・施設の場と設定（個別支援プログラムや同行支援による就労支援） ・制度内の場と設定（金銭管理のサポートを受けることで暮らしが安定） ・CL の場と設定（サポートを得ながらの地域生活ニーズと尊厳が保障される居場所）	・入所機関と相談機関での場と設定（SWr の担う 2 つの役割で支援展開） ・季節変動型サービスの場と設定（特定期間の施設利用時において CL の暴力的行為が問題として表出） ・CL システムとの協働の場と設定（CL システムの援助観をもとに複数の施設サービスの提示される場） ・CL の場と設定（属性への受容，他害から保護される場，妻との関係が維持さ

				れる施設環境）
時　間	・CL の地域における持続的な生活を維持する時間 ・生活保護申請の時間 ・債務問題等への対応と生活リスク防止に向けた介入時間 ・堕落的な生き方を選択し他者に流されてきた CL の生活時間 ・平穏な日常生活の再建，自己変革に向けて CL が取り組む生活変遷時間（ライフトランジション）	・CL のニーズの実現に向けた支援計画策定と展開の時間（入院後の回復経過，・毎朝行う面接時間，時機を計った主治医との面談調整） ・CL に介入する頻度やタイミング ・自律した単身生活を生き抜いた時間 ・主体性を回復し意思表明するまでのエンパワメント時間	・SWr の内省（CL 属性に応じた関わり方を振り返る時間） ・援助関係形成のための時間 ・CL の行動変容のための協働時間 ・危機介入時の交渉の時間 ・サポーティブな就労移行のための時間 ・サポーティブな CL システムの存在によって守られた生活時間 ・非社会的行動を非難しない SWr の支持的・継続的な支援により自己変革が促進される時間	・季節変動型サービス利用の時間（特定期間のみ短期入所する季節変動型のサービス利用を SWr と協働する） ・SWr の内省時間（CL の暴力性が原因で退所勧告となった状況の転換ができなかった自己の援助について振り返る時間） ・CL システムの援助観をもとに CL が悔いなく天寿を全うするまで設定された CL の生活時間ならびに SWr の介入時間
技　能	・内的スキル ・相互作用スキル，問題解決スキルを発揮し，CL を受け入れる環境づくりに努め環境改善スキルを発揮 ・戦略的スキルによって CL の生活破綻を察知し予測されるリスクに対しては政治のスキルを発揮し，CL にとって安全な環境を開拓するなど環境改善スキルが活かされている。 ・専門職スキルで内省を図る。	・関係スキル，問題解決スキル，専門職スキル，政治のスキルを複合相互作用スキル ・戦略的スキル，政治のスキル：他者の意向が強く CL が意思表出できない力関係の構造への対応，医療スタッフへの交渉によって CL のニーズ実現を図る。 ・内的スキル，認識スキル／ニーズやバリアを察知する。	・CL 及び CL 集団特有の文化を内省し内的スキルを発揮し，家族や CL 集団，SWr との相互作用スキル ・行動変容から就労支援に至る過程に問題解決スキル ・社会的拘束に他専門職と対峙する政治のスキル，不全感を自己評価した専門職スキルを伴いつつ生活の安定から就労支援に一連の戦略的スキルを発揮する。	・内的スキルから CL の障害状態と暴力性，CL システムの介護観を認識 ・相互作用スキルと対人関係スキルを発揮し，CL らとの信頼関係を構築 ・暴力性を巡るアドボケイトが専門職と経営者と対峙する政治のスキルを体現。また，CL・CL システムへの新たな支援では戦略的スキルで援助観を共有し，専門職スキルで内省，問題解決スキルでサービス移行を支援

出所：筆者作成。

（林　眞帆）

<table>
<tr><td>第10章</td><td>社会的に脆弱な家族への実践</td></tr>
</table>

　本章では，社会的に脆弱な家族を支援した３事例（事例14・73・18）を用いる。これらの事例にみられる３名のソーシャルワーカーの実践行為を７次元統合体モデル（以下，７次元モデル）を通して分析し，実践行為を特徴づける主要な共通性に焦点化して論及する。このような実践の可視化の試みから，その意味や意義等にも言及する。なお本章は，第８章のように複数事例を実践の時期区分に沿って，７次元的分析を行う形式をとっていない。

1　実践行為の７次元的分析と全体像

　一般に個人の生活は，家族や仲間集団，所属組織，コミュニティ等の社会環境と交互作用を繰り返し，これら環境を構成する社会システムが有する互助機能の恩恵を受けて成り立っている。介護や育児，生活困窮等の生活問題が発生した場合，当事者である個人が所属する社会システムとの間で相補的なエネルギー交換が可能な状態にあれば，これらの問題解決や緩和に向けた支援を行うソーシャルワーカー（以下，SWr）の役割は，各種の支援制度の紹介やフォーマルサービスとのつなぎといった仲介者としての役割に限定されることも多い。しかし，クライエント（以下，CL）が属する家族や社会集団が個人の生活安定や成長に寄与し得るだけのパワーをもち得ない何かしらの社会的脆弱性を有する状況でソーシャルワークが機能する時，SWr に求められる役割は自ずと拡大する。

　とりわけ，本来的には個人にとって最も重要な社会システムであるはずの家族システムが，外部環境との交互作用において不活発化し社会的に脆弱な状態にある時，搾取や虐待，ネグレクトといった逆機能的な問題が生じやすくなる。本章では，このように社会的に脆弱な家族への支援事例を３例取り上げ，冒頭で述べたSWr の実践行為に対する７次元モデルを用いた分析を試みる。

　資料10 - 1（章末）は，３事例の概要および社会的脆弱性の特徴，各事例の提

供者である SWr の所属機関種別，7 次元を用いて実践行為の分析と全体像を示したものである。

　事例14は，重度精神障害の母親，母親の介護を名目に長年離職している父親とともに生活保護を受給して暮らす20代前半の長期ひきこもりのきょうだいへの支援事例である。SWr は，成長発達を阻害された無気力な CL とその背景にある特異な家族文化を尊重しつつも，個別面接とグループワークを通して CL 自身による近未来の目標設定を後押ししていく。

　事例73は，激しい暴力を受けて育った体験をもつ若年ホームレスの CL に対する支援事例である。SWr は，CL 自身の生育歴に由来する基本的信頼関係の喪失，人間的交流の回避・途絶，恐怖体験によるトラウマと判断能力の不確実さとを負の社会関係から脱出できる CL の力量，自立生活の可能性を認識する。SWr は，「生命をつなぎとめ」「当たり前の生活」をもたらすという価値志向に基づいて，戦略的に CL の社会的支援網を構築し，支援過程においてしばしばハイリスクな状況に直面する CL のリスク回避に向けた問題解決を支援する。

　事例18は，実子からの経済的虐待と介護放棄を受けた高齢 CL に対する支援事例である。SWr は，CL に危害を及ぼす家族の負の作用を認識し，CL のライフプロテクションを重視して，新たな支援システムの確保に向けて戦略的に調整を行い，危害を及ぼす家族と組織的に対峙する。

2　社会的脆弱性に対する認識とライフプロテクションの重視
——実践行為の特徴①

　3実践に共通してみられる SWr の認識過程と実践行為との関連性の特徴の一つとして，CL および家族の社会的脆弱性の認識を踏まえたライフプロテクションの重視と，それによる介入的，主導的なソーシャルワーク実践の展開が挙げられる。

　SWr たちはまず初めに，内的スキルによって CL および家族の社会的脆弱性を感知し，その背景を探るべく家族関係および生活史にまで踏み込んだアセスメントを実施している。そこから基本的信頼関係の喪失や人間的交流の回避・途絶，問題解決への非自発性といった CL の状態像が，家族システム内における相互援助機能の脆弱性の世代間連鎖によってもたらされた特異な家族文化や，虐待・搾

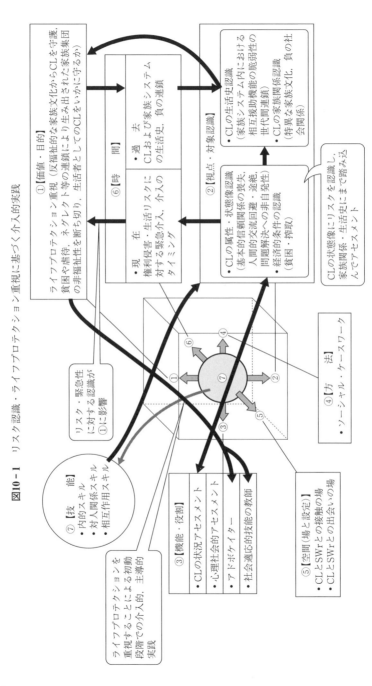

図10-1 リスク認識・ライフプロテクション重視に基づく介入的実践

出所：筆者作成。

取といった負の社会関係と密接に関連していることを認識する。また時間的な問題として，この状況を放置すればCLの生命や生存権が侵害されかねず予断を許さない状況であると判断し，早急に支援を開始する必要性を認識する。

　これらの認識に基づいて，SWrたちは三者三様に非福祉的な家族文化からCLを守護し，貧困や虐待，ネグレクト等の連鎖により生み出された家族集団の非福祉性を断ち切り，生活者としてのCLをいかに守るかという「ライフプロテクション重視」の価値志向に基づき，特に初期段階においてCLの権利を擁護すべく介入的，主導的実践を展開する（図10-1）。

　この一連の過程においてSWrは，CLの主体性の回復や自己決定を待つよりも，自らが危機的な状況にあることの自覚に欠けるCLのアドボケイトを重視して，アグレッシブに介入してCLの近未来の目標設定を後押しし，社会資源活用に向けた調整と非福祉的な環境からCLを保護するべく，安心できる生活空間の確保に向けた調整を展開しているのである。

3　CLの無自覚性に対する認識とエンパワメント志向実践
──実践行為の特徴②

　各事例のCLは，貧困やネグレクト，虐待，搾取，暴力といった非福祉的な家族文化の連鎖によって，一般的な社会規範からみても権利が侵害されやすいハイリスクな状況に置かれてきた。長期にわたって権利侵害が常態化した生活環境に置かれ続け，自己防衛の一つの手段として無力感を学習してきたCLたちは，支援の初期段階においては問題解決に向けた意欲を表出することなく，無気力で無関心，ともすれば問題自体に対して無自覚であるようにもみえる。

　各事例において，CLたちは置かれてきた状況の不当性に対する感度が失われた状態にあり，いわば諦念に支配されてきた。そこでSWrたちは，CLたちに滋養的な環境を創出・提供し，生への意欲を刺激して，CLの状態像に適した社会的支援網の構築を図っている。SWrによるこれら一連の実践行為は，本人の口から支援要請が表出されなければ介入しない申請主義的な支援観とは一線を画するアプローチであり，丁寧なアセスメントによる生育背景の見立てと，そこから派生したCLのパワーレス状態の認識から連動する価値・目的としてのエンパワメント・アドボケイト実践志向に基づいているといえよう。このエンパワメント

図10-2　CLの無自覚性・意欲喪失認識→エンパワメント・アドボケイト実践志向

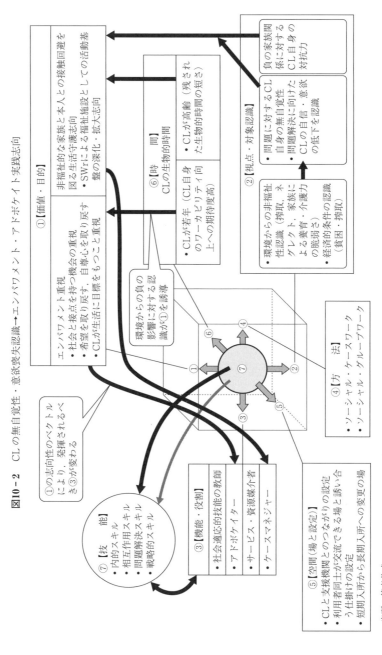

出所：筆者作成。

重視，アドボケイト重視の価値・目的は，社会的に脆弱な家族への支援において展開されるソーシャルワークの原動力となっている。

　ただしSWrが主として果たす役割には，事例間で異同がみられる。サービス・資源媒介者，ケースマネジャーとしての役割は3事例に共通してみられるが，SWrのCLが比較的若年である事例14，73においてはCLの希望や自尊心の回復や社会と接点を持つ機会を確保することがより重視され，SWrは社会適応的技能の教師としての役割を遂行している。一方で，高齢CLの事例18においては，非福祉的な家族と本人との接触回避を図る生活守護志向の下に実践が展開されており，SWrはアドボケイターとしての役割をより強く果たしている。このように，SWrが具体的に何をして，どのような役割を果たすかは，重視される価値やCLの生物的時間によって変化する（図10-2）。

4　支援困難性の背景にある専門職集団による社会的排除への挑戦
——実践行為の特徴③

　3事例のCLは，本人の障害特性（事例14：精神障害・発達障害，事例73：精神障害，事例18：聴覚障害）から，他者との円滑なコミュニケーションに困難を抱えている。3事例のSWrは，CLのコミュニケーション上の課題を認識した上で意思疎通の方法を工夫し，時間をかけて意思確認を行っている。この作業を行うためには，援助者側の根気強さと対人関係スキル・相互作用スキルの適切な発動が求められる。

　しかし，すべての支援機関にこれらのスキルを備えた専門職が配置されているわけではない。各SWrの語りからも，意思疎通に相当の時間を要するCLや家族との関わりを忌避し，「門前払い」や「たらい回し」を行う支援機関の存在が示唆されている。

　このようなクライエントの障害特性とそれを支えきれない家族基盤の脆弱性とが合わさった事例に相対した時，高度な専門性を備えていない支援者や支援機関は「支援困難性」を認識し，ケースを自ら引き受けることを回避し，直接的・間接的な方法で他機関に送致するなどして責任を放棄しようとする。あるいは引き受けたとしても，本人のニーズや状態像に合致しない不適切な支援が行われる。その結果，CLは支援開始以前に経験してきた環境からのマルプラクティスに加

図10-3　支援困難性認識の下で生み出される専門職集団による社会的排除への挑戦

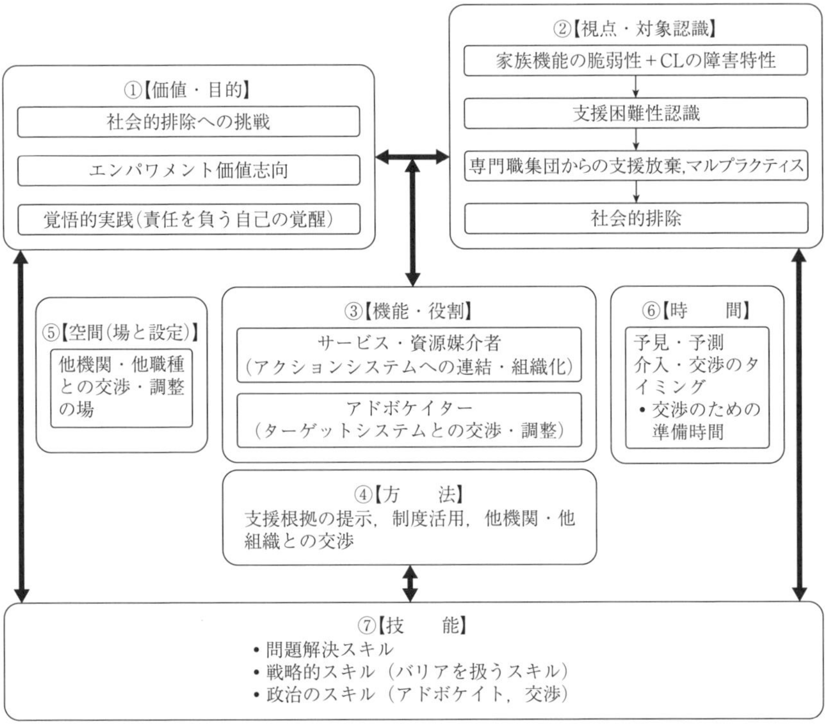

①【価値・目的】
- 社会的排除への挑戦
- エンパワメント価値志向
- 覚悟的実践(責任を負う自己の覚醒)

②【視点・対象認識】
- 家族機能の脆弱性＋CLの障害特性
- 支援困難性認識
- 専門職集団からの支援放棄,マルプラクティス
- 社会的排除

⑤【空間(場と設定)】
他機関・他職種との交渉・調整の場

③【機能・役割】
- サービス・資源媒介者(アクションシステムへの連結・組織化)
- アドボケイター(ターゲットシステムとの交渉・調整)

⑥【時　　間】
予見・予測
介入・交渉のタイミング
・交渉のための準備時間

④【方　　法】
支援根拠の提示,制度活用,他機関・他組織との交渉

⑦【技　　能】
- 問題解決スキル
- 戦略的スキル(バリアを扱うスキル)
- 政治のスキル(アドボケイト,交渉)

出所：筆者作成。

え，専門集団による新たな社会的排除を経験する憂き目に合うことを余儀なくされる。

　3事例のSWrは，福祉業界の暗部ともいえる「専門職集団による社会的排除」の存在を認識した上で，これに真っ向から挑戦し，戦略的に環境を巻き込みつつ自らがCLの守護者となって関与し続ける「覚悟的実践」を行っている（図10-3）。

5　実践の7次元的考察

　以上，社会的に脆弱な家族背景を特徴とする個別実践事例3例を取り上げ，各実践における7次元の連動性の可視化を試みてきた。3事例に共通するSWrの

内的スキルの発揮から認識過程（視点・対象認識と連動する価値・目的の意識化）と行動化（場と設定および時間的条件に応じた機能・役割と方法）の連動の特徴は，以下の3点に要約することができる。

① 丹念なCLの生活史把握を通して明らかとなった社会的脆弱性に対する「視点・対象認識」が，CLの生命・生活守護するライフプロテクション重視の「価値・目的」に基づいたSWrによる主導的・積極的介入を特徴とするアドボケイターとしての「機能・役割」と連動。

② 自身の抱える問題に対して無自覚なCLに対する「視点・対象認識」が，CLの社会適応を図り生への意欲を喚起するエンパワメント重視の「価値・目的」の下，SWrによる社会適応的技能の教師としての「機能・役割」と連動。

③ 支援困難性認識の下，福祉関係機関からも看過されてきたCLの社会的排除の状況に対する「視点・対象認識」が，社会的排除に挑戦するSWr自身が責任を負う「価値・目的」を刺激し，他機関・他職種との交渉の「場と設定」においてSWrによるアドボケイターとしての「機能・役割」と連動。

本章で試みた複数事例分析から得られた知見が，社会的に脆弱でインボランタリーなCLを支援するソーシャルワーク実践の一つのモデルとして，現場実践に還元されることを期待したい。最後に，上記のような複数のSWrの実践を対象にした7次元という概念モデルによる分析からは，共通性のみならず独自性も把握できた。7次元モデルに関していえば，視点・対象認識次元と価値・目的次元との連動性や相互一体性を契機に，各次元間の動態的な関係の出現を見出すことができた。それは実践の可視化としてソーシャルワーク実践の全体像を構築する過程を捉えることができたといえよう。すなわち，ソーシャルワークらしさのかたちが形成されていくありさまが改めて確認できたということである。

参考文献

岡本民夫・平塚良子編著（2004）『ソーシャルワークの技能——その概念と実践』ミネルヴァ書房。

岡本民夫・平塚良子編著（2010）『新しいソーシャルワークの展開』ミネルヴァ書房。

端田篤人（2005）「精神障害者に対する就労支援のあり方に関する一考察」『長野大学紀

要』27(3)，205-212頁。

端田篤人（2011）「ソーシャルワーク実践の成立像に関する実証的研究——ソーシャル
ワーカーをソーシャルワーカーたらしめているものは何か？（領域を越えた学問的コ
ミュニティを目指して——長野大学研究交流広場研究会の記録」『長野大学紀要3』，
109-133頁。

端田篤人（2013）「発達障害児者支援における『かかわりスキル』に関する多角的分析
——プロセス・レコードの分析を通して」『長野大学紀要』35(2)，77-77頁。

平塚良子（2004）「人間福祉の価値」秋山智久・平塚良子・横山穣『人間福祉の哲学』
ミネルヴァ書房，68-106頁。

資料10-1　実践行為の7次元的分析と全体像

	事例14	事例73	事例18
事例の概要	長期ひきこもりの20歳前後のきょうだいの就学・就労支援	20代ホームレス青年の居住支援，受療支援	60代女性。聴覚障害，認知症。ショートステイから特養への入所申請支援
脆弱性の特徴	生活保護世帯。母：重度精神障害，父：無職（発達障害の疑い）	実父からの暴力，経済的搾取，暴力団関係者から搾取	息子からの経済的搾取遺棄・放置
SWrの所属機関	精神科診療所	独立型社会福祉士事務所	特別養護老人ホーム
価値・目的	・正の家族内文化の尊重と負の家族内文化の連鎖を断ち切ることの重視 ・家族内文化のリスクな面には介入重視 ・社会と接点をもつ機会創出の重視 ・段階的支援目標設定の重視	・CL自身による排除を受け止め共に考える姿勢と態度の重視 ・無関心社会からの排除への対抗 ・内省による援助観の気づきと価値の転換，援助観の見直しの重視	・SWrによる福祉施設としての活動基盤の深化・拡大志向 ・福祉施設としてのリスク覚悟（運営上の不利益を了解した上での受け入れ） ・本人の守護・保護に基づく事実の秘匿
	・CLが希望，自尊心を取り戻し，生活に目標をもつことを側面的に支えるエンパワメント実践重視		・自ら自己主張を行うことが困難なCLの権利を擁護し，代弁するアドボケイト重視
	・CLの生命をつなぎとめ，最低限の生活よりもずっと下の生き方を止める社会権，生存権の重視とCLの安全と安心を重視し，有害な環境からCLを守り不利益を正すライフプロテクション志向		
視点・対象認識	・CLによる近未来の目標に関する認識 ・他者との相互作用を促すことと社会的経験を蓄積することの重要性の認識	・CLの力量（支配と恐怖・搾取からの脱出力，野宿生活からの脱出力）の認識 ・専門的援助関係の変容過	・実践課題の認識（施設の公的権力の正当な行使） ・機関の機能の限界（福祉行政機関内の態度や連携問題，組織運営上の問題，

	・CL 間の自発的な行動変容援助の必要性の認識 ・家族内文化に非介入の重要性の認識 ・ワーカー主導の支援に伴う不全感の認識	程に対する認識 ・CL の状態像に合致する支援段階関連づけ認識 ・社会機関の活用における障壁に対する認識（制度申請の際のリスク推測，CL の社会機関利用つまずきへの予測）	公的に社会的に委任されている施設機能の限界）の認識 ・SWr として内省的自覚（「葛藤的」・「覚悟的」実践） ・倫理的実践の重要性認識， ・緊急事例性と緊急の合理的対応性の重要性認識 ・多次元的方法の不可欠性認識
	・CL システムの属性・状態像（経済状況の悪化，本人の不利益，権利侵害のリスク，重要なライフイベンツ）の認識 ・CL の環境の状況（経済的搾取状況，生活破綻，家族との連絡の途絶）認識 ・CL と環境の交互作用（制度的環境の関係，問題発生のメカニズムと社会の関係，協力関係の希薄さ・欠如）に関する認識		
機能・役割		アドボケイター（CL グループ及び特定の階層のアドボカシー），社会変革者（社会問題または政策分析，コミュニティの関心を触発・可動，階級擁護（階層擁護），専門職者（ワーカー個人／ワーカーの専門職性の開発）	
	社会適応的技能の教師（社会生活技能の教育指導，行動変化の促進，初期予防），カウンセラー／クリニシャン（心理社会的アセスメント・診断，進行中のケアの安定化，社会的支援（社会的な処遇），実践の評価），管理者（全体のマネジメント，内外のコーディネーション）		
	サービス・資源媒介者（サービスシステム内の連結），アドボケイター（ケースアドボカシー），ケースマネジャー		
方　　法	・ソーシャルスキルズトレーニング ・担当者会議 ・CL システム内の重要な他者及び関係者と交渉・調整のための面接 ・世帯分離（制度利用） ・ピアグループの活用	・CL への接近方法の工夫（予備的接触，面接） ・SWr による支援根拠の提示（説得力ある証拠作成，専門的評価書，専門的意見書，同行支援，危機介入）	・サービス利用の変更（ショートから特養入所） ・他機関・他組織との交渉 ・個別援助の方法による実践例であるが，アドボケイトに象徴される実践方法を展開 ・ソーシャルアクション
	ソーシャル・ケースワーク（生活史・生活心情を聴く面接とインフォームドコンセント，継続的・反復的アセスメントによる個別援助）		
空間（場と設定）	・精神科デイケア ・担当者会議の開催 ・通所施設外の職場とそこでの実習 ・先を見通して CL システム内の重要な他者及び関	・CL 予備軍（野宿生活者）との接触の場 ・医療機関受診 ・通院・通所デイケア（CL にとって新しい場と生活のはじまり）	・生活破綻の場・権利侵害状況にある CL（実子による遺棄・放置・経済的搾取） ・緊急事例に介入する場 ・成年後見制度利用が必至

	・係者と交渉・調整のための面接の場を設定 ・CLと他の職員との摩擦とその解消 ・利用者同士が交流できる場と誘い合う仕掛けの設定	・危機介入として関係機関との連携 ・CLのたどり着いた場・SWrの援助空間がCL安心の場・解放の場へと転換	の場 ・短期入所から長期入所への変更の場 ・他機関との交渉の場 ・行政等公的領域から放置・やり過ごされた場 ・SWrの置かれた場：公的領域へのアグレッシブな関与が必要不可欠な場
時　　　間	・重要な他者の不在による施設入所期間 ・重要な他者との離別生活 ・CLにとって重大な負のライフイベント ・サービス利用によるCLの正の行動変容 ・サービス利用によるCLの重要な他者の正の行動変容	・CLとの出会いの契機と出会いの時 ・CLとの援助関係萌芽 ・季節変化に伴う支援時間の制限 ・援助関係構築に必要な時間（時間をかけたCLの自己決定と関係づくり） ・制度利用申請と決定の時間短縮生活保護申請と決定の時間短縮化 ・CLの変化に合わせた介入のあり方 ・CLが抱えている新たな問題が吐露される時（新たな問題出現） ・CLの成長（コンピテンスの開花）の時間	・（権利侵害状況への）緊急介入・交渉 ・不利益発生予測に伴う緊急介入・交渉 ・SWrとして内省時間（予見・予測とそれに基づく介入のタイミングが重要な事例。それだけに、ワーカーとしての内省の時間が重要）
技　　　能		・戦略的スキル（葛藤への対処スキル） ・政治のスキル（法的行動，証拠を提示）	・戦略的スキル（葛藤への対処スキル） ・政治のスキル（証拠を提示，アドボケイト）
	・内的スキル（認知スキル，認識スキル） ・対人関係スキル ・相互作用スキル（場を設定するスキル，感情の取り扱いのスキル，情報処理スキル） ・問題解決スキル（問題の明確化，データ収集，事前評価／目標設定，計画作成／課題の規定，介入選択と実行） ・専門職スキル（記録，時間管理）		

出所：筆者作成。

（端田篤人）

第11章	組織改革・地域組織化の実践

　本章では，メゾ・マクロレベルの実践3事例（事例51・37・68）を用いて，3名のソーシャルワーカーの実践行為を7次元統合体モデル（以下，7次元モデル）により分析し，見出した実践行為を特徴づける主要な共通性に着目し，これを検討する方法をとる。このような実践の可視化の試みから，その意味や意義等にも言及する。

1　実践行為の7次元的分析と全体像

　1970年代以降の世界的な新自由主義政策の台頭によって，福祉分野に市場原理が導入され，多様な供給主体による福祉サービスの経営が可能となった。日本においても2000年の社会福祉基礎構造改革を契機として福祉多元主義が進行し，現在では分野を問わず民間営利企業やNPO等の多様な運営主体が福祉サービスを供給している。とりわけ介護分野，障害福祉分野では政府による報酬単価の見直しが事業者の経営基盤を左右するようになり，非営利組織である社会福祉法人においてもコストコントロールや報酬単価の低い事業の継続性担保が課題となっている。

　サービス利用方式も多くの福祉分野において措置制度から利用契約制度へと変更され，福祉サービスの量的拡大が図られ，資源が豊富な地域においては利用するサービスを利用者側が選択できるようになった反面，一部では事業者側の収益に直結しない利用者ニーズへの対応が後置され，報酬単価に乗らない業務が軽視されるなどの副作用も問題となってきた。高齢者介護分野を皮切りに，その後，障害分野，児童分野でも導入されたケアマネジメントも，利用者ニーズに対応する形ではなく，既存のフォーマルサービスの枠内にニーズを当てはめる「サービス優先アプローチ」で展開されるケースが少なからず見られ，制度の狭間，支援の狭間に置かれたニーズへの対応がソーシャルワークの課題となっている。

　本章では，これら狭間の問題に対応したソーシャルワーク実践を展開するべく，所属組織の変革や地域組織化を行ったメゾ・マクロ実践事例を3例取り上げ，ソーシャルワーカー（以下，SWr）の実践行為に対する7次元モデルを用いた分析を試みる。

　事例51は，特別養護老人ホームの施設長を務めるSWrが，介護保険制度下における利益優先主義と専門的視点の欠落した施設経営に対するアンチテーゼとして，クライエント（以下，CL）に寄り添い生活者として徹底的に尊重する施設サービスの標準化を目指し，職員の主体性を養う滋養的環境づくりを行い，経営とは異なるサイドで他法人職員や大学研究者と協働して研究会を立ち上げソーシャルワークの価値に根差した職員像の提示を試みた組織変革，広域的な専門職の組織化事例である。

　事例37は，大都市圏の社会福祉協議会（以下，社協）職員であるSWrが，精神障害者の居場所づくりに向けて，当初反対していた地域住民との対話を重ねて協力者として戦略的に巻き込み，就労支援という媒体を通した地域組織化，福祉文化の醸成を進めた事例である。

　事例68は，市町村社協の職員であるSWrが，社協の存在意義を問い直し，「収支ではなく地域住民に必要な事業を継続させること」を使命として，住民による支え合いシステムの構築や居場所の確保に向けた事業を展開するための基盤づくりを行った組織変革，地域組織化の事例である。

　資料11-1（章末）は，3事例の概要および改革・組織化の対象，各事例の提供者であるSWrの所属機関種別，7次元モデルによるの実践行為の概要を示したものである。

　資料11-1にみられるように，3実践個別の7次元的特徴に加え，3実践に共通してみられる7次元的特徴と，実践領域が比較的メゾレベル寄りの事例51，37の2事例に共通する特徴，そして地域組織化を含む事例37・68の2事例に共通する特徴とに整理することができる。また，紙面の都合上，各実践個別の特徴として記載しているが，アドミニストレーションを含む事例51・68の2事例に共通する特徴もみられる。次節以降では，3実践にみられる7次元的特徴と，アドミニストレーション2実践，地域組織化2実践の分析を通して，非個別実践にみられる7次元的特徴の見える化・可視化を試みたい。

2　ソーシャルワークの使命の問い直しと社会変革志向の実践
　　──制度的環境変化の影響への対抗

　3実践に共通する認識過程と実践行為との関連性の特徴として，既存システムの限界認識に基づく開かれた地域ネットワークの構築が挙げられる。SWrは，内的スキルによって既存のフォーマルな社会資源の機能の限界を認識し，自らの所属機関だけでは有効なソーシャルワーク実践が展開し得ず，関係機関や地域住民，学識者など多様な地域資源をアクションシステムとして戦略的に巻き込むことの必要性を認識する。この認識から，SWrの所属組織も含む社会福祉施設・機関の存在意義とは何か，制度的環境変化が著しい現代社会におけるソーシャルワークの使命とは何かを改めて問い直し，三者三様ではあるものの「制度的制約を超える自由裁量度の高い実践展開」「効率性よりもCLのニーズに寄り添う福祉施設・機関の使命の重視」「インクルーシブな地域社会の実現」といった価値・目的と連動した組織変革あるいは地域ネットワークの構築が展開されている（図11-1）。

　事例51・68では，SWrは特養・社協の管理者として，スタッフ開発や財源確保，予算管理，組織構造・職務分掌の改革に取り組んでいるが，いずれも介護保険制度に象徴される福祉多元主義的な制度的変化の弊害を抑止するという目的意識の下で，ソーシャルワークとしてのアドミニストレーション実践が展開されている。

　社協による地域組織化の事例でもある事例37・68のSWrは，自らの所属機関がエンクロージャー化して囲い込むことのないよう，協働する地域住民や関係機関の主体性を尊重しつつ，インクルーシブな発想に基づくアクションシステム（商店街，協力事業主等）の組織化や，社会的孤立傾向にある住民の安心できる居場所・支え合いシステムづくりを通した地域の福祉文化の醸成が図られている。

　前述したアドミニストレーションの2実践，地域組織化の2実践は，それぞれ管理者，社協職員といったSWrの役職や所属機関に求められる機能・役割に則って本来業務が適切に遂行され，且つソーシャルワークの価値・視点に基づいたメゾ・マクロレベル実践の模範的な事例であるといえよう。一方で事例51では，特養施設長として自組織の改革に取り組む以外にも，理想的な福祉人材像を規定

図11-1　既存システムの限界認識に基づく開かれた地域ネットワークの構築

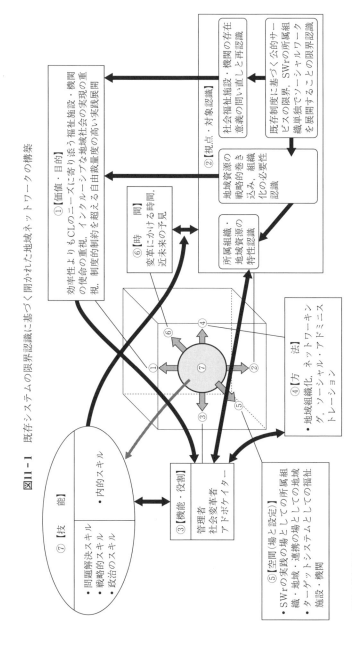

出所：筆者作成。

し，育成する地域システムづくりの突破口として，現場の有志職員や大学研究者を交えた研究会を組織し，CLへの支援の質的向上に向け，自治体の垣根を越えた広域的なネットワーク構築を展開している。一施設の長として自らが管理する施設，法人の範囲を超えた広域的な地域，さらには福祉業界全体の改革を視野に入れた実践例は，SWrが組織の管理者を務めることの重要性を示唆した事例であるともいえる。

3　福祉サービスの質的低下を抑止するための組織変革
──制度的環境の変化を踏まえて

　社会福祉基礎構造改革以降，一部の分野を除く福祉サービスの運営主体として，営利企業も含め多様な法人種別の組織が参入可能となった。これにより，一部とはいえソーシャルワークの価値にコミットしない利益優先の福祉施設・機関経営が台頭し，運営コストを極限まで圧縮した結果，衣食住に関わる最低限のサービス以外は積極的に提供しようとしない，あたかもCLのQOLや人権を軽視しているかのような事業所も散見されるようになった。近年ではやや改善傾向がみられるものの，3年おきに改定される介護報酬の増減によっては，非営利の社会福祉法人においても人的コストの削減を余儀なくされ，兼ねてから指摘されてきた介護労働者の疲弊，離職の問題がより深刻化する時期もあった。多くの離職者を生み出した事業所では，マンパワー不足を補うために福祉的価値や介護の知識をもたない人材も雇用せざるを得ず，その結果として支援の質の担保が一層困難になるという負の循環が発生する。

　地域福祉の推進が使命である社協においても，制度的環境の変化による負の影響は甚大であり，地域福祉やボランティアセンター等の収益に寄与しない事業部門を縮小し，介護保険事業や障害福祉事業等一定の収入が見込める部門のみに注力する「事業型社協」の拡大化が進んでいる。

　アドミニストレーション実践事例として特徴的な2事例（事例51・68）のSWrは，前述した制度的環境の変化，とりわけ介護保険制度が福祉業界に与える負のインパクトが顕在的・潜在的CLのニーズを充足し得ない危険性をはらむものであると認識し，これに対峙する形でソーシャルワークの価値の実現に向けた組織変革を実践している。両者ともに利益優先主義に基づく福祉サービス組織経営の

台頭と危険性を認識し，自組織のサービスの質的低下を抑止すべく，福祉価値の実現と利用者ニーズに寄り添った事業展開が可能になるよう自組織の変革を手掛けている。その過程においてSWrは，自組織の強みと改善を要する点を認識した上で，改革の突破口をどこに据えるか判断を行い，組織内部のコンセンサスを取り付けた上で組織構造の変革に着手している。

　具体的には，事例51ではSWrは特養の施設長として「経営者サイドから職員を守る」「専門的な専門職の方々に対する刺激を与えていく」という目的を掲げ，CLの生活の継続性を尊重し，生活の再構築に向けた変化の過程に寄り添える施設職員の育成に尽力している。そのための組織改革の一環として，施設改修によって身体介護に伴う職員の時間コストを削減し，入居者であるCLの家族が面会に来所する頻度の高い曜日・時間帯に人員を割く勤務シフトの変更に取り組んでいる。この工夫により，施設職員がCLおよび家族とともに過ごし，対話する機会を捻出し，CLの希望やニーズ，心情に触れる時間を創出することに成功している。

　事例68では，SWrは「社会福祉法人の経営は足し算引き算ではない。事業が必要だと思って興した事業をいかに継続させるかが経営であって，足し算引き算ではない」との経営理念の下，社協が地域の多種多様な協力者と連携・協力関係を構築するために，組織の部局構造をスリム化し，情報共有の円滑化と専門的判断の迅速化を実現している。また，職員の給与体系を見直し，職員個々の専門的努力が評価される人事考課制度を導入することで，社協職員に対してソーシャルワーク専門職としての自覚と専門性向上の意欲を惹起しようとしている。

　これら一連の認識過程と実践行為の連動，すなわち組織内外の的確な環境アセスメントおよびソーシャルワークの価値と関連づけたターゲット設定と変革の遂行は，SWr自身の問題解決スキル，戦略的スキル，政治のスキルの適時的，適所的な発動の上に成立している（図11-2）。

4　潜在的地域資源の発掘と戦略的巻き込み
——アクションシステムの組織化過程において

地域組織化を含むメゾ・マクロレベルのソーシャルワーク実践を特徴とする2事例（事例37・68）のSWrは，フォーマルサービスに依存した既存の支援システ

図11-2　アドミニストレーション実践2事例の7次元的特徴

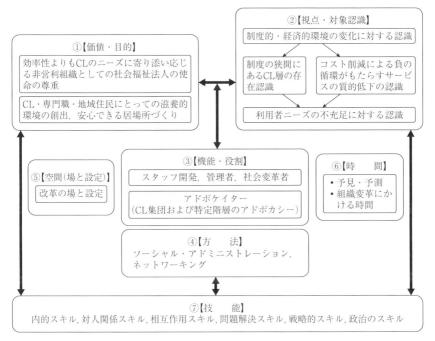

②【視点・対象認識】
制度的・経済的環境の変化に対する認識
制度の狭間にあるCL層の存在認識
コスト削減による負の循環がもたらすサービスの質的低下の認識
利用者ニーズの不充足に対する認識

①【価値・目的】
効率性よりもCLのニーズに寄り添い応じる非営利組織としての社会福祉法人の使命の尊重
CL・専門職・地域住民にとっての滋養的環境の創出，安心できる居場所づくり

③【機能・役割】
スタッフ開発，管理者，社会変革者
アドボケイター
（CL集団および特定階層のアドボカシー）

⑤【空間（場と設定）】
改革の場と設定

⑥【時　　間】
・予見・予測
・組織変革にかける時間

④【方　　法】
ソーシャル・アドミニストレーション，ネットワーキング

⑦【技　　能】
内的スキル，対人関係スキル，相互作用スキル，問題解決スキル，戦略的スキル，政治のスキル

出所：筆者作成。

ムの限界を認識し，制度の狭間に置かれたCLの安心できる居場所づくり，滋養的環境の創出を目的として，的確な地域アセスメントに基づいて地域内の潜在的資源を発掘し，戦略的に巻き込む実践を展開している。これら2実践は，「『我が事・丸ごと』の地域づくり」（2016年）に象徴される包括的な地域共生社会の実現が国策として提言される10年ほど前の実践事例であるが，時代を先取りした地域福祉実践の先駆的事例であるともいえる。

図11-3では，SWrの認識過程（視点・対象認識と価値・目的の螺旋状の連動過程）を図の上部から下部へと経時的に示すことで，地域組織化に向けたSWrの戦略的思考のプロセスの可視化を試みている。

2事例のSWrは，はじめに介護保険制度や障害者自立支援制度といった制度の狭間にあるCL層の存在を認識し，既存制度に基づくフォーマルサービスだけでは彼らのニーズに対応し得ないと判断し，地域住民間の支え合いによるシステ

ム構築を図ろうとする。そのためにも，非専門職である地域住民の支援力を形成する必要性を認識し，かねてから取り組んできた地域アセスメントの知見と，新たに得られた地域特性，地域住民特性への気づきから，活用し得る潜在的資源の発見・発掘とそれらをアクションシステムとして巻き込んでいく戦略を描き出す。

　具体的には事例37では，当初精神障害者の地域拠点づくりに反対していた商店街店主たちを味方につけ，就労体験の協力者として巻き込むことに成功しており，事例68では配食サービスや育児・介護のファミリーサポート事業等の住民参加型サービスの設置や，個別事例のケア会議参加者から支援網を拡大していく方法で住民間の支え合いネットワークの拡大に取り組んでいる。一方で，SWr は住民間による支え合いシステムの限界も認識し，所属組織である社協の所掌範囲を超えた地域内の関係機関も巻き込んだバックアップシステムの構築に着手している。非専門職である地域住民の資源化，組織化と並行して，地域内の専門職や関係機関に対してネットワークの必要性を認識させ，専門職集団のネットワーク化も進めているのである。

　さらに2事例の SWr が共通して語っているのは，元来地域に存在する自然発生的な支え合いネットワークや人的資源を尊重し，社協による過度な介入によってそれらを壊してしまわないように配慮する姿勢である。この姿勢は，社会福祉協議会職員としてかねてから継続的に取り組んできた地域アセスメントの蓄積があってこそ結実するものであり，既存システムと新しく手掛けるネットワークとのバランスを重視した地域福祉実践につながっている。

　この地域アセスメントの視点について，事例37の SWr は「その人たちが生きる土地というか地域を耕してる」「A さんだけを見てるんじゃなくて，A さん B さん C さんのいる立体的なところを見る」と語り，事例68の SWr は「（住民参加型サービスの提供者は）帰れば地域になる。地域の中でその力を使ってもらいましょう」「今まで家族や親戚で関わってきたものが，サービスが入ることによって，離れてしまう危険性を持っている」と表現している。このような長年の地域福祉実践で培われたコミュニティ・ワーカーとしての価値と視点が，SWr の内的スキル，問題解決スキル，戦略的スキル，政治のスキルといった技能と連動して，コミュニティという「場と設定」の中で展開される「方法」としてのコミュニティ・オーガニゼーションを有効たらしめ，SWr をして社会変革者・アドボケイター（クラスアドボケイト）という「役割」を遂行せしめているといえよう。そし

図11 - 3　地域組織化実践 2 事例の 7 次元的特徴

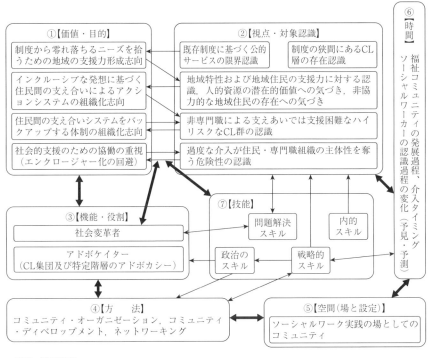

出所：筆者作成。

てこの過程は，単一の実践事例の時間軸を超えて，SWr 自身の専門職として積み上げてきたキャリアを育む時間とも相互連関し，SWr の認識過程の変化を生み出していると考えられる。

5　実践の 7 次元的考察

　本章で取り上げた 3 事例の SWr は，CL への個別的・直接的支援と地域福祉との不可分性を認識し，各々の所属組織内の変革に留まらず，地域の福祉力向上に向けた有機的・包括的なネットワーク構築を企図し，自らが仕掛ける実践行為が未来の地域システムに与える影響を予見した上で，その工程を戦略的に設計し，オーガナイザー，社会変革者としての役割を遂行している。そこには SWr 自らが所属する組織やコミュニティを CL システムとして見立て，それらのアセスメ

ントを丹念に行い，介入の標的となるシステムと協働可能なシステムを見立て，ソーシャルワークの価値・目的の実現に近づけるべく社会変革への戦略を描き，実行に移し，自らの実践を内省的に評価するに至る一連の過程が存在する。

　これら一連の過程の本質は，個別事例と何ら変わるところはなく，ソーシャルワーク実践の一般的過程と同質である。しかし，メゾ・マクロレベル実践におけるアセスメントの範囲は個別事例と比して広範に及び，処理すべき情報量も膨大となる。制度改革や政策変更による影響も個別事例以上に直接的に波及するため，SWr は常に政策動向に目を光らせていなければならない。

　事例68の SWr が，「個別援助があって地域福祉が成り立つと思っている」「個別支援と地域支援を融合させて社会的支援として造っていく」と語っているように，ミクロ・メゾ・マクロといったソーシャルワーク実践のレベルは本質的には不可分であり，個別事例であろうが非個別事例であろうが，SWr の認識過程と実践行為の連動過程の性質に大きな差は認められない。しかし，メゾ・マクロレベルにおいては，扱うべき変数がより膨大であるため，認識すべき事象の範囲を拡大できる視野とそれらを処理し得る SWr としての実践スキルの熟達がより求められるのではないか。

　本章で取り上げた3事例の SWr は，いずれも経験年数を積んだベテランであり，報告された事例はいずれも熟練した SWr の思考と技に溢れている。7次元モデルによる複数事例の分析を通して，高度な専門性とスキルの熟達に向けて，SWr は生涯をかけて学び続け，資質を高め続ける専門職であることを改めて確認することができた。

　以上，概念モデルを用いた分析から，複数の SWr の対象となった大きな実践単位やメゾやマクロと拡大した実践レベルの違いは，改めて実践において認識すべき事象の範囲，これと適合する成すべき行為の範囲や水準を意識することができた。最後に，本章では，第10章と同様に，実践行為の共通性を基軸に独自性も含めて実践の可視化として意義ある結果が論証できた。それはまた実践のかたち全体を捉える認識構造の重要性を改めて示唆するものであった。

参考文献
岡本民夫・平塚良子編著（2004）『ソーシャルワークの技能——その概念と実践』ミネルヴァ書房。

端田篤人（2005）「精神障害者に対する就労支援のあり方に関する一考察」『長野大学紀要』27（3），205-212頁。

端田篤人（2011）「ソーシャルワーク実践の成立像に関する実証的研究——ソーシャルワーカーをソーシャルワーカーたらしめているものは何か？（領域を越えた学問的コミュニティを目指して——長野大学研究交流広場研究会の記録）」『長野大学紀要』3，109-133頁。

端田篤人（2013）「発達障害児者支援における『かかわりスキル』に関する多角的分析——プロセス・レコードの分析を通して」『長野大学紀要』35（2），77-77頁。

平塚良子（2004）「人間福祉の価値」秋山智久・平塚良子・横山穰『人間福祉の哲学』ミネルヴァ書房，68-106頁。

資料11-1　実践行為の7次元的分析と全体像

	事例51	事例37	事例68
事例の概要	高齢者福祉施設における専門性の開発（ソーシャルワークマインドをもった職員の育成）	精神障害者の就労支援における地域資源（商店街）の戦略的巻き込み	地域資源を巻き込んだ市社協による総合的支援体制の構築
改革の対象	施設，広域的な介護業界	小地域	市・市社協
SWrの所属機関	高齢者施設	区社会福祉協議会	市社会福祉協議会
価値・目的	・利益優先主義に囚われ機械的効率的な介護の達成に満足し，専門的視点が欠落した施設経営への対抗心から，生活者の視点をもち，礼節ある態度でCLに接することのできる職員によるサービスを標準化を志向 ・職員が主体性を涵養し成長するための滋養的環境の創出を重視	・障害のあるなしにかかわらず，生活者としての美学の探究	・社会福祉協議会の使命・存在意義の問い直しと個別援助と地域福祉の不可分性（「個別援助の上に成り立つ地域福祉」）の重視 ・専門的努力を評価する人事考課システムの重視
	・インクルーシブな発想に基づくアクションシステム（商店街，協力事業者等）の組織化，社会的孤立傾向にある住民の安心できる居場所づくりを通した地域の福祉文化の醸成 ・制度から零れ落ちるニーズを拾うための地域の支援力形成（非専門職である地域住民の生活支援力・介護力向上に向けた取り組み）の目的化 ・社会的支援のための協働の重視（社協のみが肥大化することの抑止を前提とした地域資源との協働） ・主張できないCL層のアドボケイトを重視		
	効率性よりもCLのニーズに寄り添い応じる非営利組織としての社会福祉法人の使命の尊重，制度的制約を超える自由裁量度の高い実践展開，滋養的環境の創出，組織間の開放的・継続的ネットワークマネジメント，地域住民が関与できる開かれた社会システムの構築		

視点・対象認識	・景気悪化に伴う介護報酬削減が福祉マンパワー問題にもたらす負の循環（事業者によるコスト削減→低賃金重労働による離職率の増加→人材の量的質的低下）の認識 ・職員の質や福祉施設サービスの水準低下への懸念から，施設サービスの標準化とエビデンスに基づいたケアの提供体制の必要性を認識	・人的資源の潜在的価値への気づき ・支援の場の可変性に対する認識 ・CL 間の相互作用の意識化の重要性に対する認識（＝グループダイナミクス，その効果の認識） ・CL のストレングスに関する認識	・非専門職による支えあいでは支援困難なインボランタリーな CL 群「沈んでいる人たち」，ハイリスクな CL 群の認識 ・個別ニーズの見えやすさと地域の見えづらさに対する認識 ・ネットワークを有機化させる条件の認識 ・社会福祉法人を取り巻く制度的環境に対する危機認識
		・地域特性，地域住民の支援力に対する認識 ・制度の狭間にいる CL 層の存在に対する認識	
	・制度的・経済的環境の変化に対する認識 ・SWr の所属組織の特性に対する認識 ・既存制度に基づく公的サービスの限界認識		
機能・役割		カウンセラー／クリニシャン，ケアマネジャー／ケースマネジャー	
	サービス・資源媒介者，アドボケイター（CL 集団及び特定階層のアドボカシー），社会適応的技能の教師，スタッフ開発，管理者，自己の業務管理者，社会変革者，専門職としての自己の向上と機能強化		
方　　法	アドミニストレーション（リーダーシップの適合的な使用，職員の自発性・主体性を育てるための環境整備としての省力化），職員に対する側面的援助（利用者と関わる時間の確保）	グループワーク，コミュニティ・ソーシャルワーク，ソーシャルアクション（政策提言集団の組織化），資源開発（就労の具体的イメージを摑むための職場実習の導入）	グループワーク，アドミニストレーション（外部資金の獲得，組織構造の改変），コミュニティ・ソーシャルワーク，広報・普及啓発（先駆的実践例の発信），福祉教育，CL ニーズに沿った援助網の立体化
	コミュニティ・オーガニゼーション，ネットワーキング		
空間（場と設定）	経済的環境，人的環境，福祉業界のマンパワー問題，職員を育てていくための場と設定，研究会	援助媒体としての CL 集団・プログラム，基幹型センターとしての設定，多様な場の活用（インクルーシブな地域のオープンシステム化）	「自己組織の改革」という場の設定，「地域資源を巻き込む」という場の設定
時　　　間	利用者の生活時間の重視，職員を育てていくための時間の確保，職員の労働時間の計画・管理	連携の効果を発揮する時間，プログラムの頻度（毎週の勉強会，定期的なグループワーク），時間や状況に適した行動様式，過去からの実践経験の蓄積の活用	地域住民間の支えあいの場と設定，組織の存続・発展，期限付き補助事業

技　　能	集団援助のスキル（グループ形成と維持のスキル，グループ機能促進スキル）	
	・内的スキル（認知スキル，認識スキル） ・対人関係スキル ・相互作用スキル（場を設定するスキル，感情の取り扱いのスキル，情報処理スキル） ・社会資源開発スキル：福祉コミュニティ開発（コミュニティの社会変革力の形成と支援スキル，コミュニテイの互助システムの形成と支援スキル） ・問題解決スキル（問題の明確化，データ収集，事前評価／目標設定，計画作成／課題の規定，介入選択と実行） ・戦略的スキル（バリアを扱うスキル，葛藤への対処スキル） ・政治のスキル（アドボケイト，交渉，組織化） ・専門職スキル（記録，リサーチ，時間管理，チームワーク（所属機関内専門職・外部機関専門職））	

出所：筆者作成。

（端田篤人）

<table>
<tr><td>第12章</td><td>「制度」外領域の実践
——独立開業のソーシャルワーカーの立場から</td></tr>
</table>

　本章では，独立開業のソーシャルワーカーの3事例（事例56・57・59）を取り上げ，3名のソーシャルワーカーの実践行為を7次元統合体モデル（以下，7次元モデル）により分析し，見出した実践行為を特徴づける表を基に展開する。ただし，第8章から第11章の方法とは異なる方法をとる。まず，「制度」外の領域における各実践の重要なテーマを取り上げ，1例ごとに分析する。その上で，共通性に着目した検討を行う。これらを通して，実践の見える化を試みる。加えて，その意味や意義等にも言及する。

1　実践行為の7次元的分析と全体像

　社会福祉関連の制度（以下，「制度」）は，ライフサイクル全般の中で遭遇する，病気やけが，育児，介護，障害，失業など生活上の諸困難を想定し，価値と目的達成のために合理的で体系的な仕組みを備え，一定の秩序的な機能を果たしている。他方，「制度」は，社会・経済的条件の影響を受けやすく，要件の変更や内容の見直しを繰り返し，しばしば，制度の狭間と称されるような問題を生じさせる。ソーシャルワークの実践対象となるクライエント（以下，CL）はそうした問題を抱えて自身の力で解決するには困難な状況にあることが多い。ソーシャルワーカー（以下，SWr）は，（既存の）「制度」で対応可能な領域と，既存の制度では生活上の諸困難に対応できない領域＝「制度」外の領域の双方を認識しながら実践を展開する。後者は，制度で定める範囲を超えて必要な支援を創造するとともに，支援の一般化を目指す領域を意味する。

　本章で取り上げるSWrは，医療機関や福祉施設など「制度」に規定される機関に所属していない，社会福祉士事務所の開業（以下，独立開業）を特徴とする。「制度」外の領域の実践では，ソーシャルワークの援助の原則等の価値と対象認識の下，社会的に承認され，且つ倫理的に支持される方法を用いて，その役割を

果たすことの重要性がいっそう高まる。以上を踏まえ，独立開業のSWrによる
「制度」外の領域の実践を3例取り上げ，7次元モデルを用いた分析を試みる。

資料12-1（章末）は，3実践の概要および「制度」外の領域の特徴，SWrの
所属機関，次元別の実践行為の共通性を中心とした7次元分析による全体表であ
る。本文と表を照らし合わせながら読むことを勧めたい。

事例56は，知人と同居状態のほぼ寝たきりの90歳男性の支援実践である。SWr
は，余命2年を宣告されたCLを介護支援専門員として引き継ぎ関わりはじめる。
SWrは，知人（女性）と同居の継続を望むCLの意思を尊重し，知人との不適切
な共依存関係の解消と別居の養子にキーパーソンを移行する必要性を認識して，
ケースワークを用いて権利擁護と関係の再構築を支援する。

事例57は，障害児をもつ母親集団の支援実践である。SWrは，母親たちの抱
く社会への負い目に，スティグマやマイノリティ化する特性を見出し，レスパイ
トケアのニーズにこたえるサービス創出の必要性やセルフアドボケイトが地域の
力になる可能性を認識し，当事者を主体に共に行動する。グループワークを用い
て当事者集団の組織化と法人格の取得を進め，また当事者の声をまとめた要望書
を行政に届けるソーシャルアクションを契機に法人運営を当事者に託すなど，母
親たちの成長過程を支援する。

事例59は，制度の隙間に困難を抱える人口減少地域の支援実践である。SWr
は，制度はあっても福祉事業参入者の無い地域住民の選択肢の少なさ，少数の福
祉ニーズが切り捨てられる状況に対峙し，地域の新しい力によるコミュニティの
再編と福祉の底上げの一体的推進の必要性を認識し，「無いならつくる」をミッ
ションとして掲げる。少数の福祉ニーズを有する住民の参画を得て，協働して地
域循環型の福祉サービスの創設を進め，公的資金に頼らない事業運営とソーシャ
ルアクションを支援する。

2　「制度」外領域の認識とCLのアドボケイト実践

本節では，「制度」外の領域の認識とCLのアドボケイト実践について，主要
な実践行為を取り上げながら，SWrの「語り」を引用し，認識過程と実践行為
の特徴を明らかにする。

（1）CLの重要な他者との関係の再構築を主軸にした実践──「制度」外の領域①

事例56のSWrは，CLの重要な他者（養子と知人）との関係を「制度」外の領域と認識し，「制度」に規定された介護支援専門員の役割を超えて，ケースワークを中心にミクロ・メゾレベルの実践を展開して再構築を図る。SWrは介護支援専門員の役割とSWrの役割を自覚しながら，CLと5年前から同居状態の知人との関係を，以下のように捉える。

> 「愛情というふうな感情は非常に感じられる。ご本人さんにも知人の方にも感じます。ただ，知人の方は若干その愛情以外のところでもつながっているのではないかと推察はされますね。…（中略）…（知人は）寝たきりにさせてしまった原因でもある。」

SWrはCLと知人の愛情を伴う関係を強く認識しながら，他方で知人に愛情以外の経済的な依存や介護の不適切さを推察する。SWrは内的スキルを発揮し，時間に限りあるCLのライフプロテクション（価値・目的次元）を目指し，アドボケイトの実践を強く意識する。具体的な方法としては，主介護者の変更を念頭に，相互作用スキルや対人関係スキルによるCLと養子（亡き実娘の婿）の家族関係の再構築，余命短いCLの介護支援の強化，知人との介護を伴わない同居形態の継続という複雑な関係の望ましいバランスを目指して介入する。

> 「親子関係の再構築，本当に余命が短いということ，それから知人との暮らしといいますか，生活ですよね，そのバランスをどうやってうまく保てるか，もしくはいいバランスとはなんぞやというところは，非常に目指しているところだろうと思っています。」

介入後，CLは知人の関わりの変化によって，以下のように一時不安定な状態に陥る。SWrは養子家族へ連絡，適時，訪問面接を行い，さらに医師に診察訪問を依頼するなど，危機介入の実践によって不安の解消や理解の促進をサポートし，CLの生活を守る場を設定する。

> 「（SWrの介入後，知人は）『金の切れ目が縁の切れ目だね』というふうな言い方をご本人さんに言い続けられ始めた。非常に感情をあらわにしてですね，ご本人さんを責めるという状態が続いて。ご本人さんもそれを苦にされてですね，自殺未遂等々何度かされたというような経緯があります。」

SWrは介護支援専門員として，ケアプラン変更の手続き場面にCLと養子の同席を求める。養子はCLの意思を丁寧に確認しながら手続きを進める態度を示

すなど，主介護者の自覚が芽生え，養子はCLを支える重要な人物へと変化がみられ，途絶えていた家族関係は再構築されつつあるとSWrは認識している。

> 「息子さん（亡くなった娘婿：養子）がですね。手を出したかったんだろうと思います。だから，（SWrの介入後は）一緒に動かれはじめられましたので，たぶん（CLとの間に）壁があったのが少し外れたのだろうと。」

SWrは，主治医との連携や訪問介護サービス利用による介護支援を導入し，CLの生活を守る支援者の組織化と連携の強化によって介護支援体制を構築する。こうして事例56のSWrは，介護支援専門員の役割を担いながら，SWrの役割としてCLの望む暮らしの実現のために，CLと複雑な経緯を有する養子，CLと愛情以外の搾取もうかがえる知人といった重要な他者との関係の再構築を「制度」外の領域として実践している。

（2）「制度」利用者のスティグマ解消を目指した実践──「制度」外の領域②

事例57のSWrは，サービスを「利用する側・利用される側」の関係に内在するスティグマの解消・払拭を「制度」外領域の実践と認識する。相互作用スキルや対人関係スキル（技能次元）を活用しながら，障害児を抱える母親たちに自身の力の気づきや成長促進のために，グループワークを中心にメゾ・マクロレベルの実践の展開によってエンパワメントを促進する。SWrは自身の役割を当事者と共に行動する存在と位置づけ，母親たちの感じる社会に対する負い目，子どもたちを育てていく力を，以下のように捉えている。

> 「（障害児を抱える）お母さんたちの声を聞く中で，…（中略）…負い目をすごく感じてたんですね。…（中略）…その母親たちが胸を張って子どもたちを育てていく力をやっぱり持っているということに気づいてもらって，それが母親たちのエンパワメントだっていうふうに思っている。」

SWrは，内的スキルの発揮から，当事者の声を聴くこと・寄り添うこと（価値・目的次元）を重視しながら，専門職の役割を自覚する。また，子どもたちを育てる力が母親たちのエンパワメントにつながると気づく。そして，以下のようにレスパイトケアの勉強会を通して当事者や地域の抱える課題を明確化し，レスパイトケアの場を当事者主体の活動からNPO法人設立に発展（空間〔場と設定〕次元）させ，社会変革者（機能・役割次元）として当事者の声を行政に届けるソーシャルアクションに導いている。

　　「レスパイトケアの場を自分たち自らの手で作っていこうというような活動にした
　　かったので，その活動の場に対して NPO 法人というものを立ち上げて，その声をち
　　ゃんと行政にも伝えていこうということで母親たちの思いを…（中略）…要望書とい
　　うかたちで市へ届けました。」

　SWr は当事者の組織化から法人設立の展開について，以下のように，福祉
サービスを「利用する側・利用される側」の関係にとらわれることなく，当事者
の思いを実現する場，当事者以外の住民に開かれた相互支援の場づくりを目指し
て介入する。

　　「既存の福祉サービスがあって，（CL たちは）それを利用する側というような関係
　　を一切なくそうということで，自ら必要なものを自ら作るという思いもあったんです
　　けども，利用する側・される側ではなくて，それぞれの思いを叶えていく実現する場
　　として，必要とする方があれば，それに対して関わりたいという思いをもっている人
　　たちが集まれる場として，そういった理念をもって立ち上げました。」

　SWr は，母親たちが行政と交渉する機会を数回にわたって設定し，一人ひと
りが親としての思いを伝える力に手応えを得る。SWr は法人設立から 3 年目に
母親たちの成長を捉えて（視点・対象認識次元や時間次元），法人理事長を母親の代
表に交代し，事業運営を当事者に移行する。

　　「（当時の障害者自立支援法の枠組みの中の補助金や委託のあり方について）市の担
　　当者と直接話し合いの場，母親たちが話し合いの場をもちながら 3 回ぐらいやったん
　　ですけども，…（中略）…最初 1 回目，2 回目，3 回目とだんだん母親の声が大きく
　　なっていくんですよ。…（中略）…だんだん本当に 3 回目の時は皆さん一人ひとりが
　　親としての思いをきちんと行政の方に伝えられたというふうに思いましたね。」

　事例57の SWr は，既存の「制度」を利用した支援とは一線を引き，専門職と
して当事者と行動を共にしながら，CL 主体の場づくり（価値の実現）のために，
セルフヘルプ・グループを媒体に，当事者の力を地域の力に変えるエンパワメン
トを「制度」外の領域として実践している。

（3）機能不全状態の「制度」的環境を変革する実践──「制度」外の領域③

　事例59の SWr は，「制度」はあっても福祉事業参入者の無い地域の福祉問題，
少数の福祉ニーズを切り捨てる「制度」の隙間の福祉問題といった，「制度」の
機能不全状態を「制度」外の領域と認識する。その上で，一人のために事業を創

設して住民参画を図る福祉システムを，新たな「制度」のあり方として提起する
ミクロ・メゾ・マクロレベルの実践を展開する。SWr は社会福祉士事務所の本
来の役割を自覚しながら，「制度」の隙間と少数の福祉ニーズの関係について，
以下のように捉えている（視点・対象認識次元）。

> 「社会福祉士事務所でその隙間（少数の福祉ニーズ）を埋めるということをイメー
> ジして…（中略）…本来は社会福祉士事務所をどういうかたちで運営したいかってい
> う，そこのところを視野に入れながらお金をつくる。（お金を）作ったところが介護
> 保険（制度）であったりとか，支援費（制度）であった。…（中略）…地域の隙間的
> な福祉をやっていく場合ですね，少数の福祉ニーズが切り捨てられる傾向にあります
> よね。」

また SWr は既存の福祉事業の参入状況について，以下のように，人口規模と
の関連で新たな参入者が無く，地域で暮らし続けることを選択できる福祉環境の
脆弱さを強く認識し，社会福祉士事務所と関連のある NPO 法人による事業参入
を始める（社会変革者役割）。

> 「人口7,000人くらいだとですね，サービス業者が入ってこないんですね。…（中
> 略）…既存の施設あるいはその機関がですね，どうしても事業所として参入せざるを
> 得ないという状況の中で，選択肢が極端に狭いという現状がありましたので，その選
> 択肢をなんとかもう一つ作ろうというところから始まりました。」

実践では，法人関係者が町を歩いている時に住民から声をかけられたエピソー
ドを紹介し，コミュニティづくりに住民が参画し，一人のためであっても「無い
ならつくる」という思いで事業を始めている。

> 「何か困っていることがあれば一緒に考えましょうっていう。一緒に考えた結果が
> ですね，児童デイサービスをやり始めるということになったんですね。」

SWr は制度設計の提案に関連して農業分野の「地産地消」の考え方を参考に，
「一人のために」にこだわる福祉的哲学を基に，事業の長期的な継続，担い手を
育てる環境づくりが地域の福祉力の向上に結びつくと認識して，地域住民がサー
ビスをつくって消費する地域循環型の福祉システムを提起する。

> 「自分のところ（地域）で消費するサービスをつくれば，地域の福祉力も上がるし，
> 使う人も増えればそこにお金も落ちてくるわけですから新しいサービスも生まれやす
> いというか。いい循環をつくっていくことが必要と思うんですね。」

　介入後，SWr は介護関連事業を中心に，障害児向け事業，移送事業を拡大さ
せる。事業の拡大によって，一部の事業形態で別の法人が参入するなど住民の選
択肢の広がりに貢献できたと評価する。しかし，以下のように述べ，本来やるべ
き権利擁護として福祉サービスの質の向上のためのソーシャルアクションが必要
と認識する。

　　　「社会福祉士が本来やるべき権利擁護とかですね，そういう類のものをやるための
　　　準備段階として，まだ僕らは働かないといけないじゃないか。サービスがないところ，
　　　これは権利保障みたいなもので，無いから選択できるような環境を作ることに視点を
　　　おいて，次に出てくるのは，そのサービスを使ってどうだったかみたいな。使いづら
　　　いところがあったらアクションとして直していく。」

　事例59のSWr は，「一人のために」にこだわり，少数の福祉ニーズを有する住
民と協働しながら（空間〔場と設定〕次元），「制度」はあっても福祉事業参入者の
無い地域のために，福祉の価値として地域で暮らし続けることを選択できる福祉
環境の実現を目指し，事業の創設から継続・向上につながるコミュニティの再
編・資源の創出（社会変革者役割）を「制度」外の領域として実践している。

　上記 3 つの実践にみられる 7 次元的分析から SWr は，「制度」外の領域として，
重要な他者との関係の再構築（事例56），「制度」利用者の被るスティグマ解消の
ための当事者性の覚醒　（事例57），機能不全状態の「制度」にかかわるコミュニ
ティの再生（事例59）を認識している。ここまで「制度」外の領域における実践を
一事例ごとに見てきたが，SWr は看過できない普遍性のある複合的な問題状況
を明らかにしていることがわかった。特に，独立開業の立場のSWr の実践が，
介護・医療・育児・障害など「制度」による支援だけでは解決できない，「制度」
外の領域に存在する問題や課題を明らかにしている意義は大きい。

3　実践の 7 次元的考察

　以上のように，各実践に特化した実践行為の特徴を分析してきたが，本節では，
3 つの実践行為に共通する SWr の「制度」外の領域の「価値・目的」次元，「視
点・対象認識」次元，「役割・機能」次元に焦点化して 7 次元的に捉える試みを
する。7 次元的分析から抽出した 3 実践に共通する特徴は，以下の 3 点に要約す

ることができる（図12 - 1 ）。

① 「制度」外の領域における CL 及び CL システムの危機的状況（「視点・対象認識」次元）は，生命，財産，生活，生き方を守るライフプロテクション重視の「価値・目的」次元に基づいており，「制度」にとらわれない介入を特徴とするアドボケイターの「機能・役割」次元と連動している。

② 「制度」が CL に及ぼす影響（「視点・対象認識」次元）は，CL の願いや思い，成長，選択をかなえる場づくりといった安心できる居場所の確保の「価値・目的」次元の下，カウンセラー／クリニシャンや社会的適応的技能の教師の「機能・役割」次元と連動している。

③ SWr としてとるべき介入の焦点化（「視点・対象認識」次元）は，制度の枠組みにとらわれない役割の体現＝制度的制約を超える自由裁量度の高い実践という「価値・目的」次元と連動する。それは独立開業の立場から自己の業務管理者や専門職者を共通の「機能・役割」次元にケースマネジャーや社会変革者といった固有の役割に連動している。

本章では 7 次元モデルを用いた分析から，独立開業の SWr に共通する「制度」外の領域の認識過程として，アドボケイト重視の価値的な態度，対象を規模に応じて的確に捉える知識，内的スキルをはじめとする技能の発揮が明らかになった。特徴は，愛情，思いや希望，生き方，成長や変化の可能性といった CL の内なる力の気づき，そして搾取や依存，偏見や差別，排除や孤立といった社会的諸力を結集して向き合わなければならない近未来の社会問題を予見しているところにある。こうした認識に基づく SWr の実践行為は，「制度」を用いた支援の活用を念頭におきながら，個人，家族，集団，組織，コミュニティなど「制度」外の領域の対象に応じて，タイミングや過程，場と設定を意識し，アドボケイターの役割を中心に危機介入をはじめとする多次元的方法を駆使している。

また実践の共通性の分析で明らかにしたように，「視点・対象認識」次元と「価値・目的」次元の連動性，「役割・機能」次元など他の次元との相互一体性が，「制度」外の領域の自由裁量度の高い実践においても「見える化」できた。言い換えれば， 7 次元モデルは，独立開業の立場であっても，ソーシャルワーク実践の全体像の構築の過程を捉えることが可能であることを意味する。

本章で取り上げた 3 事例は，家族機能の弱体化（ミクロ），「制度」を利用することで被る社会への負い目をもつ集団（メゾ），人口減少の中で排除される少数

図12-1　独立開業の立場にみる自由裁量度の高い実践

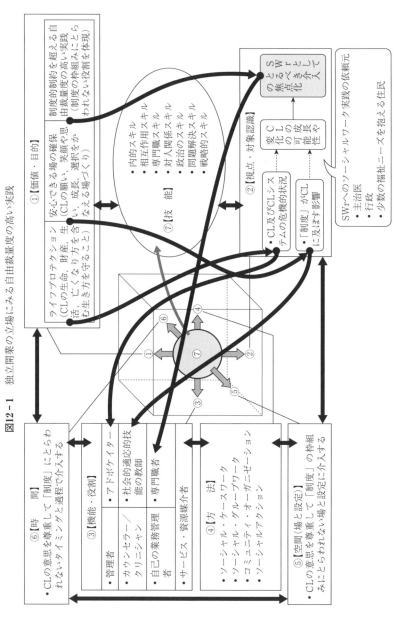

出所：筆者作成。

の福祉ニーズに対応困難な「制度」の機能不全状態（マクロ）という，現代日本社会の「制度」の歪みや脆弱さを総体として示しているだけではない。独立開業のSWrにソーシャルワーク実践が期待され，「制度」外の領域の課題を緩和，解決に導いていることにも注目したい。

　最後に，7次元モデルの意義は，ソーシャルワークの成立の可否の論証にあり，その意味はSWrの推論や課題の緩和・解決のアイデア，実践行為など思考の回路の「可視化（見える化）」にある。本章で明らかにした「制度」外の領域の実践は，3事例のように主治医や行政，そして少数の福祉ニーズを抱える住民からソーシャルワーク実践を求められる時代がそう遠くないことを示しているのかもしれない。本書が目指した7次元モデルの論証，すなわちソーシャルワークらしさのかたちの「見える化」の試みを，近未来のソーシャルワークの研究，教育，実践にいかに応用するのか，今後の課題である。

参考文献

日本社会福祉士会（2018）「独立型社会福祉士の名簿登録に関する規程」（2020年3月31日アクセス）。

米本秀仁・平塚良子・川廷宗之・牧野田恵美子編（2002）『社会福祉援助技術論 上』建帛社。

資料12-1　「制度」外領域における実践行為の7次元的分析と全体像

	事例56	事例57	事例59
事例の概要	知人と同居するほぼ寝たきりの90歳男性の権利擁護及び家族関係の再構築支援	障害児を抱える母親集団の組織化及びソーシャルアクション支援	人口減少の進む地域の住民と協働によるコミュニティ再編及び資源の創出支援
「制度」外領域の特徴	CLが同居を望む搾取等の疑いのある知人と，CLと関係の再構築を望む別居の養子の重要な他者の関係	障害児を抱える母親たちの感じる「制度」を「利用する側・利用される側」に生じるスティグマを伴う関係	福祉事業参入者の無い地域の福祉問題と少数の福祉ニーズを切り捨てる「制度」の機能不全状態
Swrの所属機関	独立型社会福祉士事務所		
価値・目的	【共通の価値・目的】 ・ライフプロテクション（CLの生命，財産，生活，亡くなり方を含む生き方を守ること） ・安心できる居場所の確保（CLの願いや思い，成長，選択をかなえる場づくり） ・制度的制約を超える自由裁量度の高い実践（制度の枠組みにとらわれない役割を体現）		

	・余命短い CL の親子関係の再構築による生活の重視 ・CL に有益でない環境との不要な摩擦の回避と健全な介護支援体制の重視 ・介護支援専門員のソーシャルワーク機能の内省	・障害児を抱える CL の当事者性の覚醒の重視 ・当事者主体の相互支援体制の構築と将来を見据えた行政への働きかけの重視 ・当事者を主体に寄り添う SWr の態度の内省	・少数の福祉ニーズを有する住民が生き方を選択できるコミュニティ再生の重視 ・協働を力に制度の隙間を埋める福祉システムの重視 ・生き方の実現にこだわる SWr の役割の内省
視点・対象認識	【共通の視点・対象認識】 ・CL 及び CL システムの危機的状況 ・CL の成長や変化の可能性 ・「制度」が CL に及ぼす影響 ・SWr としてとるべき介入の焦点化		
	・別居家族（亡き娘婿：養子）と CL の親子関係の再構築及び主介護者の変更 ・同居の知人と CL の関係の再構築及び経済的搾取や不適切な介護（疑い）の回避 ・CL の心身の安定を支える介護支援体制の強化 ・SWr として介護支援専門員の認識枠組みの見直し	・障害児をもつ母親たち主体の支援体制の構築 ・「制度」を「利用する側・利用される側」の関係によるスティグマの解消 ・レスパイトケアを媒介に子育ての自信回復と地域を変える当事者の力の強化 ・SWr として当事者の声に寄り添い生活の実態を代弁	・福祉事業参入者の無い地域のコミュニティ再生と福祉の底上げの一体的推進 ・地域循環型福祉システムの構築 ・「制度」の隙間で少数の福祉ニーズを有する住民のための事業の創出 ・SWr として地域にこだわる住民の思いの継承
機能・役割	【共通の機能・役割】 ・アドボケイター　　・サービス・資源媒介者　　・カウンセラー／クリニシャン ・社会適応的技能の教師　・自己の業務管理者　　・管理者　　・専門職者		
	・ケースマネジャー	・社会変革者	・社会変革者
方　　法	【共通の方法】 ・ソーシャル・ケースワーク，ソーシャル・グループワーク，コミュニティ・オーガニゼーションのほか，ソーシャルアクションやサービス機関の創設・運営などを用いる		
	・ケースワーク中心に別居の家族と同居の知人の関係に介入。CL の支援者の組織化及び連携強化を行う	・グループワーク中心に CL 集団に介入。当事者主体の事業を創設・運営し，ソーシャルアクションを行う	・住民との協働関係を構築し，福祉事業を創設。事業運営を工夫しながらソーシャルアクションを行う
空間（場と設定）	【共通の場と設定】・CL の意思を尊重して「制度」にとらわれない場と設定に介入する		
	・SWr は医師（主治医）から介護支援専門員の役割を超えたソーシャルワーク機能を求められる ・SWr は CL と別居の家族（亡き娘婿：養子）の	・SWr は行政の依頼で障害児をもつ母親たちとともに行動する機会を得る ・SWr は障害児をもつ母親たちのレスパイトケアの勉強会から，セルフへ	・SWr は少数の福祉ニーズを有する住民から地域に暮らし続けることを選択できる福祉環境を求められる ・SWr は一人のために事

		親子関係の再構築の場、CL と同居の知人の不適切な共依存関係の解消の場を設定する	ルプ活動を展開し、法人格取得に至る。また当事者の声を行政に伝える場を設ける	業を創設し、「制度」の隙間を埋めるサポート活動の場の設定から、生き方を選択できる地域づくりを展開する
時　　間		【共通の時間】・CL の意思を尊重して「制度」にとらわれないタイミングと過程で介入する		
		・SWr は危機介入ケースを引継ぎ、主治医から別居の家族（亡き娘婿：養子）との関係の再構築を求められる ・SWr はキーパーソンを同居の知人から別居の家族に変更、CL の心身の状態に適時対応し、介護支援体制を強化し生活の安定化を図る	・SWr は行政の依頼で、障害児をもつ母親主体の居場所づくりに月1回関わる。母親達は24時間続く育児ストレスの解消を訴える ・SWr は母親たちに子どもを育てる力の気づきを促す。法人設立を支援し、3年後に成長を見極め、代表を交代する	・SWr は人口減少地域で少数の福祉ニーズを有する住民から事業創設を相談される ・SWr は適時事業化を図り、選択肢を増やし、コミュニティの再生を進める。また、権利擁護を軸にサービスの質を見直すソーシャルアクションを構想する
技　　能		【共通の技能】・内的スキル　　　・相互作用スキル　　　・対人関係スキル 　　　・政治のスキル　　　・問題解決スキル　　　・戦略的スキル　　　・専門職スキル		
			・集団援助スキル	

出所：筆者作成。

（黒木邦弘）

第Ⅳ部　ソーシャルワークの見える化の試みと展望

第13章	実践の認識構造と実践根拠の関係

1 実践的推論──価値と視点・対象認識次元を中心として

（1）ソーシャルワークにおける実践的推論の見える化

　本節では，ソーシャルワーカー（以下，SWr）の実践における内なる世界の可視化の一つの方法として，実践的推論の過程を描き出す試みをする。推論自体は人間の知的活動として事実を基に推理や推察などから結論を導くことを意味する。

　「実践的推論」の意味について，廣松ほか編（1998：664‐665）では，「いくつかの前提から結論として具体的な行為を導く推論」としている。基本的な定義として本節でもこの点を踏まえる。また，「推論であるためには目指されたものを獲得する手段を算定する過程がなければならない。実践的推論の場合，演繹的推論のように前提と結論の間に論理的含意関係がある必要はなく，また目的を述べる大前提から特定の行為へ導くための過程がすべて述べられる必要はない」（廣松ほか編 1998：665）と実践的推論と演繹的推論（理論的推論）とを区別する。

　推論の方法には演繹的に導き出す方法と帰納的に導き出す方法とがある。前者は仮説ないし仮定から推論する方法である。演繹的に正しい推論は，結論は前提から帰結する，前提は結論を含意する見方をする。つまり，前提と結論との必然的な関係を示すもので，普遍的理論や法則を導き出そうとする。たとえば，自然科学のように証明としての結論や三段論法を用いて結論を導き出すなどはその典型であろう。後者の帰納的推論の方法は個別の事実の集積・蓄積から一般的結論（一般理論）を導き出そうとする。この方法による結論は，演繹的方法による結論とは異なり限定的な範囲内の支持が得られる結論である。

　ソーシャルワークのような日々の実践として具体的行為を伴う分野では他者の生活に生じる個別事象，且つその意味世界の事象を中心に取り上げる。個別的に1回性に限定された事象を扱うことが多い特徴をもつソーシャルワーク実践の場

合，前述のような定義の実践的推論により前提から合意や支持が得られる結論を
導き出される場合が多いと推察する。ただ，演繹，帰納だけではなく直観などの
推論の方法も含みうる。本節では，これらも含めて「実践的推論」として一つに
括る。なお，近年の医療界では臨床推論という言葉が多用されているが，ソーシ
ャルワークの実践は実践対象の規模やレベルの広さ，法制度をはじめ多様な制度
や機構，集団や組織が絡む広範囲のシステムに関与し，複雑な社会関係に介入す
る点で，実践的推論という用語の方がより適切と考える。

　本節では，前述の定義に依拠しながらも，溜め込まれたSWrの思考の総体を
中心に前提から結論を導き出す実践のための知的作業を「実践的推論」とする。
仮説や仮定を立てているかどうかの区別に固執しない。区別には，SWrの実践
内容に伴う思考や判断等に関するより詳細で裏づけとなる情報が不可欠であり，
本研究のリサーチ内容と範囲では限界がある。しかし第3章3（4）のように，
SWrの推論過程には共通の枠組みが認められたことは重要な点である。SWrは
実践において価値の実現を志向しソーシャルワークらしさの世界をかたちづくっ
ていく。いかなる価値を実現するかは，SWrの認識を経なければならない。本
節では可能な範囲ではあるが，その推論過程の可視化を試みる。

　そこで，SWrが価値次元と視点・対象認識次元との照らし合わせから見出さ
れる下記の推論の3つの形態を用いる。[(1)]

　　①　価値・目的命題としての推論：実現を目指す事柄
　　②　戦略命題としての推論：実現を目指すには方策として何をすべきか
　　③　当為命題としての推論：果たすべき実践行為（なすべき実践は何か）

　これら推論の3形態にみられる前提（判断根拠含む）と結論を関わらせること
で，実践という行為の論理的整合性を確認でき，推論の正しさを確定できるとみ
る。このような推論過程の把握の仕方は，ソーシャルワークのアートとされる実
践世界の可視化手法の一つとして重要な意味をもつ。3命題としての推論に言及
することは，SWrの内なる世界に起きている実践思考のありようや動きに焦点
を合わせるものである。特に対象認識による実践の根拠（判断根拠）と志向する
価値の選択，具体的な行為へと転じていく中で論理的な推論が重ねられていく過
程を明らかにする。すなわち，SWrの実践的推論の世界を探るものである。

　視点・対象認識次元における推論の過程ではSWrの「実践思考」が出現する
（第3章3(4)参照）。実践思考は，SWrに溜め込まれた実践知を基礎にしながら形

成されていく合理的・内省的思考（クリティカル思考）をはじめ，批判的思考，創造的思考などから構成されたソーシャルワーク事象に対する見方や考え方であり，経験的に蓄積されてきたその総体，ないし集合体は実践観とも形容できる。本節では，SWrの実践思考が働く実践的推論の過程（構造やメカニズム含む）に言及する。その過程では，実践の根拠や論理を映し出すことになる。つまり，実践的推論は，（諸感情を随伴しながらではあるが）SWrによる内的な思考作業過程の論理的・合理的な結論を導き出すことである。本節では提供された1事例の特徴から，SWrがいかなる論理や根拠（理由）で何を目指そうとしたかに着目して実践的推論の過程を素描してみる。

（2）実践的推論世界の見える化──事例を通して

1）実践事例の概要

　ここでは事例7を取り上げ，SWrは何を認識して何を目指そうとしたのか，内的な実践的推論の世界の可視化を試みる。

事例の概要

　本実践事例は，施設入所か，在宅かで揺れた高次脳機能障害・意思疎通困難な60代前半の単身女性クライエント（以下，CL）を回復期リハビリテーション病院のSWrが援助したケースである。SWrはCLの苦悩や無力感・諦め，不安，言語化できない本人のリアル・ニーズを毎朝の面接をはじめとして多様な場と設定をする中で確かめながら心情や意思をくみ取っている。SWrは，そうした時間と空間を丁寧に設定しながら，仕事をもち自由で自立した生活を営み数十年の生活史をもつCLの人生の意味の深さや重さを見出す。本人は退院後は在宅生活継続の意思を固くもっている。

　しかしながら，退院後の生活に関しては他者（医療職やケアマネジャー）の意向が働いたことにより，親族も揺れ動き，CL自身も意思決定を控えようとするストレス状況にさらされる。SWrは「本人の人生は本人のもの」と価値づけ，福祉専門職としての自覚をより強く意識する。人間の尊厳が軽んじられることが多い現実世界の中で，病（やまい）と重い後遺症を得たとはいえ，CLの生活信条や生き方が継続できる実践を志向する。SWrは傾聴に徹し，上記の他者の価値との抵抗・対抗・挑戦によるアドボケイトとともに，CLにとっての滋養的環境の創出に努める。特に，CLの回復過程に即しながら本人（親族含む）が近未来の生活像を描くことを可能にしてCLの価値の実現を図っている（資料：実践全体像一覧，必要に応じてインタビュー記録や分析済みシートより作成）。

2）実践的推論の過程

　ここでは，推論の３形態を活用して３つの過程に分けて取り上げる。各過程では，①設定された実践的推論が何であり，②どのような前提から①の推論が設定されたのかを示し，②から③結論を出す。④③の結論が推論として決定できるかどうかを確定する。つまり，立てた前提が結論として成り立つかどうかをみるのである。SWr の推論は実践対象に関する諸情報や諸事実や SWr 独自の論理を反映させながら進められる。

推論過程①「価値・目的命題としての推論：何を大切にし，大事なこととして何を目指そうとするのか」

〇実践的推論①　「本人の人生を尊重し，希望をする在宅生活の継続が可能ならば，これを実現しよう」

●前提①　本人の生活史と本人にとっての人生の意味を尊重する：CL にとってはこれまでの生き方を継続することが重要，且つ大切なことである。それは在宅生活の継続を意味する。これが本人の希望であり，ニーズである。

　※ SWr の前提①に至る判断根拠①：SWr は，CL との日々の丁寧な意思確認から本人が退院後は在宅生活の継続を願っていることがわかる。

　※ SWr の前提①に至る判断根拠②：CL の身体状態は入院当初に比して相当な回復がみられ変化している。CL は看護職に従事し数十年のキャリアを築き趣味を楽しみ社会的・経済的・精神的にも自らを肯定しつつ単身生活を続けてきた。CL には生活力や CL なりの自負があろう。そのような CL が今後可能な支援を利用していくのも重要であるが，自立的な在宅生活を続けたいと願うのは自然な思いではないか。

　※ SWr の実践における価値志向：SWr は，「本人の人生は本人のもの」と強く意識する。これを実現すべき価値として自身に刻みつける。

◎結論「CL の人生を尊重し，CL の希望する在宅生活の継続が可能ならば，これを実現する」→推論確定①

　※前提①から SWr は，推論①は具体的な実践の価値・目的として位置づく。戦略としては，在宅生活の可能性を十分に把握することが課題として必要且つ重要とみる。

推論過程②「戦略命題としての推論：どのような実践をしようとするのか」

〇実践的推論②　「CL の思いを尊重し，ニーズを実現すべきである。これを妨げているバリアに挑戦すべきであるし，そのためにも本

人の回復状況を可視化することである」

●前提②-1　施設入所というステレオタイプの結論に至りやすい他者（専門職集団）はバリアである。そのパワーによるCLにもたらされる不利益には，SWrとしては対抗・抵抗・挑戦すべきではないか（CLのライフプロテクション，アドボケイト，そのためには政治のスキルを活用する）。

　※SWrの前提②-1に至る判断根拠①：現実には価値・目的命題に対してバリアが出現。施設入所が良いとする医療職やケアマネジャーはCLの在宅の選択に反対する。親族も影響を受けて揺れている。親族もCLの生活を常時支援できるわけではない。CLは自身の思いを主張することを控え不安とストレス状況にさらされている。

　※SWrの前提②-1に至る判断根拠②：SWrは，個の人生の意味を脅かすパワーやCLをストレス状況に陥らせCLを抑圧する負の社会関係の構造の存在を認識している。医療職やケアマネジャーなど専門職と呼ばれる人々の偏見や固定観念を見出すとともに，社会生活上重い障害を負う単身女性CLは周囲から安全や保護を口実にされて，本人の真意を挫くような社会的地位におかれやすい。本事例も例外ではない。「社会的排除化・社会的脆弱化の構造」が出現しているとみる。SWrには周囲の囚われが本人を弱め社会的に不利にすると見える。なお，SWrは今日の効率や効果優先，財源抑制志向の医療制度の設計や運用の問題が専門職集団の意識を歪め，パターン化したステレオタイプ的な結論に陥る根源とみている。SWrは，ソーシャルワーク専門職でさえ現場や専門職集団のそうした意識に巻き込まれやすい現実がある点も自覚している。

●前提②-2　他者（上記専門職集団）に影響を受けやすい親族のCLへの理解が得られるように，SWrが働きかけることで親族がCL本人の意思に合意し，CLを代弁できるようにすべきではないか。

　※SWrの前提②-2に至る判断根拠：SWrはCLと疎遠であった親族も専門職集団の意向に影響されCLの一人暮らしを不安視している。しかし，親族のCLに対する理解が深まれば考え方も変化するはずではないか。親族へのアプローチが重要である。

●前提②-3　CLの回復過程の可視化を図る：SWrはCLと一緒に回復の可視化に努め，それをバリアとなっている人々に示すことである。

　※SWrの前提②-3に至る判断根拠：SWrは，バリアとなっている医療職やケアマネジャー，親族等の負の価値的態度と論理をプラスに置き換えることが重要である。それにはCLも他者も納得する対策をとらねばならない。

◎結論②　「CL の思いを尊重し，ニーズを実現すべきである。これを妨げ
　　　　　ているバリアに挑戦すべきであるし，そのためにも CL の回復状況
　　　　　を可視化する」→推論確定②

※前提②-1～3より，SWr の結論として推論②は戦略的な実践の価値として位
　置づく。この結論から何をすべきか具体的に取り組むべき目標を掲げる必要があ
　る。

推論過程③「当為命題としての推論：何をなすべきか」

○実践的推論③　「CL と協同して本人の回復過程の可視化をはかるととも
　　　　　　　　　に，自宅での在宅生活継続の条件や可能性を明らかにするべ
　　　　　　　　　きである」

●前提③-1　SWr と CL は共に回復の可視化に努める。

●前提③-2　SWr と CL は共に在宅の条件や可能性を自宅で実際に確かめ，
　これを明らかにする。

※前提③-1・2の判断根拠：推論②の判断根拠に依拠するが，SWr は，2つの前
　提に立って CL が SWr とともに具体的に取り組むことにより，本人のコンピテ
　ンスを高める機会になるとみる。また，SWr は CL が過ごしてきた人生を考える
　と，CL 自身が近未来の生活像を描き生活の再構築に向かう原動力につながって
　いくとみる。

◎結論③　「CL と協同して本人の回復過程の可視化をはかるとともに，自
　　　　　宅での在宅生活継続の条件や可能性を（バリア的存在の人々に）明ら
　　　　　かにする」→推論確定③

※ SWr は前提③-1・2からなすべき推論③を立て，これを結論としている。

　上記の実践事例にみる SWr が立てた3命題としての推論は，判断根拠を基に
論理的に整合する各前提から立てられている。その推論は判断根拠から仮説によ
ると思われるもの，帰納的に引き出したと思われるものが混在しているようであ
るが，推論は導き出された各結論と一致する。CL の感情や願い，身体状態の変
化，諸環境に関する諸事実から立てられた前提と結論からは SWr の推論の正し
さをみることができた。

　それは実践の価値と論理の明確化でもあった。推論過程では，SWr が CL と
の面接や生活史から強く意識した「本人の人生は本人のもの」を「人生の意味の
探究志向」という実践の価値への置き換えが戦略やなすべきこと（当為）の基軸

となっている。そこから CL とともに負の価値への挑戦，在宅生活継続の可能性の可視化協同作業が生まれ，この過程から個人の主体的な生き方の選択という価値が実現している。これらは SWr の価値次元と視点・対象認識次元 2 つの動態的な関係を示すものである。推論過程における判断根拠と前提，前提と結論との関係から 2 次元間の論理的整合性，相互一体性，連動性などが確認できる。実践的推論の過程をたどることで，SWr の内なる世界における実践思考の働きから生成される価値と論理に基づく推論の仕組みとその可視化作業をみることができた。それはまた，見えにくさを批判されがちなソーシャルワーク実践：SWr の実践思考を可視化する一つの方法例である。

　実践という行為は，SWr の推論過程における多様な思考を経て創造される。その始原状態では行為の具体化以前に生じている SWr の感覚や直観なども加わり実践的な問いや探索から推論という知的作業が生じている。SWr は実践対象となる事象とその課題について内省しつつ，論理性や合理性でもって新たな実践的創造を内的に語っている。このような SWr の推論の世界を捉えることは実践根拠の妥当性の論証ばかりでなく何より実証につながる。すなわち，科学的実践と対としての実践の科学化への道を拓く点で重要課題である。それには本節で試みたようなアートの世界を掘り起こさなければならないという基本的な前提に立つことが何より不可欠である。

2　戦略的実践行為にみる認識構造と実践レベル[(2)]

　ソーシャルワークは，人と環境の相互関連性に焦点をあてながらクライエント（以下，CL）の抱える困難な状況の解決・緩和および予防を図るものである。そして，CL の生活を阻む課題に対しては，現在から未来まで短期・長期的な生活リスクの変化に向けた全体的なアプローチが求められる。それゆえ，ソーシャルワークには，事象を俯瞰的に捉え，CL の本質的理解を通じて近未来の生活リスクを予測し，社会的バリア（生活バリア）に対する個人や社会システムの変化に向けた計画とアプローチを必要とする。それは，ソーシャルワーカー（以下，SWr）による長期的視野で慎重に設計され実行される戦略である（Barker 1999：467）。また，戦略は実践における知識と価値を実際の行動に結びつける一つの手段でもあり，SWr が現在の状況・事実から近未来に何が起こるかを推測する認識過程

と予測を根拠とした行為が内在する（Johnson & Yanca 2001＝2004：403-404）。

　本節では，ミクロ・メゾ・マクロレベルの3つの実践事例を取り上げ，SWr は何を見てどのように CL の生活バリアを認識するのか，そして，何を予測しどのような手立てを講じるのか，その戦略性に着眼点を置きながら一連の実践行為に内在する SWr の認識構造について考察する。

（1）代弁者不在のバリアと本人らしい暮らしの実現

　事例20は，医療機関から施設への移行が緊急的に必要とされた CL に対して，在宅介護支援センターの SWr が CL の人生観と思想や信条を尊重しながら，長期にわたる施設生活と終末期を見据えて本人らしい生活様式を実現したミクロレベルの実践である。その過程では，CL の生き方や終の棲家での暮らしを阻む環境障害（environmental barrier）を認識し，それを取り除いていく戦略が採られている。

　CL は脳梗塞の再発後，寝たきりの状態で意思疎通が取れなくなる。医療機関から依頼を受けた在宅介護支援センターの SWr が援助を開始する。CL はシングルマザーであるが数年前に交通事故で息子を亡くしている。そのため，家族は疎遠の嫁のみである。SWr は，ソーシャルワーク専門職として CL に必要な社会制度の申請手続きや契約に伴う保証人問題などについて本人主体で進めていくことを重視する。とはいえ，意思疎通が困難な CL の意思をどのように把握するのかという課題がある。そのため，「（これまで関わりのある人々には）見えないところがたくさんあり，見えない分，きちんとした代弁者を，CL のニーズを代弁できる方を探さないといけない」と本人の意思を代弁できる親族の必要性を認識する。

　近年，厚生労働省は成年後見制度利用促進事業や，「身寄りがない人の入院及び医療に係る意思決定が困難な人への支援に関するガイドライン」などを策定し，セーフティネットの機能を拡充しつつある。しかし，医療・福祉現場にとって契約に係る保証人問題は未だに難題である。本事例においても CL の社会関係は，思想を基盤としたコミュニティ（牧師・信者・教会関係者など）という非親族社会関係によって構成され，これまでの CL の暮らしは，信仰コミュニティの存在とその関わり合いによって支えられてきた。一般的には，疎遠の嫁が保証人と代弁者の2つの役割を担うことになるが，嫁は血縁関係にない CL のサポートを拒否

している。SWrは，この状況を踏まえつつ，CLの生活の場の確保（グループ
ホーム，特別養護老人ホーム）と本人の意思を一貫して代弁する存在の必要性を強
く認識し，介護に係る契約が継続する見通しから意思決定者（アドボケイター）・
契約者には身内である嫁がその役割を担うことが妥当だと判断する。

　同時に現状では，疎遠であった嫁がCLの意思を代弁できるとは言い難く，
SWrは，この状況をCLの生活再生のバリアと認識する。そして，このバリア
を取り除く策として可能な限りCLの意思を代弁できる嫁への変化に向けた手立
てを講じる。SWrは，これまでのCLの生活信条や暮らしぶりをよく知る牧師
という人的資源を活用し，牧師と嫁が向かい合える場の設定によりCL理解を促
していく。そこには，SWrの環境改善スキルによる調停的方法が用いられるほ
か，人と環境（資源）を向かい合わせる媒介機能が働いている。

　またSWrの視点は，CLの病歴や身体的側面にもあり，近未来のCLの特別養
護老人ホームの利用を見通し，「施設では身の回りのお世話っていうのが中心に
なりますが精神状態の安定を図ることも重要です」と終の棲家となる施設機能を
踏まえた上で，「どのような状況になっても存在として残っている」と如何なる
状態にあっても，唯一無二の存在としていのちの尊さと尊厳を重視する。この価
値志向は，援助の視点と認識，専門的判断や決定に導かれていく。特に，生活史
や牧師からの情報を基に〈本人らしさ〉を信仰生活に見出そうとしたところに生
活の全体性への視点と認識が映し出されている。SWrは，信仰を継続できる施
設生活の確保に向けアドボケイターの役割を成し遂げるべく，問題解決や環境改
善スキルを動かす。それにより，CLは，施設での信仰生活の中で次第に辻褄は
合わなくても讃美歌を口ずさみ笑顔を見せていく。このようにその人らしさを追
求する実践行為は，7次元を動かしながら生活習慣の継続，社会関係の維持，再
生，強化に向けた良好な社会関係を創り出していく。

（2）CLニーズを阻む集団ケアと施設および職員集団の再組織化

　事例21は，介護保険制度の創設以降，利用者の個別性や主体性を重視したケア
の提供がより強調される制度環境の中で，CLの権利意識の高まりを予測しCL
ニーズを実現する施設ケアの実現を目指したメゾレベルの実践である。SWrは，
この目的を達成するべく施設組織および職員集団の再組織化の戦略を練る。

　特に措置から契約へのパラダイム転換は，CLの個別性や主体性を重視したケ

アの提供を求める。SWrはこの時代の要請から「ご家族・ご本人さんの権利意識というものがどんどん高まっていく状況を見通して，施設ケアが変わらなければならない」と利用者や家族の権利を強く認識する。この認識には，言うまでもなく人と社会の相互関連性への理解と社会をみる目からの予測が含まれる。

　さらに，「本人のケアはお金でサービスを買うという意識を持たなければならない。選んでいただいた以上はそれに応えなければならない」と，この先，施設が選択される時代が到来することを予測し，CLニーズを満たす個別ケアを重視する。また施設を一つのコミュニティと捉え，福祉コミュニティとしての施設づくりを視野に入れる。それは，施設経営の観点だけでなくCLの暮らしにも焦点を合わせた取り組みである。

　これまで施設時間に合わせたケアを提供する集団ケアは，多くの職員で遂行され，一人の職員の仕事が別の職員へと引き継がれていくところに特徴がある（Clough 2000＝2003：30-31）。このような固定化したケアは，システム化され柔軟性を欠く。そのため，CLの意思やニーズを尊重しCL時間に合わせる個別ケアへの転換は，容易ではない。たとえ，組織のガバナンスを変更しても各専門職の専門性と経験知は容易く変更できるものではない。それゆえ，専門性が混在する職員集団における意見の対立や葛藤（チームコンフリクト）に対する戦略が必要となる。

　本事例のSWrは，職員の主体的な意識改革と行動変容が，職員の凝集性と協同性を強化すると考え，施設ケアの指針となる組織理念を職員集団が主体となって策定することを試みる。これは，職員集団による職員集団のもつバリアの除去（主体的問題解決）といえ，職員の変化の可能性への信頼なしには成し遂げられないことである。またSWrはCLの資源として職員を捉え，職員のもつ豊富な知識と経験，職員集団の自発性の重視から「自分が入りたい施設とは，家庭的な施設とは，認知症になったらどうしたい」などのアンケート調査やグループワーク，職場内研修によって互いの視点の集約化を図っている。加えて，SWrはアドボケイターとして個別面接で職員間の葛藤やジレンマを受け止め，CLと職員，職員同士をつないでいく。このようにCLと職員，職員同士の分かち合いの促進は，相互作用による対等な関係形成を促し，協働関係を導いていく。

　他方，CLへの適切な対応とケアの充実を目的にグループリーダー・主任・SWrという3段階のスーパービジョン体制と人事考課をシステム化する。この

管理体制の整備は，専門的目標と組織目標の両方を達成するためのプロセスでも
ある（Davies 2000：245）。ケアの質を高め，それを正当に評価する仕組みは，職
員の積極的活動を促進する。SWr の戦略は，CL ニーズの実現への個別ケアの必
要性，個別ケアの実現への専門職集団の意識改革の必要性，職員の教育と人事考
課の効果との関連性への認識がある。その認識が集団ケアや職員集団の意識とい
うバリアを取り除くためのスタッフ開発と管理，チームワークの構築，組織内部
間の調整と連携という方法の選択に連関していく。

（3）非福祉専門職団体のバリアと物忘れ相談支援プログラム事業

　事例10は，2015年の新オレンジプラン策定前に福祉行政機関の管理職である
SWr が地域の高齢化の進展と認知症高齢者の増加に対する対策として，「物忘れ
相談支援プログラム」（議会承認事業）の開発とモデル事業を企画・実施したマク
ロレベルの実践である。

　新オレンジプラン（認知症施策推進総合戦略）は，「認知症の人の意思が尊重さ
れ，できる限り住み慣れた地域のよい環境で自分らしく暮らし続けることができ
る社会の実現を目指す」（厚生労働省 2015）ものである。なかでも，市町村行政は，
認知症者の権利擁護と介護予防対策の中心的な役割を果たすことを期待された。
SWr は，管理職役割からこれまでの認知症対策の評価や認知症をめぐる社会問
題を捉え，「認知症のケアや予防に対して認知症サポーター養成だけでは効果的
ではない」と新たなシステムの必要性を認識する。

　そして，認知症への理解不足や誤解からくる偏見をバリアと捉え，専門職スキ
ルを用いながら認知症の理解，早期発見・早期対応，相談支援の強化などを織り
込んだ「物忘れ相談支援プログラム」を開発し，議会承認を経て特定の地域にお
けるモデル事業を展開する。このモデル事業は単に事業開発としての意味をもつ
だけでなく，「認知症の症状が出ても不安を取り除き，立ち向かっていけるよう
になることで高齢者の生活が豊かになっていく，そういう地域を目指したい」と
CL の尊厳を重視し，CL による主体的な人生の獲得を目指した事業である。こ
の価値志向は，高齢期にある人のストレングス，地域の高齢者全体のクラスアド
ボカシー，物忘れ相談支援プログラム事業の開発というミクロ・メゾ・マクロの
各レベルを包含する実践行為を創出している。

　プロジェクト遂行過程では，管理者の地位と役割を活かし，行政機関という空

間次元（場と設定）においてモデル事業の計画，立案，予算化，実施まで関与し環境改善スキルを用いて新たなプログラム（社会資源開発）をマネジメントする。またSWrは，認知症によるCLと家族の心理的な負担を内的スキルの発揮から認識し，偏見への対応として認知症高齢者の尊厳を尊重する人材の育成を目指し，プログラムに専門職研修を織り込む。それは，高齢者に関わる専門職の質の向上によるサポート体制の強化であり，環境改善スキルが発揮されたといえよう。特筆すべきは，物忘れ相談支援プログラム事業を実施するなかで，医師会からは「早期発見は行政ではなく医療領域が行うべきこと」，家族会からは「若年性認知症者への対策を先に考えるべきである」などの反対意見が噴出する事態が起こったことである。この予期せぬ事態に対して，認知症高齢者の尊厳と権利擁護を重視するSWrは，「家族や地域全体が理解をもって，認知症になっても地域で生活できる体制をつくっていくことが重要だと考えている」「このプログラムをやることについては決して間違っていないし，むしろ推進すべき」と，医師会や家族会などの利害関係者を事業推進におけるバリアとして認識しながら対抗する。

　SWrは，医師会や家族会の勉強会，地域住民との集会に積極的に参加し，「（本事業は）行政が必ずしも認知症と判断するとか診断するものではない」とCLを本事業につなぐためにサービス・資源媒介者として丁寧な説明を重ねながら，相互作用スキルや政治のスキル，戦略的スキルを用いてバリア集団との対話や交渉などによってプログラムに関する関係団体の理解促進に努める。

　また，認知症高齢者の権利をアドボケイトし，偏見や排除のない地域づくりへの社会的合意形成に向けバリア集団に働きかける。そして，民生委員や地域包括支援センターと協働して，安心して老いることのできる地域づくり（コミュニティ・オーガニゼーション）が展開される。その結果，バリア集団はサポート集団へと変化し事業は円滑に実施された。その後もSWrは問題解決スキルを用いて事業効果を評価し専門職役割を遂行する。

（4）　3つの実践レベルと戦略的実践行為

　本節で取り上げた3つのSWrの実践行為は，いずれも人生の終焉を迎えるその日まで一人の人間として尊ばれる生活と社会の実現を指向（価値・目的次元）し，高齢者に起こりうる生活リスクの認識とそれを根拠とした予測（視点・対象認識次元）から計画が立てられた実践である。そこには，CLシステムとそのシステム

に直接関連する環境システムが交差する領域への視点が認められる。言い換えれ
ば，SWr の実践行為には，個人と社会という 2 つの関係を一体的かつ連動的に
捉えている。

　そして，環境や社会などの外部の状況と人間の内部（個人的なもの）に焦点を
合わせることで CL に与えた影響が何であるかを捉え，CL に負の影響を与える
要因をバリアと認識する（Goldberg & Middleman 1989：12）。そのバリアは，事例
20では，意思疎通が困難な CL，代弁者の不在，保証人を求める現行システム，
事例21では，CL の権利擁護，職員集団の固定化された価値・意識・行動，介護
保険制度，事例10では，認知症高齢者の尊厳，認知症に対する地域住民の偏見と
排除，認知症施策推進 5 か年計画（オレンジプラン）などで示すことができる。

　さらに，CL の余生——信仰儀式の時間，人生の終焉，高齢者の日常など（時
間次元）を見据え介入する。他方，バリアの認識は，アドボケイター・社会変革
者（役割・機能次元）の役割遂行と，アプローチ，方法の決定につながる。事例で
は，多様なスキル（技能次元）を用いて，地域・施設・機関などの場（空間次元）
や，CL・家族・地域住民・職員・関係者などの人々を活用し，社会資源の活用
（信仰コミュニティの支援網・諸制度／サービス），スタッフ教育・開発法（グルー
プワーク・スーパービジョン），社会資源開発（物忘れ相談支援プログラム），ケース
ワーク，アドミニストレーション，コミュニティ・オーガニゼーションなどの体
系的方法（方法次元）によって展開される。このように SWr の戦略的実践は，科
学的諸理論を基本とした 7 次元の連動によって描かれていることがわかる。

　他方，この戦略性は，何をバリアと認識するかによってミクロからマクロの実
践レベルを決定している。本節の事例20はミクロレベル，事例21はメゾレベル，
事例10はマクロレベルで実践が展開されていた。実践行為を紐解くと，いずれの
事例もミクロ・メゾ・マクロの各レベルを貫通し，実践の諸課題を捉えている。

　たとえば，事例20の脳梗塞後遺症がある CL の保証人・代弁者不在のミクロレ
ベルの課題は，メゾレベルの施設ケアに本人のニーズが反映できないという課題
に関連する。この施設契約における保証人問題は，前述したように個別の施設の
問題というよりは，少子高齢化，独居世帯ならびに未婚率の増加などの社会構造
の変化に対する施策の遅れとしてマクロレベルで認識され得る。

　事例21では，マクロレベルの介護保険制度の契約体制は，ミクロレベルの CL
の権利意識の高まりに関連づけられ，従来の集団的な施設ケアへのメゾレベルの

課題を見出す。事例10では，ミクロレベルの認知症 CL システムの抱える課題認識は，高齢化社会や将来の地域社会のあり方を見据えたマクロレベルの課題とともに捉えられ，メゾレベルの地域住民に与える影響を見通す。それが現行システムの不足を補う新システムの開発というマクロレベルの実践行為につながっている。このことは，SWr にはどのレベルで実践行為を展開しようとも，ミクロ・メゾ・マクロレベル実践次元への認識があることを示している。

　このように 7 次元モデルは，SWr の社会的不利への認識と挑戦的思考・推論からミクロ・メゾ・マクロレベルの実践を一貫的に統合し，戦略を練りながら実践行為を進めるソーシャルワークのかたちを見える化する。

注

(1) 平塚（1999）では，坂本百大の事実から価値を導き出す推論形態を援用して，実践における価値の生成のメカニズムとしてソーシャルワークの実践過程における推論形態を例示し言及している。ここでは，坂本（1981）のいう目的命題を，ソーシャルワークの価値の実践という重要性や目的の設定には価値の選択的判断が不可避な点から「価値・目的命題」とする。

(2) ここでは，ヘップワースらによるミクロ，メゾ，マクロレベルの実践対象を採用している。ミクロレベルの対象は，個人，カップル，家族を含む多様な CL システムである。メゾレベルの対象は，学校や職場，隣人関係などのコミュニティメンバー，ソーシャルネットワークである。マクロレベルの対象はコミュニティ，物理的環境，組織，政治を対象とする（Hepworth et al. 1997：14）。

参考文献

・第 1 節

坂本百大（1981）「価値，事実，重ね合わせ——倫理学の科学哲学再構成のために」『理想』理想社，13-14頁。

平塚良子（1999）「価値の科学化——その意味的考察」嶋田啓一郎監修，秋山智久・高田真治編著『社会福祉の思想と人間観』ミネルヴァ書房，88-102頁。

平塚良子（2004）「人間福祉の価値」秋山智久・平塚良子・横山穣『人間福祉の哲学』ミネルヴァ書房，68-122頁。

廣松渉ほか編（1998）『岩波　哲学・思想事典』岩波書店。

Schön, D. A.（1983）*The Reflective Practitioner: How Professionals Think in Action*, Basic Books.（＝2001，佐藤学・秋田喜代美訳『専門家の知恵——反省的実践家は行為しながら考える』ゆみる出版。）

・第2節

厚生労働省（2015）「認知症施策推進総合戦略（新オレンジプラン）——認知症高齢者等にやさしい地域づくりに向けて（概要）」。

日本ソーシャルワーク教育学校連盟「『ソーシャルワーク専門職のグローバル定義』解説」（2020年6月28日アクセス）。

Barker, R. L.（1999）*The Social Work Dictionary, 4th ed.*, NASW Press.

Clough, R.（2000）*The Practice Residential Work*, Palgrave Macmillan.（＝2003，杉本敏夫訳『これからの施設を考える——レジデンシャルワークの理論と実際』久美出版。）

Davies, M.（eds.）（2000）*The Blackwell encyclopedia of social work*. Blackwell Publishers.

Goldberg, W. G. & R. Middleman（1989）*The Structural Approach to Direct Practice in Social Work*, Columbia University Press.

Hepworth, D. H., Rooney, R. H. & Larsen, J. A.（1997）*Direct Social Work Practice: Theory & Skill 6th ed.*, Brooks / Cole.

Johnson, L. C. & S. J. Yanca（2001）*Social Work Practice: A Generalist Approach, 7th ed.*, Allyn & Bacon.（＝2004，山辺朗子・岩間伸之訳『ジェネラリスト・ソーシャルワーク』ミネルヴァ書房。）

（平塚良子〔第13章1〕・林　眞帆〔第13章2〕）

<table>
<tr><td>第14章</td><td>7次元統合体モデルの到達点と課題
──演繹的・帰納的アプローチを通して</td></tr>
</table>

1　7次元統合体モデルの到達点

（1）7次元統合体モデル

　ソーシャルワークは，ソーシャルワーカー（以下，SWr）の実践知（アートの知）を基軸に多形態の知による学術性を備える。そうした一つの試みとして実践知を活かしたSWrの実践のかたちを明らかにすることで，ソーシャルワーク実践の可視化ができると仮定してきた。そのためには実践全体を認識する構造を備える仮説モデルが必要不可欠である。ソーシャルワーク実践とは何か，価値と知識，技能の3要素から成るとする定義や第1章で取り上げた3次元や4次元モデル例では，実践をよりリアルに捉えるには不十分であるし，アート性は見えてこない。従来とは異なる実践の過程や全体像を捉えうる認識可能な構造が示されなければならない。その試みとしてSWrの溜め込まれてきた実践知から生まれる実践の規範的・論理的な構成物による実践の構造を言い表すもの，それが「7次元統合体」であり，そのモデルが「7次元統合体モデル」である。

　本モデルはアートによる実践の世界，その全体像を映し出す仮説モデルである。7次元的世界はSWrの内なる世界から映し出されてくる実践の根拠をはじめとする諸判断，随伴するSWrの共感的世界，その他多様な世界観を総体的に表すものである。それは実践観ともいえる。本書で取り組んできたことは，SWrの身を経た専門職としての感性の世界，価値の世界，ソーシャルワーク思考の世界，これらを実践の知恵に結集させ技（わざ）として表現するSWrのアート性の世界をたどる試みである。思考の世界についていえば，事象に対するSWrの推論の世界──合理的・論理的な知の世界が出現していると仮定する。

　なお7次元の各次元は，必ずしも特異なもので構成されているわけではない。これまでのソーシャルワークの知見を活用している。しかしながら，発想として，

アート性を映し出す実践のかたちを構成する 7 つの次元に意味と位置を付与し，7 次元間で織りなされる作用が統合されて実践のかたちが出現するという捉え方をしている。本書は，不可視性の高い実践の世界に対する 7 次元統合体モデル（以下，7 次元モデル）による記述データの分析や検討から，実践根拠の論理的整合性を示す挑戦でもある。その試みには形式知を拓く可能性の芽があるとみている。

（2） 7 次元の動態性と関係

　仮説モデルの論証では，7 次元の動態性と関係について把握できるものでなければならないし，見えるものにしなければならない。本書の分析からわかるように，各次元は独立して固有性がありながらも他の次元と関係し合っている。そこには統合された一つの 7 次元的世界を築くために諸次元間の組み直しが行われる。7 次元が統合されたまとまりのある実践は 1 つの世界を表し，各次元の働きは異なるが互いに作用し合い・補い合い，1 つに組み直されていく関係を表すものである。実践のかたちとしての成立については，7 次元間の動態的な関係，全次元が統合された全体像を論理性，整合性，無矛盾性などの観点から判断している。

　各次元や 7 次元間の動きは，SWr が自身に溜め込まれた知を引き出しつつ，同時に，多様な思考を反映させた推論過程において事象に対する認識，ふさわしい行為が何であるかをめぐらせ自身の思考の秩序化・組織化を図っていることを示すものである。本書では第 3 章で実践の全数を対象に実践を次元的に捉える試みをはじめとして，第 4 章から第12章において個別事例に焦点化して 7 次元間の論理的整合性を確かめている。第13章 1 では，SWr の実践思考＝実践の知恵の動きとしての推論過程から実践における根拠とその論理＝ソーシャルワーク実践の論理を示している。いずれも，SWr の実践知（アートの知）の証でもある。

　本研究を通じて 7 次元統合体は実践対象をいかに認識するのか，モデルとして一つの見方を可能にした。それは，諸知識がいわば実践方法に飲み込まれ肥大化した形態をいわば解体し，73の実践事例を通して実践のかたちを捉えるものである。視点・対象認識の次元は実践の根拠ないし理由の原点を示すことを可能にし，そこから目指すべき価値次元における理念的価値や実践の価値が明確化される。これら 2 つの次元から他の次元との動態的な関係ができ，やがて整合性ある実践の論理が形成され全体像をかたちづくることが確認できたといってよい。そうしてはじめて実践の根拠が成り立つことを可能にする。それはまた，実践が 7 次元

統合体で構成されうるという見方を可能にするのである。

（3）複雑な世界を捉える方法——因果関係とメカニズム

　ただ，限定的な範囲における論証を志向しても，厳密科学の方法からみると7次元によるソーシャルワーク実践の成立としてのかたちが証明されたことにはならないであろう。しかし，一般にいわれる「科学の方法」では本研究で探る複雑な世界で生じる因果関係，そのメカニズムを追うこと，実践のかたちを掴むには困難であり，質的研究による事例研究のような別の方法に拠らなければならない。本研究の現段階で量的研究に位相を転ずるには，各次元の構成内容に関する言語表現の整序と体系化を図る必要がある。

　しかしながら，それが一定程度可能になったとしても，ソーシャルワークのアート性や事象の意味世界を量的な研究方法でどこまで解明できるか，すべてを数値の世界に還元できるものではない。むしろ，多形態の知の前提に立つことで，実践知にしても，科学知にしてもそれぞれが何をどこまで了解できるか，説明できるかなどの範囲があることを認識する必要がある。

2　仮説論証のための事例研究の方法論的視座——戦略と課題

　本研究の方法論的特徴は，3つに大別できる。（1）基本的前提と仮説の設定，（2）演繹的な仮説モデル「7次元統合体」の論証のために帰納的な方法の一体化，（3）事例研究の戦略，である。

（1）基本的前提と7次元統合体の設定

　SWr は，自らの内なる世界における実践知（アートの知）を基軸に，ソーシャルワーク実践をしている。本研究では，前述のように，この基本的前提の下，2つの前提を設けている。すなわち，前提（1）「SWr はソーシャルワーク実践をしている」：「SWr ならばソーシャルワーク実践をしている」から，その場合は何らかの「実践のかたちが成り立っている」を前提（2）としている。そのかたちを7次元統合体（ソーシャルワーク実践のかたち）として仮説を立てている。実践のかたちは，SWr による溜め込まれた思考とこれを表現する属人的技術力（アート）に負っているのである。実践のかたちを可視化とはいっても，複雑な世

界であるこの部分を実践の記述データの内に捉えなければならない。複雑な因果のメカニズムを探り，その全体像を明示しなければならない。

　その最たる一つの極致である，不可視性の高いアートの実践の論証には，表現された行為の中に根拠（理由）があり，これを見出すものでなければならない。それは価値の次元と視点・対象認識との関係を主軸として捉えることである。しかし，単なる思いつきの実践ではないのであるから，この時，視点・対象認識次元と技能次元の内的スキルとを関係づけ，推論や仮説を立て実践の根拠や内容に関わる思考の過程が明らかにされることが重要である。それには，仮説概念の7次元的統合体により，実践のかたちが把握可能な具体的な分析方法がきわめて重要な課題となる。

（2）演繹法と帰納法一体型の研究

　厳密科学とは異なるため，上記のタイトルはそぐわないかもしれないが，本研究は，仮説モデルを適用して実践事例と語り1対の質的な記述データ73から7次元性，その動態的な関係を1対ごとに捉えようとしたものである。且つ，それを73の事象群という塊を全体として捉えることで最終的にソーシャルワーク実践のかたちが「7次元統合体」であることを示している。結論として，記述データ化した事象群を通して7次元間の動態性や関係性，全体性はみることができたと考えている。

　SWrの実践事例とその語りを表す「インタビュー記録」を73の基礎的な記述データとし，これを基に実践事例ごとに2段階の記述データを作成している。2つに共通するシートには，7つの次元に関わる特徴が記載されている。第1段階の「分析済みシート」（分析シートの合議結果を意味する）では，7つの次元ごとに重要な項目や意味づけが加えられてまとめられている。第2段階は，「実践事例の全体像」（これを集約したものを「実践事例の全体像一覧」と称している）である。それは，「インタビュー記録」と「分析済みシート」から，実践事例ごとに7次元ごとの特徴及び実践という行為の総体的特徴の要約をした「実践事例の全体像」（事例総数73からなる「実践事例の全体像一覧」としている）記述データである。本書は，これらの3タイプの記述データを活用している。

　7次元の各記述データには，各次元における主要な事項や他の次元との一体性や連動性を意味する関係を表す記述が含まれている。記述データは全体としては

実践のかたち，いわゆる実践を丸ごと摑みうるための構成である。それはまた，アートの可視性を高めるために視点・対象認識次元を起点に実践の根拠（理由）を見出し，価値次元をはじめ他次元と連動し合う関係を示す記述となり，実践としての妥当性を了解するための構成になっている。記述データとして汲み上げられたものには，SWr の思いや心情，共感などの諸感情，意識，直観，推論，予見（予測），リスク等々に関する情報が含まれるとともに，分析者（研究者）による文脈を解読するような意味の世界に関する情報が含まれている。

　記述の内容から，実践の公正性・倫理性などの観点についても把握することが可能である。以上のような記述データから，実践の基本構造を表す7次元統合体モデルの図式は，SWr の感性の世界，思考の世界，価値の世界，技の世界を象徴しているものである。ただ記述データは文章であるだけに，言語情報をいかに洗練させたとしても見える化と可視化の組み合わせでも完璧な論証化には限界があるかもしれない。他方，たとえ，統計学的な手法を駆使して捉えた知識も可視化とはいっても，ピンポイントの証明でしかなく限界がある。

（3）事例研究における戦略

1）複数事例の分析と追試の論理

　実践事例と語り1対，その事例群の記述データを研究対象とする場合，事例の代表性を熟慮しなければならない。本書では実践分野や領域，所属，職位等が異なっても（仮説通りといってもよいかもしれないが）SWr の実践は共通する，あるかたちをもっていることがわかった。実践対象の規模や介入レベルの違いがあろうとも，7次元的に共通し了解可能であった。それは SWr のソーシャルワークマインドないしソーシャルワークの思考様式，選択される価値志向，事象認識様式と実践の様式に共通性があるということである。これらは，ソーシャルワークの専門知ともいえるであろう。実践事例の分析から価値志向と事象認識との間には整合性があり，両者が相互一体的に動くことで実践の根拠が確認でき，7次元間の論理的で整合性のある動きから実践のかたちを捉えることができた。

　本研究に関わる事例研究について，いくつか考察を深めておく必要がある。事例研究は一単位（a single unit）についての集中的な調査（Gilgun 1994：371）である。重要な点は何を1つの単位とするかである。ソーシャルワークでは事例研究はポピュラーな研究として一つの位置を占めてきたが，今日，社会科学の分野で

「リサーチ用具」（リサーチ用ケース・スタディ）としての事例研究に関する議論や研究が増えている[(1)]。従来は事例数が多数の場合は統計学的手法を，少数の場合は事例研究の手法を選択するといった考えが根強くあった。

　しかし，本研究では，立てた仮説の下で同じ結果が得られることを予測して，幅広い実践分野を含む複数事例を扱う設計である。それは，量的調査からみればサンプリングの課題とみられようが，別の側面を備える。本研究の設計は，複数実験を考えるのと同じこととする Yin の「追試の」論理説に通じる。Yin はこれを一般的にいうサンプリングの論理ではないと主張する（Yin 1994＝2011：61-63）。それは事例研究の発展において重要で示唆に富む。

2）事例研究手法における特徴

　しかし，定性的な事例研究は定量的研究への移行が不可避であり重要という訳ではない。事例研究とサーベィの統合を試みた Yin は，事例研究を「固有のリサーチ設計をもつ別のリサーチ戦略」と考えている（Yin 1994＝2011：1-23）。事例研究におけるリサーチ設計は重要な意味をもつ。事例研究の方法には質的研究と量的研究といった区分以上に，むしろ何を研究対象とするか，何を解明しようとするかで研究の設計ないし方法が異なってくるということである。

　本研究では統計手法からは描き出せない，不可視性の高い SWr の内なる世界からアートをして紡ぎ出される実践の全体像を明らかにするには，限定された範囲であっても事例研究が適合していると判断した。その研究設計上は Yin のいう追試の論理も含め，いくつかの工夫をしてきたことは述べてきた通りである。本研究の対象とした SWr がソーシャルワーク実践と判断する事例は，いわば異種性の事例である。

　しかし，分析は 7 次元という構成から論証するために，いくつかを組み合わせる分析的，かつ全体を把握しようとする設計手法を特徴としている。事例研究は，説明，予言，仮説の検証，仮説を含みながら，多くの目的を提供することができるものである（Gilgun 1994：373）。これとともに，多様な知識構築につながる幅を備えている研究手法を特徴とする。本書は 7 次元的分析が中心であるが，多様な分析から例示的ではあるが事例研究の手法を示すことができた。それはまた，SWr が実践を介してみせている論理こそ，実践観といえるものであり（平塚2011：60-67），それは専門知に通じる SWr の事象の見方ないし考え方，行為としての表現を映し出しているのである。

George et al.（2005＝2013：27）は，事例研究の長所は統計手法や数理モデルの弱点部分にあるとしながらも，仮説の検証，理論の形成に特に役立つ事例研究手法の4つの長所を挙げている。①高い概念妥当性を実現する潜在的力，②新たな仮説を生み出す上で効果的な手順，③個々の事例の文脈で仮説上の因果メカニズムが果たす役割を詳しく吟味する有力な手段としての価値，④因果複雑性に対処する能力，である。それは，研究手法の長所と言いつつも，事例研究における従来にはない見方や方法論を示している。

事例研究の限界や陥穽に関連して，本研究ではバイアスを回避するための事例選定に関する工夫をしている。すなわち，技能研究から構想した7次元統合体モデル，分析シート作成→（信頼性を担保するために）合議による分析済みシート作成→最終合議によるソーシャルワーク実践の成立像基準から，本書で扱う成立事例を選択していることである。事例総数を扱うことが基本的ないし一般的とされるかもしれないが，本書では7次元モデルの共通基準（ソーシャルワーク実践のかたちの成立判断基準）に合致しなかった事例群は扱っていない。事例研究には，Gilgun（1994：372）が指摘するように「次のケースは先の発見と矛盾するかもしれず，事例研究の発見は幅広い解釈ができる（open-ended）もので，それらが新しいケースに適合しない時に変更を受けやすい」部分があるからである。本書では，研究目的に適合しない事例群は7次元統合体が形成されていないとし，別の研究に活用できると判断している。

本研究では分析済みシート作成時，当該事例が7次元的に分析可能かどうか，実践全体を成立事例と確定できるかどうか，全事例を合議により決定している。シート上には分析上の諸見解の書き込みを入れている。その際，意識したのは，各次元の内容の整合性だけではなく，根拠をもつ実践のかたちを成しているかどうかで確かめている。全事例の分析終了後に，再度7次元的分析および成立の可否をチーム内3名で全数の確定作業を加えている。なお，インタビュー記録および一連の過程を経た分析済みシートから実践事例の全体像一覧（分析上の一つの記述資料）の作成を進め，各実践事例が何であったか，7次元の概要と実践の総体的特徴を把握する重要な作業を実施した。一部分を巻末資料に収めている。

こうして本研究では，個々別々の事例からソーシャルワーク実践のかたちとして7次元統合体の成立像を確認できた。いわば，同一結果帰着性（同じ結果をもたらすような異なる因果経路が多数あることを意味する）を確認できたといえる。そ

のためには，より限定的な一般化，つまり，より限られた条件下での一般化をせ
ざるを得ない（George et al. 2005＝2013：18）。しかしながら，複数事例による複
数実験とすれば，条件付きであるが導き出した結果の妥当性を認めることができ
よう。本研究で扱った73という事象群の7次元的分析とその全体的考察からは，
ソーシャルワーク実践といえるかたちを共通して備えていることがわかる。こう
してソーシャルワーク実践の一つの見方を，仮説の概念モデル「7次元統合体」
として説明することができたとみている。

　本研究の事例研究としての特徴を挙げれば，3つある。1つ目は，モデルの存
在を確かめつつモデルの妥当性を明らかにしようとする探索的方法をとったこと
である。2つ目は，追試の論理的な分析方法を実施したことである。3つ目は，
2つ目から同一結果性を確かめていく連続的な事例研究でもあったことである。
それはまた，本事例研究の検証方法と同一結果性が妥当という見方もできよう。

3　ソーシャルワークの見える化の新たな地平

（1）7次元統合体モデルの課題と可能性

　本研究では，73事例における7次元による実践の成立像を追ってきた。それは
解釈を中心に分析し，7次元に関わる重要，且つ意味ある表現の探索でもあった。
また，7次元間の関係を探ることでもあった。7次元統合体モデルは，SWrの
実践思考の世界を摑むための一つのモデルである。量的な研究への可能性だけで
はなく，各次元の下位構造の言語体系の精査を通して，ソーシャルワークの言語
体系の構築にもつながるのではないかとみている。7次元の各次元用語を精査し
て大分類，中分類，小分類項目の体系を築くことで，7次元の実証研究の可能性
は十分に出てくる。なお，モデルは物理学の分野でも理論の模型ないし小型のよ
うにみられもしたが，理論としての成立の可能性がありうる。

　このほか，7次元研究の一環として本書で扱った事例群とそうでない事例群と
の比較考察や，後者のみを対象としたより詳細な分析・検討などの課題が残され
ている。これら以外に，インタビュー記録，分析済みシート，実践全体像一覧の
多様な活用のみならず，たとえば，テキストマイニングによる7次元間，各次元
間の共起関係などを探ることで，部分的ではあるが実践像の可視化につながる本
研究の実証的な側面を裏づける研究なども，今後の課題の一例であろう。

とはいえ，テキストマイニングにも限界や課題がある。記述表現であるテキストデータ自体の解釈の幅や範囲，曖昧さなども克服すべき課題がある。また，テキストデータの補強や見直しなども，必要に応じて行うことが求められる。本研究においても，技能次元や機能・役割次元の下位用語の場合は先行研究の成果に負っている。これらのテキストデータとしての利用の可能性は高いとみる。一方，他の次元は先の2つの次元ほど組織化されてはおらず洗練させていく課題が残る。いずれにしても，7次元統合体モデルはリサーチ設計と戦略をより豊かにすることで多様なソーシャルワークの知識が拓かれうる可能性を備えている。

（2）ソーシャルワークの科学（学術性）に対する接近法

　第1章で述べたソーシャルワークの知の多形態を高めていくには実践知を基軸にすることである。その接近法としては3つが考えられる。1つ目は，規範科学的接近法。これは，ソーシャルワークとして価値判断がなされたあるべき行為を選択することから規範理論を構築する方法である。2つ目は，了解科学的接近法。これは，実践という行為に随伴する意味や人々の相互の関係から織りなされる世界の意味の解釈に迫る了解理論を構築する方法である。3つ目は，経験科学的接近法。これは自然科学分野において伝統的に発達してきた理論構築を図る方法である（図14-1参照）。これら3つを包摂するものがソーシャルワークという実践科学（実践学）である。

　それはソーシャルワーク事象およびアートをして介入する行為事象への単独の接近法だけではなく，接近法の2つの組み合わせや3つの組み合わせが考えられる。それぞれの接近法から，共通の知，関連する知，独自の知が確立していくことは当然であるが，基本として図14-1のような組み合わせが考えられる。3つの円が交差する極致が，実践科学としてのソーシャルワークの究極の姿なのであろう。ただ，より多様な組み合わせが可能である。そうした組み合わせによる成果はソーシャルワークの知を豊かなものにし，独自の固有性を引き立たせるのではないだろうか。それは多様な研究方法というよりも，むしろ学術的に多次元的な視点をもつことを指し，こうした接近法を通してソーシャルワークらしい固有の事象認識の仕方が育ち，ソーシャルワークマインドが確立していくのではなかろうか。

　そこからソーシャルワークの理論構築につながり，ソーシャルワークの知的空

図14-1　ソーシャルワークの科学
　　　　——3つの接近法

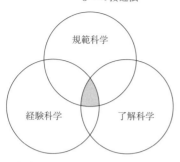

出所：平塚良子「日本社会福祉実践理論学会第23回　大分大会大会長講演資料」2006年を基に筆者修正。

間が洗練され，より革新的なものに育っていくことになろう。それには，洗練された精緻な研究法の開発も不可欠である。その豊かさが洗練された実践の理論や認識論をもたらしていくのではないだろうか。

　本研究でみえたことは，73事例において①SWrが実践対象の認識から実現志向の価値を意識せしめ，何をなすべきかを確定するという実践の根拠が示されていること，②それに伴う具体的行為を遂行していることである。そこには視点・対象認識における感情や意思，自身の思考や推論などSWrの内なる世界に生まれる実践の論理が浮かび上がっていることであり，感性や思考，価値，これらをSWrの溜め込まれた実践知に収斂させ技として表現するアートの世界が広がっていることである。本書で取り上げてきたSWrに溜め込まれた思考である実践知への探究は，ソーシャルワーク専門職共通の基盤としての知（専門知）の洗練や継承につながるものである。Doingだけにとらわれるのではなく，Thinkingに関心を注ぎ，実践において専門知が見出されなければ専門職としての存在価値は脆弱化しかねない。

（3）さらなる挑戦

　本研究の挑戦すべき課題は前述した通りだが，さらなる挑戦について述べてみたい。本書が「モデル」「事例と語り」という図式化と記述データ化してきた試みから今日の人工知能と関連づけてみる。周知のように，人工知能（artificial intelligence：AI）は，今やめざましい発達を遂げつつあり，その危険性も倫理性，公平性，公正性への対応，人工知能の特異点がもたらす危険性（シンギュラリティ）などが論議されている。AIの活用方法は2つあるといわれている。

　1つ目は，ディープラーニング（深層学習）などのニューラルネットワークを使用したモジュール（プログラムの構成単位）を組み合わせて設計されたものに活用する方法である。この方法は，何をもって「特定」と判断するかの定義の意味や範囲などが関係してくる。その場合は，特殊型で限定された問題しか解けない

という限界のほか汎用性の問題がある。ソーシャルワークの場合，たとえば，エコマップの図式や7次元統合体モデル図式などは画像データとなりえ，ディープラーニングの方法に適用できる可能性が高い。これらの図式は記述データや画像の集積を図ることでソーシャルワーク実践のメカニズムがより詳細になり，知の構築，知の集積へとリンクできる可能性もある。

　しかし，ソーシャルワークの実践事例の記述などは，一つの正解をいつも求めるというよりもベターな複数の解を考え，そのうちのいずれかを選択したり，時には複数を選択することや時には求めない場合さえもありうる。また，時にはリスクを負うかもしれない選択をすることもありうる。ソーシャルワークは人間の複雑な心情，生活や人生に関する思想・信条，人間社会の暴力や差別，排除等々の背景にある価値意識，政治・経済・社会・文化を基盤に設計されていく政策・制度，機関や組織・集団の論理などが複雑に錯綜する事象に関与する。特に人々の意思を尊重する選択や決定を支援する利他的・愛他的な実践を展開するソーシャルワークには他律的なディープラーニングの方法はなじまないだろう。

　2つ目には，人間の脳の構造に学んでいく汎用人工知能の開発方法である。政策や制度に拘束される面があるものの，アート性を基軸にするSWrは実践対象を認識し推論を立て実践する。それは，状況に応じて柔軟に実践を変える自在性を備えているということであり自律的である。そこには社会的責任を伴う。今日，仮説を立てられる能力を備える人間の脳の構造を模倣した「モジュール」を自動的に組み合わせ統合していく汎用人工知能を活用する方法の開発も取り組まれている（Newton別冊 2018：72）。

　とはいえ，人工知能は現在のところ「常識」をもつことが困難といわれている（Newton別冊 2018：125-126）。何より文脈や行間を読むことができない。周知のように，NHKのテレビ番組で登場した「読子」の短歌などはAIの文脈理解の困難さを示している。常識的な判断を日常的に行う人間らしさと同程度の能力を備える汎用人工知能になるには数十年先のことらしい。しかし，神経科学の発達に伴い人間の価値観や意識への研究が深まることは，汎用人工知能研究の成果を活用するソーシャルワークの情報処理，実践研究の開発，アート性を活かす科学化やエビデンス化にもそう遠くない将来に現実化していく可能性があるかもしれない。

　本研究における実践の記述データ化は，これまでのソーシャルワークの知見を活用しながら，実践事例と語りから一つひとつ言葉を選び紡いで作成してきたも

のである。それをデータ原としてさらなる高次のデータづくりへと洗練させることで教育や実践，研究の助けとなる情報だけではなく，ソーシャルワーク理論構築の一助につながるのではないかとみている。

　何よりアートを基軸にするソーシャルワーク実践の科学化においては，記述データの処理にはきわめて重要な助けになりうるとみる。ただ，それは万能ではない。あくまでも一助にしか過ぎないだろう。人間からデータを仕込まれたに過ぎないAIは，間違いがあったとしても社会的な責任を負うことはできない。機械に過ぎないAIには「自律性」はないし，責任をとることはできない。それは人間の側でしかできないことなのである。いずれにしても，機械に過ぎないAIの過小評価も過大評価も避けなければならないことはいうまでもない。

　こうした視点を持ちつつ，AIが実践事例のデータバンク，実践知への探究や可視化，実践史のアーカイブズ等々に貢献できるのではないか。今後，そうした可能性を探り，学術的な備えしていくこともソーシャルワークには必要ではないだろうか。

注

(1)　事例研究に関する方法論やリサーチ戦略に関する文献例は，以下の通りである。

　①　Yin（1994＝2011）。Yinの研究は1970年代からなされているが，第1版は1984年に公刊されている。「追試の論理」を示し，事例研究の新たな可能性を示している。

　②　Gilgun（1994）は，個性記述的接近と法則定立的接近の2つのアプローチを区別・対比，また両方を含む議論を展開し，事例研究の方法を論じたものである。

　③　King et al.（1994＝2004），Brady & Collier（2004＝2008），George et al.（2005＝2013）は，社会科学の研究方法論をめぐる議論の中で，定量的研究の手法の分析道具を定性的研究に適用を勧める提言やこれに対する批判など，2つの研究方法をめぐる議論を活性化させている。

　④　日本におけるソーシャルワークの事例研究は長年行われているが，質的研究として事例を多様に扱う調査が増えている。事例研究は教育的なアプローチに加えて，一般化の可能性を引き出し知識構築のためのアプローチが探求されるようになってきた（例：日本社会福祉実践理論学会監修 2004）。平塚ほか（2005）では，CLが不利益な立場に貶められる事象を「狭間」として概念化しSWrの支援困難や不全感のあった15事例に適用している。三毛（2009）では，単一事例の研究法を探求している。岡本ほか編著（2010）では，ソーシャルワークの事例研究法，事例の多面的・多角的な分析とともに，多様な事例研究の方法を示唆している。

(2)　「ソーシャルワークの7次元統合体に基づく多面的多角的実践分析モデルの開発」
　　（研究課題番号21330132）（研究代表者：平塚良子，2009～2012年度　科学研究費補助
　　金基盤研究（B））による成果を得ている。

参考文献

内田治ほか（2012）『SPSS によるテキストマイニング入門』オーム社。

岡本民夫・平塚良子編著（2010）『新しいソーシャルワークの展開』ミネルヴァ書房。

西垣通（2018）『AI 原論――神の支配と人間の自由』講談社。

日本社会福祉実践理論学会監修，米本秀仁・高橋信行・志村健一編著（2004）『事例研
　　究・教育法――理論と実践力の向上を目指して』川島書店。

樋口耕一（2014）『社会調査のための計量テキスト分析』ナカニシヤ出版。

平塚良子（2011）「ソーシャルワークらしさの原世界」『ソーシャルワーク研究』36
　　（4），60-67頁。

平塚良子ほか（2005）「保健・医療・福祉の狭間におかれる人々の生活困難についての
　　研究」（日本社会教育学校連盟推薦によるみずほ福祉財団助成研究）日本社会福祉教
　　育学校連盟『社会福祉教育年報』25，459-470頁。

藤井美和・小杉孝司・李政元（2005）『福祉・心理・看護のテキストマイニング入門』
　　中央法規出版。

三毛美代子（2009）「社会福祉実践を支える事例研究の方法」『社会福祉研究』104，
　　76-87頁。

Newton 別冊（2018）『「ゼロからわかる人工知能――基本的なしくみから応用例，そし
　　て未来まで」（2018）ニュートンプレス社。

Brady, H. E. & D. Collier（2004）*Rethinking Social Inquiry: Diverse Tools, Shared
　　Standards*, Rowman & Littlefield Publishers.（＝2008，泉川泰博・宮下明聡訳『社会
　　科学の方法論争――多様な分析道具と共通の基準』勁草書房。）

George, A. L. et al.（2005）*Case Studies and Theory Development in the Social Sciences*,
　　Cambridge, Mass.: MIT Press.（＝2013，泉川泰博訳『社会科学のケーススタディ
　　――理論形成のための定性的手法』勁草書房。）

Gilgun, J. F.（1994）"A Case for Case Studies in Social Work Research" *Social Work*, 39
　　（4），pp. 371-380.

King, G., R. O. Keohane & S. Verba（1994）*Designing social inquiry: Scientific inference
　　in qualitative research*, Princeton University Press.（＝2004，真渕勝訳『社会科学の
　　リサーチ・デザイン――定性的研究における科学的推論』勁草書房。）

Yin, R. K.（1994）*Case Study Research: Design and Methods*, Sage Publications.（＝
　　2011，近藤公彦訳『新装版　ケース・スタディの方法　第2版』千倉書房。）

（平塚良子）

あとがき

　本書は諸事情より企画から随分と時間が経ってしまったが，ようやく一つのかたちになった。本書で取り上げた研究はソーシャルワーカーがその内なる世界で感性と溜め込まれてきた思考（実践知：アートの知）から表現された「実践の丸ごと」を捉えようという，いささか，無謀？に思われる計画から出発した。それが実践の見える化・可視化であった。それまで実施してきた主要な２つの事例研究から，ソーシャルワーカーとして仕事をしている場合，分野や領域，所属や職位に関わりなく，その実践は共通してソーシャルワーク実践といえるかたちが出現しているとみていた。本研究では，技能研究での概念図を仮説の「７次元統合体」をモデルとして活用することにした。３次元世界に住む人間が７次元の世界を描くことは一笑に付されるかもしれないが，あくまでもイメージである。本研究ではこれを活用して実践事例を分析したところ，上記のような７次元の世界が出現していることが確認できた。

　何より，研究の基礎となる事例提供のソーシャルワーカーの50余名の協力が得られたことが有り難いことであった。本研究のために準備をして自らの実践を淡々と語るソーシャルワーカーからは，多様な労苦を乗り越えながら創意工夫を凝らした知恵と動きに感銘を受けたものである。多忙を極めるなか時間のやりくりをしてインタビューに応じて下さり，時には夜間になることもあった。真に感謝以外の何物でもない。インタビューでは，こちらが励まされ，教えられているような感覚もあった。事例研究が増えている今日，こうした地道な実践を個人の一代限りに埋没させてはいけない。知恵を出し合い，知的共有資産として次代のソーシャルワーカーに受け継がれなければ意味がない。本研究を通して，そのような思いを新たにしたものである。

　読者の方々が，本書を通じて，実践の根拠の妥当性や実践のかたちとなりうるのは「ソーシャルワーカーの内なる世界にこそ，実践のありようを決定づける鍵が存在すること」「その論理化」を再認識する機会になったとすれば，望外の喜びである。読者諸氏からは，ソーシャルワークの知を豊かにしていくために忌憚

のないご批判やご教示をいただくことができれば幸甚の至りである。

　研究の推進には，研究チームと協力者を得たことが実に大きい。黒木邦弘さん
（熊本学園大学）や故・端田篤人さん（長野大学），橋本美枝子さん（大分大学），林
眞帆さん（関西学院大学），窪山太さん（金城学院大学），日和恭世さん（別府大学），
佐藤辰夫さん（別府大学非常勤講師），日和慶二さん（別府リハビリテーションセン
ター）の協力には大きいものがあった。8年間にわたる大分大学別府職員会館での
宿泊型研究会議では，実践の全体像や次元間の関係を摑む過程を丁寧に進めた。
大分大学退職後1年半の黒木さん，端田さん，平塚3名の大津市での記述データ
最終点検作業から本書の企画が前進した。その後，インタビュー記録と分析済み
シートから実践の要約を示す実践全体像一覧表作成（その一部を巻末資料2・3に
例示）には，平塚，黒木さん，端田さん，日和恭世さん，日和慶二さん，村上有
未さん（大在地域包括支援センター），今尾顕太郎さん（みえ病院），藤戸美保さん
（九州大学附属病院）が加わった。73事例の全体像一覧の最終点検には，日和恭世
さんが力を発揮した。テキストマイニングのデータ作成と分析には，端田さんが
力を尽くしていた。インタビューのテープ起こしは大分大学の学部ゼミ生，福祉
社会科学研究科ゼミ生の多様な協力が本書刊行につながった。

　本書は，まさに多くの方々の労苦と協力の賜物である。特に協力して下さった
ソーシャルワーカーのお一人おひとりに改めて感謝を申し上げたい。本書は論理
の可視化・他者に伝わる見える化の第一層であり残された課題もある。これにつ
いては他日を期したい。

　ここまで進めてきた段階で，きわめて悲しい出来事に触れておかなければなら
ない。本書の実証性に関わる重要な部分を担い「テキストマイニング手法による
実践の認識構造」の執筆にあたっていた長野大学の端田篤人さんが2020年5月に
急逝された。試行錯誤しながらも，まもなく脱稿に近づいていた。幻の論考にな
ってしまった。20年近く筆者のいくつかの研究に加わって下さっていた。本研究
にも当初から加わり，現場でのソーシャルワーカーとしての実践経験のある端田
さんは，このモデルのよき理解者であり，授業でも活用して学生の反応の良さを
実感していた。2013年から大津市での3人研究会でデータの最終点検とテキスト
マイニングに関する検討に着手して頑張ってきたことが「かたち」としてならな
かった。本人の無念さはいかばかりだったか。2つの章をすでに終えていること
がせめてもの慰めかもしれない。でき上がった本書を見て，あのふくよかな顔を

にっこりさせて「できましたね」と言葉をかけてくれる気がする。

　なお，日本並びに世界各地のコロナ禍が深刻な状況にある。諸々の社会活動が少し動き始めたとはいえ，私たちの日常は一変してしまった。医療現場だけではなく種々の福祉現場の基盤の脆さがニュースとなる日々，最前線に居合わせる人々が気にかかる。人々の暮らしぶりが顕在化するにつれてソーシャルワーカーたちの仕事は，これまで以上に厳しい環境におかれているはずである。ソーシャルワーカーの実践は近未来の生活をつくる仕事である。人類が今日のような試練を幾度となく越えてきたことを思い起こしつつ，しなやかに未来に向かって歩みを進めたいものである。

　2022年 1 月

平塚良子

巻末資料

資料1　ソーシャルワーカー調査基礎票

　インタビュー調査の時間を節減するために，あらかじめご回答ください。よろしくお願いします。

所属機関名＿＿＿＿＿＿＿＿＿＿＿＿＿＿＿＿＿＿

ふりがな
お名前＿＿＿＿＿＿＿＿＿＿＿＿＿＿＿＿＿＿＿　　　　性別　男・女　　年齢＿＿＿＿歳

問1　最終学歴
　　　1．高卒　2．専門学校卒　3．短大卒　4．大学卒　5．大学院修了

問2　あなたが社会福祉の専門教育を受けた機関はどこですか（複数回答可）
　　　1．短大　2．大学　3．大学院　4．専門学校　5．専門教育は受けていない

問3　所有している資格についてお答えください（複数回答可）
　　　1．社会福祉士　2．精神保健福祉士　3．介護福祉士　4．介護支援専門員
　　　5．看護師　6．保健師　7．その他（　　　　　　　　　　　　　）　8．なし

問4　経験年数について
　　　福祉の職場における通算勤務年数＿＿＿＿年目
　　　ソーシャルワーカー（相談員）としての経験年数＿＿＿＿年目
　　　現在の職場でのソーシャルワーカーとしての経験年数＿＿＿＿年目

問5　所属機関の設置母体は何ですか？
　　　1．社会福祉施設　2．社協　3．行政　4．病院
　　　5．その他（　　　　　　　　　　　　　）

問6　所属機関のソーシャルワーカーの人数を教えてください
　　　専任＿＿＿＿人
　　　兼任＿＿＿＿人

問7　現在の仕事に就いた経緯（きっかけ）を教えてください

出所：橋本美枝子ほか作成。

資料2　ソーシャルワーカーの実践事例の7次元的全体像一覧表抜粋例

ソーシャルワーカーの実践に関する基本情報	7　次　元　的　特　徴							実践行為の総体的特徴
	価値・目的	視点・対象認識	機能・役割	方　法	空間（場と設定）	時　間	技　能	
6-12： 1）私・高齢 2）非個別 3）2002-2006継続（4年以上） 4）地域 5）集／組，地域政策，制度・プログラム開発 6）地域・高齢 7）アドミニ・地域組織化・社会資源開発・集団援助 8）メ／マ 9）「地区の住民の主体性を引き出し住民が最後まで住めるまちづくりを目指す在介での事例」	SWrは，住民主体の仕組みづくりを目指し，住民によるケースの発見と住民側による発信を重視。また，ネットワークの醸成を目指し，地域の核になる地域住民と，SWrの所属機関を住民に周知することを重視する。「事例学習会」を通した気づきと発見のプロセスに着目し，地域の包容力を向上させ，最期まで住める街づくりといった地域支援システムの構築を目指す。	SWrは，担当地域の住民属性及び住民参加型福祉推進にむけた参加住民の意識の希薄さを認識。また，SWr個人の援助活動の限界と，地域の核になる仕組みづくりの必要性を認識。さらに，福祉機関の機能性と機動性の課題を認識するとともに，福祉推進に関心を有する住民個人内外のサポートによるコミュニティの触発の必要性を認識。結果，相談機能を活かそうとする住民の主体性が芽生えたことを捉え実践の効果を評価する。一方で当該住民たちの継続性や交代で生じる変化も視野に入れている。	SWrは，住民主体の仕組みづくりを目指し，住民の主体性をめぐる望ましさやそうでない状況，資源としての福祉機関の課題をアセスメントしサービス・資源を媒介する。専門職者として自己の専門性の限界を内省し，住民の主体的な参加を促すべくかなめとなる管理者としてコーディネートする。そして，個々の住民が関心のあるテーマを講義するなど教師役割を担いながら，社会変革者としてコミュニティの関心を触発する。	グループワーク中心のメゾからマクロレベル展開：実践サイズを適正化し，住民，組織，専門職，機関と交渉し，連携・協働のネットワーク会議を投げかける。会議は，学習と連絡・調整に分け，学習では住民が事例を提供しテーマ化する。また，住民参加型演習形式とし，グループワークの進行は住民が担う。さらに，欠席者に記録を送付することで，コミュニティの関心を持続させる工夫をしている。	住民主体の仕組みの特性に住民の関心がある各テーマを事例として検討していく設定。SWrは，小地域単位を適正な実践サイズとし，住民組織と専門職，他機関職員をメンバーとするなど工夫する。また，学習と連絡・調整を分けることで場の機能を明確にする。さらに，SWrは，住民主体のしくみに向けて住民が会議を進行するほか，記録作成し，欠席者に周知するなど工夫している。	過去から現在に至る各地区の特性に基づき，小地域単位の会議を年間計画する。地域組織や専門職・機関が連携・協働できるよう交渉に時間をかけている。他方，地域組織構成員の継続的関わりを予見し，テーマの設定から進行を住民主体で行う準備し，相互作用を促すように努めている。また，記録を介在させ住民のコミュニティへの関心をよびかけ，住民たちの微少な変化と成長を評価している。	SWrは，住民属性の援助の限界の内省を含む内的スキルとともに，住民と専門職・機関の連携・協働による問題解決スキルを発揮する。また，住民の主体性を引き出す対人関係スキルや相互作用スキルを集団援助スキルとともに発揮している。さらに，関係者との交渉を含む政治のスキル，記録の活用などの専門職スキルを発揮する。以上のようなスキル発揮の一方，SWrには住民主体の仕組みづくりに向けた戦略的スキルがみられる。	高齢者3,000人が暮らす地区担当のSWrは，脆弱な住民属性から住民参加型の福祉推進の困難さ，また他の専門職・機関の機能性と機動性の脆弱さからSWr個人の援助の限界を認識する。こうした認識から，住民主体の仕組みづくりを目指し，福祉課題に関心をもつ住民個人を支援し，地域社会への関心の触発へと転じ戦略的に取り組んでいく。ネットワーク会議の規模の適正化や住民主体で会議の進行を図るなど集団の形成を工夫しつつ。こうして学習による気づきと発見の過程が地域の包容力を向上させ変化と成長に至っている。

注：本文中の「全体像一覧」を指す。
出所：平塚良子ほか作成。

資料3 事例タイトルとソーシャルワーカーの実践行為の総体的特徴

上段：事例番号 下段：事例タイトル	実践行為の総体的特徴
1： 高い職業能力の経験を もつが一般就労を希望 する精障CLの事例	SWrは，CLの生活過程にそい，思いとニーズの言語化，CL自身の舵取り を重視し，自らの人生を豊かにし，近未来に向けて自己決定の原体験を意味 づけられるような支援を目指す。混乱が生じたCLと職場との調整では，両 者を媒介しながら中立的な立場をとり，滋養的環境の涵養（社会資源の開 発）とともに，CLの動機づけを高めCL自身がSWrの支援終結を決定する。 なお，CLの自己決定を阻害する価値には対抗する。
2： 医療患者から脱して自 分の力で到達した実感 をつかみかけた精障 CLの事例	SWrは，組織が掲げるCL，専門職，地域住民との協働による就労支援，自 立支援を目指し，CLが自分で仕事を見つけ就労を決める点を重視。しかし， それは単に就労だけに固執しない。CLのニーズに応え必要な援助を行う。 特に，CLにとって必要な社会関係，滋養的な環境を通して，CLが多様な 場での機会に挑戦することで自己達成感・自己効力感を高め自律的で主体的 な生活を構築するよう支援するのである。
3： 物事の自己解釈的な面 から周囲との軋轢やト ラブルが多い心身機能 重篤なCLの事例	SWrは，精神保健福祉領域のSWrが心身機能・個人の属性に囚われがちな 硬直した支援パターンの問題性を認識。そこからの解放と認識困難なCLに 対して科学的実践志向とともに，CLと地域の折り合う地点を探る実践を ソーシャルワークの使命として展開。特に，CLと周囲の関係者との間をと りなす一方で，CLへの，また関係者への教育的関わりを重視する実践を展 開している。
4： 支援プログラムに集中 できない経済的に破綻 したCLの事例	SWrは病気を治すということではなく生活を営むことを優先し，CLの生活 再建に向けた問題解決の優先順位づけ，CLのストレングス，CLの価値と ニーズを尊重した援助を提供。合同面接と個別面接によりCLの現実に焦点 を合わせて問題解決に向けた自己決定を引き出し，根拠を持った関わりを実 践。SWrはCLが問題を夫婦間で話し合いながらSWrと一緒に具体的な解 決策を模索できるように実践していく。
5： ホームレス脱却を目指 すが判断力に課題があ るCLの事例	SWrは，CLの属性を認識しつつ，本人の意思や主体性の尊重に努める。ト ラブルのたびに関係者との調整など，何かと取りなしの労をとる。生活保護 申請に向けた調査でハイリスクを発見し，本人を守るため司法関係者と相談 して解決。本人とは成年後見制度の利用について話し合う。SWrは時間的 制約から終結を意識しながら，CLの権利侵害防止や支援ネットワークの構 築に努める一方，社会的寛容の重要性を認識する。
6： 疾病による判断力の低 下がみられ，自覚無き まま限りある命を生き るCLの事例	SWrは難病により生命予後が限られた判断能力が低下したCLという属性 を十分に認識し，利用者中心・協働課題解決の価値志向を重視。生きている 意味を感じられること，生活の中の楽しみ，重要な他者である母親との関係 の継続を視点とし，成年後見申立支援，母親との外出支援，母親の居住近く への生活の場の確保に向けた支援を行う。ターミナル期を見据えたCLの最 善の利益を追求するSWrによる身上監護実践例。

7： 単身で自活してきた高次脳機能障害女性CLの事例	SWr は，意思疎通に困難があり，独居生活志向の CL の援助では，他者の意向が働き CL 自身が意思決定を控えるストレス状況の中で，「本人の人生は本人のもの」と価値づける。傾聴に徹し，関係者の価値との抵抗・対抗・調整によるアドボケイトとともに，CL にとっての滋養的環境の創出に努めている。特に，CL の回復過程に即しながら本人（親族含む）が近未来の生活像を描くことを可能にして CL の価値の実現を図っている。
8： 軽度認知症の夫のいる左片麻痺高齢女性CLの事例	内省的思考に基づきアセスメントし，CL の生活主体性，個別性を尊重。CL の生活力維持と重要な他者との関係維持・継続を重視し SWr は課題中心アプローチ，エコロジカルアプローチを活用しスモールステップの目標を設定し援助を提供。医療職の価値・規範の障壁により CL のパーソナリティ認識を転換する重要性を認識。CL のワーカビリティ，コンピテンス，ストレングスを SWr だからこそ重要視した自宅復帰援助が実践できた事例。
9： A市における地域包括支援センター設置事例	SWr は，国の新たな政策案に先んじて良質のシステムを形成してきた在介の実績を資産とし，その継承による発展的な新システムの構築を目指す。利用者の生活の継続性をはじめ実践の価値を明確にし，行政の理念的価値（公平・中立）と自らが目指す価値との衝突を乗り越えるため行政組織への周到な働きかけと交渉の一方で，在介事業集団（責任者及び職員）を束ねながらの実践により SWr の政策案が実現する。
10： A市の地域包括支援センターにおける物忘れプログラムと相談・支援強化モデル事例	福祉行政機関管理職の SWr は，その地位と力を巧みに活かし，今後の認知症高齢者の増加を見越し，高齢者（市民）の生活の安定と権利擁護，偏見の除去を価値とする予防的なプログラム開発をする。コミュニティ対象のその実践は社会変革的でもある。政策立案，予算獲得，地域の拠点との参画・協同により事業を進める。利害関係集団には責任を自覚し，積極的な対話を重ねながら戦略的・政治のスキルを駆使して挑戦し解決を図っている。
11： 金銭管理や健康管理に課題のある高齢男性CLの事例	SWr は，CL の生き方の尊重を基本に自立的な生活時間の伸長を目指す。困り感に無自覚な CL 自身の行動変容のために，SWr が介在してサポート・グループを形成するなど直接または間接的に支援する。また，CL の支援を通じて埋もれている他のケースを予見し，一人暮らし高齢者を地域で支える仕組みづくりを目指す。そこで，SWr は CL と既存の地域の福祉活動を媒介しながら滋養的環境づくりに向けた社会変革を試みている。
12： 地区の住民の主体性を引き出し，住民が最後まで住めるまちづくりを目指す在介での事例	高齢者3,000人が暮らす地区担当の SWr は，脆弱な住民属性から住民参加型の福祉推進の困難さ，また他の専門職・機関の機能性と機動性の脆弱さから SWr 個人の援助の限界を認識。住民主体の仕組みづくりを目指し，福祉課題に関心をもつ住民個人を支援し，地域社会への関心を触発。また，ネットワーク会議の規模の適正化や住民主体で会議の進行を図るなど集団の形成を工夫。学習による気づきと発見の過程が地域の包容力を向上させ変化と成長に至っている。
13： 発達と知的障害の狭間とされるCLの就労事例	SWr は，CL が望む生活像を重視し，CL のコミュニケーション特性に応じた信頼関係構築を目指す。CL 集団特有の文化に馴染めない CL を認識。個別な関わりで行動変容と自己肯定感を醸成し，他機関連携で生活基盤の安定化を図り，CL の非社会的行動に伴う危機介入では他職種と連携し対峙する。信頼関係の構築と滋養的環境の形成を，CL と SWr 協働で実現する。ただ，SWr は，自己の実践を不全感とともに内省している。

14： 特有の家族文化内で育った無気力な CL の事例	SWr は，CL の生活歴とライフイベントから成長発達を阻害する家族内文化の負の連鎖に対峙する。具体的には，CL との信頼関係の構築と社会性の獲得を個別的・集団的に援助し，CL をエンパワメントする。一方，CL の意思を実現する滋養的環境の涵養を図り，CL の社会性を醸成するよう調整する。なお，SWr はリスク介入を不全感として自己評価しつつ，CL のエンパワメントと CL システム全体を視野に入れ，家族内文化の価値に対峙した実践を段階的に展開している。
15： 疾患の後遺症など不自由さがある元日雇い労働者 CL の事例	SWr は，CL の希望を尊重し，後遺症による不自由さを抱えながらも本人らしく生活できる可能性を大事にしようとする。生活の場はじめどういう手段があるか，環境の調整を専門職の価値とする。SWr は自身を媒介に CL の選択を促すガイド役になり，CL の力量を把握し長期的な視点に立って CL の生活像を描きつつ，SWr 主導にならないよう配慮し，CL の自己決定を尊重する。CL の希望を起点に生活基盤の安定と CL と関係が途絶していた重要な他者との関係の再構築など，滋養的環境の創出を図っている。本 CL のような場合，援助放置となりうるケースも背景としてある。
16： 不適切な行動により周囲を振り回す配偶者の暴力に脅える虚弱・意思疎通困難な CL の事例	SWr は自身の所属の特性（兼任）を活かす実践をする。入院中の CL は配偶者の虐待が CL を脅かしていることを把握。制度に規定された支援機関という時間が CL 及び配偶者の不安と混乱を招いていると認識し，本事例を特定階層がドロップアウトする（制度的）環境の負の作用の実例として意味づける。SWr は，CL の希望の実現，アドボケイトを中心に，治療の場と生活の場の双方に関わる専門職を媒介し，チームアプローチを実践。結果，CL のリスクを予見し制度の狭間に対峙する合意形成を実現し，CL の安心できる居場所を確保している。
17： 失語や意思表示困難な，帰宅願望が強い CL に退所勧告がなされた事例	SWr は，CL 及び家族と季節変動型のサービス利用で在宅生活の継続を支援し，信頼関係に基づく滋養的環境を形成。しかし，CL の暴力行動から CL の代弁と家族の価値の共有を活かすことができないことを内省。そこには CL の暴力性を根拠に CL に不利益な反福祉な価値を正当化する組織の論理と CL 排除に作用する力学が存在していた。SWr は援助観を共有できる新たな社会関係の組織化を実現。ただ，CL は新たな環境で状態が悪化。SWr は CL と家族に影響を与えたことに深く内省する。
18： 入院費滞納による強制退院となった障害や認知症等による意思疎通困難な CL で実子からの虐待が疑われた事例	SWr は，障害を有する CL への実子による経済的搾取からネグレクトを予見。子の存在を心理的支えとする CL の心情に配慮しつつ意思疎通困難な CL のアドボケイトに努める。SWr の媒介による搾取への対応と債務返済を実行する。連絡の途絶と地域からネグレクトを告発される子に対し，新たな重要な他者（他の実子）の選定と専門職チームの編成を目指す。CL に関わらないようにする行政機関の一過性の「やり過ごし」対応を批判し，自組織内を CL にとっての滋養的環境へと強化。SWr の内省を強化し，多次元的方法による倫理的実践を展開。
19： 実子からの虐待（身体的・経済的）を受けた CL の事例	SWr は，CL に危害を及ぼす困難ケースに緊急対応できない行政の要請をうけ，家族から身体的虐待と経済的搾取にあった CL のアドボケイトを目指す。危害を加える家族には，行動特性を分析し，スーパービジョンを活用した組織的対応をコーディネートし対峙する。一方，短期対応を要する危機介入では，新たな重要な他者を設定し，CL が安心できる居場所を確保する。

20： 非親族からなる社会関係のネットワークをもつ，脳梗塞後遺症・認知症の CL の事例	SWr は，CL との個人的価値（信仰）の共有しつつ，専門職として人生の終焉に向けたヒーリング環境づくりを目指す。医療的介入の必要性の高い CL の状態の急激な変化に対応しつつ，非親族の関係者とネットワークを築いてきた正の社会関係から，CL の複雑な人間関係への対処に限界を認識。アドボケイトできる居住環境への移行を踏まえ，CL の人生観と思想・信条に共感できる新たな社会関係の形成を目指す。
21： 施設ソーシャルワークの理念と実践に関する職場内研修（グループスーパービジョン）の事例	SWr は，レジデンシャルソーシャルワークをめぐる制度的・実践的変遷を捉え新たな CL ニーズに応ずる施設及び職員集団の再組織化を目指す。SWr は，自身を CL ニーズのアドボケイトと，職員ニーズの管理者として認識し施設外との接点を持つ。またケアをめぐる小規模化・少人数化に職員を資源と捉え，互いの視点の集約を図る。たとえば記録や会議の効率化と合理化，3段階のスーパービジョン体制と人事考課システムを導入し，理念的価値が凝集された職員集団の形成に挑戦する。SWr は職場内研修を通して職員の肯定的な変化を確認している。
22： 識字課題を抱えた在宅生活に強い不安がある CL の事例	SWr は，本人が希望する在宅生活継続を支えることを重視して，理解力・判断力の弱さから夫に依存的であった CL が自力で在宅生活を送れるよう環境整備を行い，周囲に隠してきた識字能力の課題を補いつつサービス契約締結援助を行った。介護保険制度の限界を超えた支援網を構築するため，地域のインフォーマル資源にも戦略的かつ積極的にアプローチしており，ミクロ・マクロ両方の視座から超領域的実践を展開している。
23： 生家での生活を強く望む軽度の認知症がみられる90代半ばの単身 CL の事例	SWr は，地域性と生活歴から CL のライフプロテクトの必要性と CL の生家での生活を強く望むハイリスクな自己決定に倫理的ジレンマを抱く。また，生活空間をめぐる CL の主観的意味と重要な他者の意向との乖離にジレンマを抱き，専門職として内省しつつも，CL を守っていく。一方，危機予測から ADL 低下に応じ，多機関連携の必要性を認識。専門職の未熟さに対処し，安心できる居場所の確保を目指し，CL とスーパーバイジーを二重のターゲットにスーパービジョンとコンサルテーションを実施。
24： 高齢者が他者を通して四季を実感できる普通の感覚を取り戻す試みの特養での事例	施設長の SWr は，仮説に基づく科学的実践の必要性を認識。SWr には，疑似 SWr の一過性のケアマネジメント，入所型施設の標準化された業務と一過性の地域福祉活動，価値深化のない制度に適応する専門職，CL 目線で時空間を捉えない地域福祉への批判がある。ここから肯定的な生活経験は蓄積できず，社会関係の正常化に至らないと認識している。そこで，CL を媒介に他分野の専門職と共感と協働の時空間を実践し，自組織の改革と他分野への福祉教育に結びつけた。
25： 援助者のためのサポートシステムの事例	SWr は，バーンアウトを内包する援助過程システムのスーパービジョンの弊害を認識し転換しようとする。SWr は，SWr の育成は CL 支援とは相補性があると認識するところから，CL の利益を優先したスーパービジョンを領域横断的なワーカー・サポートシステムとして構築する。それは，ワーカーが安全・安心を感受できる場となるとともに，長期的・継続的な専門職コミュニティの形成を目指したソーシャル・グループワークの実践で実現された。この専門職コミュニティは，セルフケアシステムを築き援助者自身の回復・再生モデルとなっている。

26： 行政機関において後置 されたアルコール問題 を顕在化させた事例	SWr は行政機関の SWr として政策的に後置されてきたアルコール関連問題を誰にも起こり得る普遍的な問題として再認識し啓発・予防を目的としたソーシャル・サービスプランニングとして予防的地域福祉実践システム構築の企画・推進に従事。その推進過程で行政主導を抑制し、産官民協働による場を創出。地域特性に応じたプログラム設定およびネットワークの組織化を図り、継時的効果測定を踏まえた長期的スパンに基づく政策実践を展開。
27： 病院における看護職へ のコンサルテーション 事例	SWr は、ソーシャルワークの価値や視点、スキルを他職種に伝播することが CL の間接的利益につながるという予見に基づき、グループワークのモデリングを含む看護職へのコンサルテーションを実施。その過程を通して医療現場、特にハイリスク病棟のパターナリスティックな指導の体質を協働的な支援概念に転化させることを企図する。また、SWr が日常的業務として日々行ってきた多職種連携業務を「ケア・コンサルテーション」として捉え直し、SW におけるコンサルテーション機能の重要性を改めて提起している。
28： 児童の自立支援に関す る教育・訓練の事例	非公開事例
29： 研究事業に参画した市 町村社協職員のコミュ ニティ・ソーシャル ワーク実践研究の事例	SWr は、事業化、専門分化が進む社協組織において、その根幹であるべきソーシャルワークの価値が十分反映されておらず、制度・サービスの狭間にある社会的排除の問題への対応が個別的・属人的に行われている現状に問題意識を抱き、コミュニティ・ソーシャルワークの方法蓄積、分析を目的とした研究事業を企画、運営し、その成果を報告書として配布し、市町村社協等現場職員の研修ツールとして活用を図る。
30： 児童相談所職員の研修 プログラム開発の事例	SWr は、児童相談における虐待相談件数の増加やリスクマネジメントに対する意識の高まり等、時勢に対応した児童・家庭相談実務のための研修システムを見直し、新規プログラムを開発している。研修テーマを設定する際には、権利擁護を軸とした SW の価値との関連づけを重視し、アドミニストレーションの観点からは、職員の専門職性・スキルの開発の教育的機能と管理的・評価的機能の分化を図ることで、研修受講者の主体的なスキルアップの機会を提供している。
31： 県レベルの住民対象の 総合相談システムの開 発事例	SWr は、相談窓口の乱立などの問題の解消を図るべくプランを任される。社会情勢および政策課題の変容に応じた既存システムの変革の必要性を認識し、行政職員に福祉価値を浸透させるべく、住民にとって利便性の高い相談システムの構築を図り、ソーシャル・アドミニストレーション、ソーシャルワーク・プランニングの方法を用いて社会変革を進めた。また、行政職員とSWr という二重の立場性にジレンマを感じつつも、個に徹した援助観をマクロレベルの政策展開に反映させ、結果的に両者の価値を融合させている。
32： 認知症がある高齢夫婦 の生活保護世帯事例	SWr は、生活保護ケースワーカーとして心身の疾患により生活破綻の危機にある高齢夫婦世帯の在宅生活を守護し、医療的・保護的ケアの必要性が高まり在宅生活の継続が不可能となった時点においても、夫婦の分離を避けるべく資源調整を試みる。在宅生活期、入院期、中間施設期、グループホーム入居期と、各期間の課題に応じた環境調整を丁寧に実践。結果的に夫婦の再統合は叶わなかったが、「SWr にとっては 1/350 でも、CL にとって 1/1」というあくまで個人の尊重、個人の人生にこだわる Swr の実践哲学が反映された事例である。

33： 生活保護受給の母子世帯の事例	SWr は離婚前から居住する高額家賃住居での生活継続を希望する CL（母子世帯）の主観的意味を受容し，原則や指導論に基づく援助ではなく CL の価値と力を尊重し生活を見通した上で CL の自立に向けた計画と行動に寄り添う援助を展開。生活保護制度の原理・原則の制約に抵触することなく運用可能な範囲内で柔軟な自立指導を行っている。自立困難な傾向の強い母子保護世帯の自立支援を一般的な一年という限られた期間の中で発展的に終了を迎えた事例。
34： DV 被害についてのグループワーク講座事例	SWr は，制度や公的支援の狭間にある DV 被害者のグループワーク（サポートグループ）を運営。講座受講生の多様性・主体性に配慮し，CL 予備群や支援関係者にも門戸を広げるオープンスタイルの講座を運営する SWr の活動は，講座参加 CL 自身のセルフアドボケイトを促すエンパワメント実践であると同時に，潜在的 CL をも含めたクラスアドボケイト，問題に対する理解者・支援者を開拓する社会変革の実践でもある。
35： 企業との契約に基づく，従業員の個別のメンタルヘルス事例	SWr は，契約企業との契約関係に基づき EAP を提供する民間企業所属の SWr として CL と企業との中間者の立場性を堅持しながら双方にとって納得がいく復職支援，退職支援を提供。体系化された EBP に基づき，CL の自己決定支援と依頼主の契約企業に対するアカウンタビリティを両立させ CL 個人と環境との不調和を緩和・解消を図り SWr の実践スタイルは福祉制度の狭間にある民間企業における福祉問題に対応する新たなソーシャルワーク・サービスの先駆的モデルであるともいえる。
36： 契約する企業の社員の死を契機にした同僚や社員集団のメンタルヘルス事例	SWr は，社員の孤立死とその発見の遅延，発見者が同僚であったという衝撃による同僚社員個々の心理的ダメージと発見者の情緒的混乱，企業組織としての業務能率の低下を介入対象として，迅速な危機介入を重視した各 CL システムに対する CISM（Critical Incident Stress Management）を実施する。個別 CL と企業組織という二層の CL システムに対して中立的なポジションをとりながら，契約に基づく援助内容と期間の設定を重視した組織に対するアドボケイト，エンパワメント実践事例である。
37： 社協における精障 CL 集団の就労準備の事例	SWr は，制度の狭間にいる人々の課題を認識し，就労準備を意識して，CL たちが自身のストレングスに気づき，社会生活機能を高めることができるような場を設定している。その際，本人が自分の力を発揮することができるように側面的に関わっている。また，政治的スキルや戦略的スキルを発揮し，CL と地域の人々が接する機会を意図的に設け交流が進み，地域商店街の人々も変化していく。SWr は，CL が地域の中で生活者として生きていけるような地域の福祉文化を醸成することを目指している。
38： 社協におけるボランティアコーディネーターのスーパービジョン事例	SWr は内的スキルや問題解決スキルなどの発揮によってスーパーバイジーのおかれている状況を把握し，サービス・資源媒介者やスタッフ開発などの役割を果たしつつスーパーバイジーの成長を促す関わりを重視したスーパービジョン体制を構築。また，専門職のスキルを用いてリサーチや記録などを蓄積しながら継続的にスーパービジョンを展開することによりスーパービジョン関係に良い変化が生じている。SWr はボランティアコーナーの来所者のニーズからクラスアドボケイトの視点をもち，地域全体に働きかけることを重視している。

39： 家族とともに過ごした いと願う終末期 CL の 事例	SWr は，ターミナル期にある CL に対して，CL に残された時間を意識しな がら CL の主体性や自己選択を重視した関わりをしている。家族と過ごした いという CL の望む在宅生活の実現にあたってはサービス・資源媒介者や ケースマネジャーの役割を遂行し，対人関係スキルや問題解決スキル，相互 作用スキル，専門職スキルの発揮によって，他機関と協働し，経済的な負担 を軽減するような資源を積極的に活用しながら CL が安心して生活できる環 境調整を目指している。
40： 暴力被害による未成年 CL の出産事例	SWr は，専門職スキルをもとに時間管理を行いながら，CL の意思を重視し た関わりを展開している。また，SWr は愛着行動を重視しており，相互作 用スキルを発揮することによって，限られた時間の中で CL と新生児が良好 な親子関係を構築できるような場と設定を行っている。そして，ケースマネ ジャーやアドボケイターなどの役割を果たすことにより，警察，児童相談所 等の他機関と連携し，子どもが安心して生活できる環境を整えている。
41： 子どもとの死別体験の ある母親ボランティア グループの事例	SWr は，幼い子どもとの死別という喪失体験をしたひとりの母親との出会 いから，同じ喪失体験をした母親への支援の必要性を認識する。SWr は専 門職スキルや政治のスキルなどを駆使して，アドボケイターや社会的適応的 技能の教師などの役割を果たしながら，母親の主体性を活かした活動を展開 する自助グループを組織化している。グループの中では母親同士が悲嘆作業 を経験しながら変化もみられる。SWr は，このグループが社会的に自立す ることを重視し，管理者，社会変革者などの役割をとりながら専門職集団等 への啓発活動を展開している。
42： 誕生して間もない重い 障害のある子をもつ両 親の事例	SWr は，内的スキルや対人関係スキルなどを発揮することによって，障害 をもつ CL に対する家族の思いや CL の誕生による生活の変化などを認識し， 家族が CL の存在を受け入れ，将来的に CL が家族との生活を通して生を全 うすることを重視している。そのために，アドボケイターやサービス資源媒 介者などの役割をとり，介入のタイミングを見極めながら CL と必要な機関 とを結び付けるような設定や関係機関との交渉などを行っている。
43： 子の養育意識が芽生え た複雑な生活歴のある 母親の事例	SWr は，複雑な環境におかれてきた生活歴，多くの課題を抱え，実子の養 育経験のない CL は，出産する子の養育を希望する。SWr は伝統的・固定 的な家族観にこだわらないと価値観を転換する。SWr は他機関や他職種と の視点の違いを認識しながらも，できる限り CL の思いの尊重を重視して関 わっている。戦略的スキルや政治のスキルなどを発揮し，関係機関との連絡 調整を密にし，関係機関を戦略的に巻き込みながら協働関係を築き，CL の 希望する生活を維持するための体制をつくるため，サービス資源・媒介者， アドボケイターなどの役割を遂行。
44： 生活保護を受給する拒 否的な高齢 CL の事例	SWr は，内的スキルや対人関係スキルなどを発揮することによって，生活 史を通して CL を理解することや，CL の歩調に合わせながら CL の尊厳， 主体性を尊重することの重要性を認識し，時間をかけて関係を構築すること を重視した関わりを展開している。関係構築にあたっては，相互作用スキル を発揮して CL が SWr 以外の専門職とも良好な関係を構築できるよう様々 な場と設定をし，CL をアドボケイトしながら CL にとっての滋養的環境を つくっている。

45： 復職を希望する企業の社員 CL の事例	SWr は，CL がスムーズに職場に再適応することができるよう支持的に関わりつつ，相互作用スキルや戦略的スキルなどを用いて意図的に，CL が自己の生活について振り返る時間や振り返りをもとに CL が職場における対処方法を自身で見出すための機会を設け，CL とともに考えることを重視した働きかけを行っている。その際，SWr は，社会適応的技能の教師としての役割をとり，CL の対処能力を強化していくことを重視している。
46： 長期間職場で放置された CL の事例	SWr は，内的スキルや対人関係スキルを発揮しながら，CL が長きにわたり職場で疎外されていたことやその間の CL の思い等を把握している。また，CL の社会的適応や行動変容，職場の理解や適切な対応が必要であることを認識し，CL の思いを尊重しながら，CL の心境や行動の変化を効果的に活用して，ケースマネジャーや管理者として職場の上司にも介入しながら CL が職場に適応するためのコーディネーションやマネジメントを行っている。
47： 刑務所を出所した障害のある CL の事例	CL が　刑務所出所直前に後見人となった SWr は，内的スキルや対人関係スキルなどの発揮によって関係機関の対応や制度の壁などの様々な問題を認識し抵抗・対抗・挑戦をする。そうした状況の中，特に，CL が自身の望む生活を送ることができるよう CL の意思を尊重し，CL とともに考えることを重視した関わりを行っている。CL の近未来を見据え，CL 自身が選択するための場と設定を行うとともに，交渉者や仲介者などの役割をとりながら，CL をアドボケイトするための生活環境の調整を行っている。
48： 障害者自立支援法の成立により施設入所者（重度障害）の親亡きあとの生活不安を強意識した高齢母親の事例	SWr は意見表明できない CL の現在の生活と親亡き後の生活が守られることと，CL とその母親双方の権利擁護を重視し，相互作用スキルや戦略的スキルを発揮し，ケースマネジャーやアドボケイターとしての役割を果たしている。加えて，個々の問題としてだけではなく，母子の問題を社会問題として捉え，政治のスキルなどを用いて CL 集団の権利擁護に関する SWr としての役割を認識し，当事者組織（保護者会）が動いていくよう場を設定して予防活動をも行っている。
49： 親族の相次ぐ死亡により独りとなった生活力に課題のある知的障害女性の事例	SWr は，権利侵害をされやすい生活力に課題のある CL とその非滋養的環境を認識し，権利擁護とライフプロテクション，CL のコンピテンスの強化と生活環境のバランスを重視し，CL の代弁や滋養的環境創出に向けた環境への働きかけとマネジメントを問題解決スキルや政治のスキルを活用し行っている。これらの関わりを通して，SWr は CL 集団の権利擁護の重要性を内省し，SWr の価値的態度の気づきを得ている。
50： 複数の重度障害児を抱え介護にがんばりすぎる家族の事例	SWr は，CL システム（家族）が辿ってきた医師による障害児の誕生を否定する発言経験を機に，家族集団孤立や CL（母親）の視点に立った問題事象の認識から，SWr は独りよがりの援助に陥っていたことを内省し，家族全体の思いや状況を理解する視点の重要性や重要な存在である母親に寄り添うことを重視し，アドボケイター，ケースマネジャーとして介入している。これらの関わり（事例検討等を含む）を通して，ケースと自己への客観視の重要性について気づきを得ている。

51： 専門的な視点が欠落し利益優先と対極の高齢者介護施設づくりに向けた事例	SWr は内的スキルや対人関係スキルを発揮することによって，自他の施設の職員の質や福祉施設サービスの水準が低下する可能性があることを認識している。そのため，利用者を生活者として尊重し，利用者に寄り添える職員像を目指し，人材育成のために自施設だけではなく地域施設を組織化することによって，管理者という役割のみならずスタッフ開発や専門職者としての役割を果たし，利用者・職員にとっての滋養的環境づくりを行っている。
52： 自己決定力や生きる意欲の低下がみられる施設利用者の常態像の「今」にこめられた事例	SWr は組織として CL の尊厳を尊重するためには職員の養成と働きやすい職場・魅力ある職場による，ケアの質の向上とサービス提供の継続が必要と認識。そのため，離職の要因と問題を把握し雇用形態や報酬など制度と照らし合わせた組織経営上の財政面を考慮しつつ離職しないための条件を検証し対策を講じ，また，職員の成長意欲を引き出したり，職員間の倫理機能が発揮されるようなシステムを構築する。
53： 住み慣れた地域で暮らし続ける意思を強く見せていた100歳近い高齢女性 CL の事例	SWr は CL が住み慣れた地域で結んできた近隣住民との関係の中で生活したいというニーズを尊重し，CL の生き方の継続支援を目指して支援体制を構築する。そこでは CL を取り巻く人々や環境と目的を共有しつつ，フォーマルな資源の制度的制約や限界をインフォーマルな資源の力によって補完できるようなネットワークを構築。同時に地域社会での介護力を底上げするという，組織を超えた地域生活型介護，看取りの共同体の成立も見据えている。
54： 夫の認知症により社会的孤立の虞がある不安定な生活を過ごす老老介護の高齢者夫婦の事例	SWr は，CL の社会的孤立を回避し地域生活を継続させるための新たな人間関係づくりが必要だと考え，家族やフォーマル・インフォーマルな組織や支援者など，様々な地域資源を動員し援助体制の構築を展開する。妻の入院による生活環境の変化への対応や CL に及ぼす影響を評価しながら，地域で CL の生活を継続させるための方法を，支援者グループ全体で検討することで，地域としての対応力・柔軟性の獲得を促進する。SWr は，一方で，介護保険制度の問題や課題を認識している。
55： マイノリティの排除体験がある DV 被害の外国人の母親と子どもの事例	SWr は DV や排除体験，子どもの学習や不登校問題を抱え，反福祉的状況に置かれる CL システムが持つ正と負の特性と，刻々と変化するニーズを把握。CL の生命と生活をプロテクトすることを基礎に，本来 CL が持っている主体性や生活を再構築する力に注目し，それを引き出す関わりを展開。CL システムの生活を支えるために，地域で活動する独立型 SWr，多様な関係者などの人的資源を，その特性と機能を認識した上で効果的に組織化，開発し，柔軟性と機動性を持ったチームを作り上げて実践。
56： 知人と同居するほぼ寝たきりの90歳男性 CL の事例	SWr は余命 2 年とされる CL が，5 年間同居した知人との生活の継続を希望していることを把握。しかし，知人の存在がマイナス面も有しており，安定した生活への影響が危惧される。そのため，知人との同居は継続しながらも，婚養子との関係を再構築し，キーパーソンを知人から子どもに移行させるなど，リスク回避のための健全な関係と支援体制の構築を展開。一方で，SWr は援助を内省し，SWr とケアマネジャーの価値，機能・役割等々の違いに葛藤も感じるが改めてソーシャルワークの重要性を再認識する。

57: ストレスを抱えた障害児の母親集団の事例	SWr は，行政からの依頼により障害児の母親達の支援を依頼される。SWr は障害児と母親にはスティグマやマイノリティ化する特性や障害児の育児など心身に与える影響の大きさを認識する。SWr は母親達とセルフ・ヘルプグループ（セルフアドボケイト志向）を媒体とした援助を展開。その関わりから把握したレスパイトケアのニーズに対し，ＮＰＯを立ち上げてサービスを提供する仕組みを地域に導入した。こうして SWr は，オーガナイザーや社会変革者の機能を発揮し，協力者の組織化や資源構築というメゾやマクロへと働きかけるソーシャルアクションを展開。
58: 精神障害のある息子とその将来の生活を不安に思う家族が成年後見制度の活用を希望する事例	SWr は社会生活が困難な状態になった精神疾患のある息子と，その自責の念に苛まれる強いストレス状態があり息子の成年後見制度活用を希望する母親，姉に対して支援。特に社会からの孤立を予防しつつ将来起こりうる問題を予見して生活の破綻を抑止するための準備に取り組む。SWr は不安や思い，考えを傾聴しつつ CL の力を引き出し，主体性の擁護を念頭に伴走型の支援と，CL の人間性や生活に適合した支援者の組織化を図っている。
59: 制度やサービスのスキマに入り込んで困難する住民が存在する地域の事例	SWr は，「一人のために」にこだわる福祉的哲学を基に地域循環型の福祉システム，地産地消型の福祉サービスによる地域の経済発展や安定化を見据えコミュニティへの貢献を目指す。住み慣れた地域で住民が自らの選択に即した最期を迎えられるためのサポートがある地域の実現をミッションとして課す。そこには，地域住民を巻き込んだコミュニティの再編の視点や，行政との交渉術など様々な専門的技能が織り込まれている。また「無いならつくる」といったパッションを持ち，一人ひとりが最終的な自己実現を達成できるように地域づくりに取り組む。
60: 妻からの暴力がもとで離婚した障高齢男性 CL の事例	SWr は，CL が重要な他者である妻との負の関係により発生している危機的状況を認識。自らのニーズを明確に表出しない CL に対して，暴力や搾取からの安全を確保しつつ，CL の本当のニーズをつかむための関わりを継続する。また，行政や地域資源，制度を有効に活用し，自らの役割をケアマネジャーのほか，CL から依頼された成年後見人の役割も遂行するなど，CL の地域生活の安定化に向けた援助を展開している。
61: 長年の夫からの暴力から逃れることになった高齢女性の事例	SWr は，数十年にわたる DV 被害者，高齢世代の CL の初期段階の援助を「骨まで拾う」覚悟をして展開。近隣に背中を押されて緊急避難に至った CL が安心・安全な場で，ゆっくりとした時間の中で自分を回復させ，整えられた環境の中で意思決定をし，自分らしく生きることができるような援助を目指し，これを実現している。SWr は CL の歩調を大切にしながら課題解決にともに取り組み，CL にとっての滋養的環境の構築を行う。
62: DV 被害の支援ボランティア養成企画事例	SWr は DV 問題に対応しうる人材育成によりスタッフの個別対応力の向上と組織としての能力向上を目指す。多くの DV 被害者の支援者養成を通して問題自体を広く社会に浸透させ DV 問題を地域社会で担えるような基盤を作る必要があると考える。そのため座学の知識だけではなく実践的なロールプレイも取り込み，できる限り質が高く将来性も見据えた養成プログラムを策定し展開。背景には官民共同開催推進システムが存在している。SWr は単なる講座開設にとどまらず，基盤づくりを地道に展開。

63： 家族の介護負担感が強くなっている認知症高齢者の事例	SWrは，CLとCLの介護に積極的に関わり続けている家族の関係と在宅生活の継続性を重視。将来的に介護負担による在宅生活の破綻リスクがあることを予見し，CLと家族の関係の再構築の援助を展開する。その際，CL本人の生活歴，経験，趣味などをサービスプランニングに反映させ，その特性や対応方法を家族や関係スタッフと共有することで，本人の滋養的環境の創出を模索し，また，家族の介護負担の回避・軽減を図る。
64： 職員を元気にする人材開発プログラム事例	SWrはソーシャルワーク教育の重要性を認識し事業運営部長として職員を元気にするための4つのプログラムを開発。ケアマネジャーとしてCLのニーズに応えうる実践展開には，ソーシャルスキルの獲得と専門性の向上が重要と認識。そのためには仕事へのモチベーションの上昇と保持，職員自身の自発的な成長が必要と考え，自発性や意欲を引き出すために研修体制だけではなく，日常業務の中にも様々な仕掛けとスーパービジョン体制を作り，職員の成長をサポートしている。
65： 社会生活の維持・遂行において判断力に課題がある両親と障害のある子どもからなる家庭の貧困問題事例	SWrは，生活危機に瀕したCLの家庭生活の安定化に向け，生活保護の領域から厄介だといわれるケースであったが，SWrとしての責任を全うとする。SWrは，CLの生活歴や社会生活上の判断力，複合的で深刻な問題を見出し，長期的な視点に立った援助を構想する。適切な制度利用のため，事前の準備を行いつつ関係者と交渉。また，各種の専門職によるサポートチームを構成することで効果的な制度や資源運用に基づいたCL一家の生活の安定化を目指す。
66： 若年のDV被害者と子ども（乳児）の事例	SWrは，DV被害者の身体的・心理的な安全確保との危機的状況を把握し，緊急対応を含めた介入を行う。また，DVという困難な問題に対して，CLとの関係構築の過程でCL自身にも状況理解を促し，自立する意思を強化。安全を確保するとともに，育児支援も含め将来的な自立を見込んだサポートチームの構築を展開。さらにSWrは，様々な職種と協働することで，地域のDVに対する対応力の向上も試みている。
67： 「地域に見えにくい」地域拠点：社協の事例	SWrは介護保険の剰余金を活用して「地域に見える地域作りの拠点を作ろう」「自主運営により地域の人が課題を見つけ解決していく拠点づくり」を構想。認知症ケアや住民の生活の質の向上を地域で推進するため，社協の機能を運用してコミュニティ・オーガニゼーションを推進。提供するサービスを地域特性に則り展開し，サービスの質の向上のための職員教育や成長の促進に力を注ぐ。また他の組織との役割分担や協働から地域力向上を図るなど，実践の可視化を複数の観点から進める。
68： 社協における組織改編事例	SWrは社協の価値は地域住民参加型の相互扶助システムの構築にあると明確に認識し，地域における社協の「どうしても支援からこぼれる人々を支える」役割を志向。そのための組織改編と同時に経済基盤の確立などに取り組む。具体的には公的サービスと住民参加型サービス，近隣住民の相互扶助の3段階のサービスおよび個別支援と地域支援の双方の関係に注目し，地域の力の底上げを仕掛ける。新たなサービスやシステムの創出と既にある資源を保全しつつCLのニーズに継続性を持って対応しうる組織づくりを推進。

69： 長期にわたって引きこもりが続く暴力被害女性 CL の事例	SWr は，CL が抱える引きこもりの問題の背景には人間の根幹を揺るがす出来事（暴力）があったと捉え，CL をありのまま受け入れ，CL が自己肯定感を取戻し，生きる意味を実感できる環境づくりを重視している。そのために SWr は CL の時間を大切にしながら，対人関係スキルや問題解決のスキルを発揮し，CL の主体性の涵養を目指している。SWr は本ケースの困難性を認識しながら CL を引き受ける覚悟をもち，一連の援助を展開している。
70： 当事者のための社会復帰施設のコンサルテーション事例	SWr は，当事者経験を有する専門職とそうでない非当事者専門職の協働による支援を重視し，当事者スタッフへコンサルテーションを実施している。当事者支援の限界や当事者組織の管理運営上の課題を認識する一方で，当事者性の尊重と当事者スタッフの当事者に対する援助の持ち味を生かした支援を志向し，組織の管理・運営を側面的にサポートしている。一連の関わりには，組織の運営が円滑に進むよう問題解決スキル等が発揮されている。
71： 子どもの教師を介して父親の母子への暴力が明らかになった事例	SWr は，DV 被害者の CL とその家族（子ども）が危機的・緊急的状況にあることから，CL の生命の安全，生活の安全の確保を志向し，有害な環境と決別する CL の決断と意思を尊重している。加えて，起こりうる将来の危機に対する予測と，SWr のみによる介入の限界を認識し，所属機関の長と交渉し，他専門職へ送致や協働を進める。CL の安全確保の為，連絡方法等に創意工夫を行っている。SWr は，問題解決スキル，専門職スキル，政治のスキル，戦略的スキル等を発揮している。
72： 生活範囲が狭い就労を希望する若年の精障 CL の事例	SWr は，CL の働きたいという希望を受容し尊重することを重視し，就労を将来的な目標としながらも，CL の特性を認識し社会資源との適合性を把握した上で，生活範囲の拡大を目標に支援する。CL の疾患に対する家族の理解度を測りながら，家族とのコミュニケーションにも工夫を凝らし，家族関係の変化を促す。就労支援において CL の希望に対する阻害要因・障壁を探索しがちな相談援助機関の認識は否定する。
73： 激しい暴力を受けて育った体験をもつ若年ホームレス CL の事例	SWr は，若年ホームレス CL の当たり前の生活を送る希望を尊重し路上生活から安心・安全に自活できる場の確保を目指す。生活保護申請では専門家としての意見書作成や同行支援により円滑な制度利用を支援。一方で，CL は激しい暴力を受けて育った特有な生活史からトラウマや判断能力等の課題を抱え生活の厳しさや社会機関利用のつまずき，リスクを予測。医療機関への受診支援，不適応時の関係機関との連携，危機介入を行う。CL の将来を視野に介入の強弱から終結期を予測。SWr 自身，気づきや価値の転換によりアウトリーチ型の実践展開。

出所：平塚良子ほか作成。

索　引

著者紹介 (所属，分担，執筆順，＊は編者)

＊平　塚　良　子（編著者紹介参照：序章・第1章・第2章・第3章1（1）・第3章3（1）（3）（4）・第13章1・第14章，巻末資料2〜3）
ひら　つかりょう　こ

黒　木　邦　弘（熊本学園大学社会福祉学部教授：第3章1（2）・第3章2・第7章・第12章，巻末資料2〜3）
くろ　き　くに　ひろ

佐　藤　辰　夫（別府大学非常勤講師：第3章3（2）・第5章）
さ　とう　たつ　お

日　和　慶　二（農協共済別府リハビリテーションセンター地域連携室社会福祉士：第3章3（2），巻末資料2〜3）
ひより　けい　じ

日　和　恭　世（別府大学文学部准教授：第4章，巻末資料2〜3）
ひより　やす　よ

窄　山　　　太（金城学院大学人間科学部教授：第6章）
さこ　やま　ふとし

橋　本　美　枝　子（大分大学福祉健康科学部准教授：第8章，巻末資料1）
はしもとみ　え　こ

林　　　眞　帆（関西学院大学人間福祉学部准教授：第9章・第13章2）
はやし　ま　ほ

端　田　篤　人（元・長野大学社会福祉学部准教授：第10章・第11章，巻末資料2〜3）
はし　だ　あつ　と

編著者紹介

平塚良子（ひらつか・りょうこ）

1947年生まれ。
1981年　同志社大学大学院文学研究科社会福祉学専攻修了。
現　在　大分大学名誉教授。
主　著　『戦後社会福祉教育の五十年』（分担執筆）ミネルヴァ書房，1998年
　　　　『社会福祉の思想と人間観』（分担執筆）ミネルヴァ書房，1999年
　　　　『人間福祉の哲学』（共著）ミネルヴァ書房，2004年
　　　　『ソーシャルワークの技能』（共編著）ミネルヴァ書房，2004年，ほか多数

新・MINERVA 福祉ライブラリー⑭

ソーシャルワークを「語り」から「見える化」する
——7次元統合体モデルによる解析——

2022年4月30日　初版第1刷発行　　〈検印省略〉

定価はカバーに
表示しています

編著者　　平　塚　良　子
発行者　　杉　田　啓　三
印刷者　　中　村　勝　弘

発行所　株式会社　ミネルヴァ書房
607-8494　京都市山科区日ノ岡堤谷町1
電話代表　（075）581-5191
振替口座　01020-0-8076

© 平塚良子ほか，2022　　　中村印刷・藤沢製本

ISBN978-4-623-09261-1

Printed in Japan

保健福祉職のための「まち」の健康づくり入門

藤原佳典 監修・倉岡正高・石川貴美子 編著

Ａ５判／288頁／本体2500円

主体性を引き出す OJT が福祉現場を変える

津田耕一 著

Ａ５判／232頁／本体2500円

福祉専門職のための統合的・多面的アセスメント

渡部律子 著

Ａ５判／272頁／本体2800円

福祉政策とソーシャルワークをつなぐ

椋野美智子 編著

四六判／264頁／本体2800円

福祉の哲学とは何か

広井良典 編著

四六判／332頁／本体3000円

社会を変えるソーシャルワーク

東洋大学福祉社会開発研究センター 編

Ａ５判／242頁／本体2600円

ミネルヴァ書房

https://www.minervashobo.co.jp/